Manuel d’analyse financière

Collection « L'esprit économique »

fondée par Sophie Boutillier et Dimitri Uzunidis en 1996
dirigée par Sophie Boutillier, Blandine Laperche, Dimitri Uzunidis

Si l'apparence des choses se confondait avec leur réalité, toute réflexion, toute Science, toute recherche serait superflue. La collection « L'esprit économique » soulève le débat, textes et images à l'appui, sur la face cachée économique des faits sociaux : rapports de pouvoir, de production et d'échange, innovations organisationnelles, technologiques et financières, espaces globaux et microéconomiques de valorisation et de profit, pensées critiques et novatrices sur le monde en mouvement...
Ces ouvrages s'adressent aux étudiants, aux enseignants, aux chercheurs en sciences économiques, politiques, sociales, juridiques et de gestion, ainsi qu'aux experts d'entreprise et d'administration des institutions.

La collection est divisée en six séries :

Dans la série *Economie et Innovation* sont publiés des ouvrages d'économie industrielle, financière et du travail et de sociologie économique qui mettent l'accent sur les transformations économiques et sociales suite à l'introduction de nouvelles techniques et méthodes de production. L'innovation se confond avec la nouveauté marchande et touche le cœur même des rapports sociaux et de leurs représentations institutionnelles.

La série *Economie formelle* a pour objectif de promouvoir l'analyse des faits économiques contemporains en s'appuyant sur les approches critiques de l'économie telle qu'elle est enseignée et normalisée mondialement. Elle comprend des livres qui s'interrogent sur les choix des acteurs économiques dans une perspective macroéconomique, historique et prospective.

Dans la série *Le Monde en Question* sont publiés des ouvrages d'économie politique traitant des problèmes internationaux. Les économies nationales, le développement, les espaces élargis, ainsi que l'étude des ressorts fondamentaux de l'économie mondiale sont les sujets de prédilection dans le choix des publications.

La série *Krisis* a été créée pour faciliter la lecture historique des problèmes économiques et sociaux d'aujourd'hui liés aux métamorphoses de l'organisation industrielle et du travail. Elle comprend la réédition d'ouvrages anciens, de compilations de textes autour des mêmes questions et des ouvrages d'histoire de la pensée et des faits économiques.

La série *Clichés* a été créée pour fixer les impressions du monde économique. Les ouvrages contiennent photos et texte pour faire ressortir les caractéristiques d'une situation donnée. Le premier thème directeur est : mémoire et actualité du travail et de l'industrie ; le second : histoire et impacts économiques et sociaux des innovations.

La série *Cours Principaux* comprend des ouvrages simples, fondamentaux et/ou spécialisés qui s'adressent aux étudiants en licence et en master en économie, sociologie, droit, et gestion. Son principe de base est l'application du vieil adage chinois : « le plus long voyage commence par le premier pas ».

Jody Ngongo Ngoy

Manuel d'analyse financière

Préface d'André Wameso

L'Harmattan

5-7, rue de l'École-Polytechnique ; 75005 Paris

http://www.editions-harmattan.fr/

ISBN : 978-2-336-47471-7
EAN : 9782336474717

Avant-propos

Ce manuel est destiné aux étudiants du premier cycle de la faculté des Sciences Économiques et de Gestion. Il est le fruit d'une compilation d'un certain nombre d'ouvrages récents écrits par des spécialistes et enrichis d'exemples pratiques. Il explique de manière méthodique et structurée, les connaissances et techniques nécessaires à mettre en œuvre pour étudier l'activité, la rentabilité et le financement d'une entreprise et ainsi établir un diagnostic financier.

Les deux premières années à l'Université, ont permis à l'étudiant, de se familiariser avec quelques notions de comptabilité leur rendant aptes à la collection de l'information comptable. Ce manuel apporte l'expertise d'une analyse critique de cette information comptable. Il fournit à l'étudiant, les connaissances nécessaires lui permettant de faire parler les chiffres.

En effet, une fois les grands principes de construction du bilan et du résultat maîtrisés, une seconde dimension plus intéressante et plus opérationnelle est possible, c'est celle de l'analyse financière que ce manuel a la prétention d'aborder.

C'est ainsi qu'au-delà de servir de référence aux étudiants, ce livre peut également servir aux dirigeants d'entreprises, aux cadres et responsables, spécialistes d'un domaine donné de gestion autre que les finances.

Loin d'être une œuvre parfaite, le manuel reste ouvert aux critiques. Nous sollicitons l'indulgence du lecteur pour les différentes erreurs et omissions ; des remarques objectives et constructives nous seront utiles pour la réalisation d'une prochaine édition.

Bonne lecture !

Préface

Dans un monde où les frontières financières s'estompent progressivement, l'émergence de systèmes régionaux tels que l'Organisation pour l'Harmonisation en Afrique du Droit des Affaires (OHADA) marque une étape cruciale vers l'intégration et l'adaptation des normes internationales aux réalités locales. Ce manuel d'analyse financière, élaboré avec minutie par Jody Ngongo Ngoy, s'érige comme une passerelle entre les principes universels de la finance et les spécificités du système OHADA, offrant ainsi aux étudiants et professionnels des pays membres, un outil indispensable pour naviguer avec aisance dans le paysage financier global et local.

À travers ses pages, ce manuel ne se contente pas de transmettre des connaissances ; il invite à une réflexion profonde sur la manière dont les normes internationales de la finance peuvent être adaptées et adoptées pour enrichir les pratiques au sein des pays de l'OHADA. En mettant en parallèle les systèmes financiers internationaux avec le cadre réglementaire unique de l'OHADA, l'ouvrage de Jody Ngongo Ngoy ouvre des horizons sur l'importance de l'harmonisation des pratiques financières pour le développement économique et la stabilité financière de la région.

L'analyse financière, pierre angulaire de la compréhension et de la gestion des entreprises, se révèle à travers ce manuel, comme un vecteur de progrès, permettant aux acteurs économiques de mieux appréhender les enjeux de la rentabilité, de la liquidité, et de la solvabilité, tout en tenant compte des spécificités locales. Ce faisant, l'ouvrage contribue non seulement à l'éducation financière des futurs décideurs mais sert également de référence aux praticiens désireux de parfaire leurs stratégies d'investissement et de gestion dans le respect des normes OHADA.

La préface de ce manuel, à l'instar de son contenu, se veut donc un hommage à la synergie entre globalité et localité, entre universel et spécifique. Elle célèbre l'effort d'harmonisation entrepris par les pays de l'OHADA et souligne l'importance de l'adaptation des savoirs internationaux aux contextes particuliers, pour un développement financier inclusif et équitable.

En ouvrant ce manuel, le lecteur est invité à embarquer dans un voyage intellectuel, de la théorie à la pratique, à travers les méandres de l'analyse financière, guidé par la rigueur académique et la pertinence pratique de Jody Ngongo Ngoy. Puissent ces pages éclairer le chemin vers la maîtrise des dynamiques financières contemporaines, à l'intersection des normes internationales et des particularismes du système OHADA.

Cordialement,

André WAMESO

Remerciements

Je souhaite, avant tout, exprimer ma sincère reconnaissance envers tous les lecteurs qui consacrent du temps à la lecture de cet ouvrage. Cet ouvrage n'aurait pas été possible sans la contribution inestimable de nombreux auteurs et chercheurs dont les idées fortes et les enseignements précieux ont été compilés ici. Ainsi je remercie sincèrement tous les auteurs dont les travaux ont été inclus dans ce recueil, pour leur générosité à partager leurs connaissances et leurs réflexions.

Une gratitude particulière va à mes collègues et amis qui ont contribué à la réalisation de cet ouvrage, par leurs encouragements, leurs conseils et leur soutien constant. Leur expertise et leur passion ont été une source d'inspiration précieuse tout au long de ce processus.

Je souhaite également exprimer ma reconnaissance envers mes proches qui ont été présents à chaque étape de ce projet, pour leur patience, leur soutien et leur compréhension.

Enfin, je m'en voudrais de ne pas en savoir gré aux lecteurs pour leur intérêt et curiosité. C'est grâce à leur présence et engagement envers la lecture que cet ouvrage pourrait prendre vie. J'espère sincèrement que ces pages sauront les captiver, les inspirer et leur offrir de nouvelles perspectives.

Merci encore pour leur confiance et leur engagement envers la connaissance et l'apprentissage. C'est un honneur et un privilège de partager ce voyage avec eux.

Je ne saurais terminer cette page sans présenter ma profonde gratitude au Président de l'ECOFIN André WAMESO, pour avoir accepté d'en rédiger la préface et au Professeur Émérite Martin Fortuné MUKENDJI, pour sa contribution sans laquelle l'ouvrage ne serait pas ce qu'il est sur le plan de la forme.

Avec mes plus sincères remerciements.

Avertissement

Cet ouvrage est le résultat d'une compilation minutieuse d'informations et de connaissances tirées de plusieurs manuels spécialisés en analyse financière. Il est important de souligner que, dans le but de préserver la fluidité et la cohérence du texte, nous n'avons pas inclus des notes de référence spécifiques au sein des chapitres. Cela pour conserver le caractère d'un manuel. Cependant, nous tenons à assurer à nos lecteurs que chaque concept, méthode et étude de cas présentés ici, s'appuient sur des sources reconnues et respectées dans le domaine de l'analyse financière.

Nous avons pris le soin de compiler une bibliographie exhaustive à la fin de cet ouvrage, où sont répertoriés tous les manuels et les sources qui ont contribué à l'élaboration de ce texte. Cette bibliographie vise non seulement à créditer les auteurs originaux pour leur travail précieux, mais aussi à fournir aux lecteurs intéressés, des références pour approfondir leurs connaissances sur des sujets spécifiques.

Nous encourageons vivement les lecteurs à consulter cette bibliographie pour explorer davantage les travaux qui ont éclairé et enrichi le contenu de cet ouvrage.

INTRODUCTION

La formation d'un étudiant à la faculté des sciences économiques et de gestion passe par la connaissance du monde de l'entreprise et de l'environnement économique. Et il est impérieux d'initier l'étudiant à la complexité du monde de l'entreprise qui comporte ses règles, ses références et son vocabulaire particulier qui peut paraître totalement abstrait pour un non initié : « fonds de roulement », passif circulant », « levier opérationnel » etc. Par ailleurs, la matérialisation de tout projet sous forme d'entreprise ou d'un organisme économique, suppose une certaine formalisation d'idées et des objectifs en termes de structure soumise à certains critères d'efficacité. Il apparaît donc évident que l'entrepreneur soit confronté aux chiffres pour mesurer ses performances, pour opposer ses objectifs aux réalisations. D'où l'intérêt d'une analyse financière.

Ainsi allons-nous définir l'analyse financière, en découvrir les objectifs et les méthodes et discuter de l'organisation de l'analyse financière.

0.1. ANALYSE FINANCIÈRE

Pour Jean Pierre LAHILLE, l'analyse financière est un ensemble de techniques visant à connaître la santé financière de l'entreprise. C'est une démarche qui s'appuie sur l'examen critique de l'information comptable et financière fournie par une entreprise à destination des tiers et ayant pour but, d'apprécier le plus objectivement possible, sa performance financière et économique (rentabilité, pertinence des choix de gestion), sa solvabilité (risque potentiel pour les tiers), sa capacité à faire face à ses engagements et enfin son patrimoine.

L'analyse financière est l'étude de l'activité, de la rentabilité et de la structure financière de l'entreprise. Sa finalité est d'établir un diagnostic financier qui consiste à recenser les forces et les faiblesses de l'entreprise afin de porter un jugement sur sa performance et sa situation financière en se plaçant dans la perspective de la continuité de l'exploitation.

Partant du fait qu'une entreprise soit une organisation ou une unité institutionnelle, mue par un projet décliné en stratégie, en politiques et en plans d'action dont le but est de produire et de fournir des biens et services à destination d'un ensemble de clients ou d'usagers, en réalisant un équilibre de ses comptes de charges et de produits, l'analyse financière va consister en un ensemble d'outils d'analyse qui permet de (d') :

- Dégager des résultats, des indicateurs caractéristiques, des ratios et de les apprécier;
- Donner des informations sur l'évolution de l'activité, sur l'évolution de la structure financière, sur les performances réalisées;
- Interpréter ces informations à l'aide du diagnostic financier ;
- Effectuer des comparaisons.

0.2. OBJECTIFS DE L'ANALYSE FINANCIÈRE

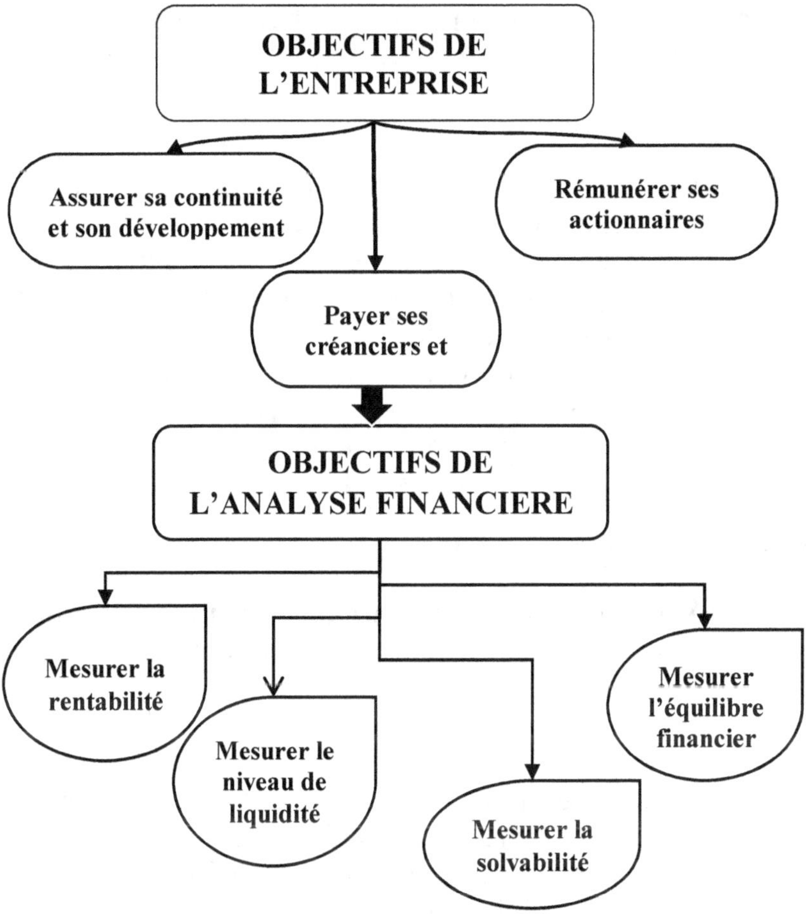

L'analyse financière permet de répondre aux questions suivantes :

- Quelle est la valeur de l'entreprise ?
- Quelle est la capacité de l'entreprise à créer de la richesse ?
- L'entreprise est-elle performante, rentable ?
- Sa structure financière est-elle équilibrée ?
- Sa stratégie est-elle adaptée à ses besoins et ses ressources ?
- L'entreprise est-elle compétitive ?
- Quels sont les points forts, les points faibles et les potentialités de l'entreprise ?

- Quels sont les risques encourus ?

Les objectifs de l'analyse financière se résument sous quatre rubriques essentielles :

A. Mesurer la rentabilité

C'est évaluer dans quelle mesure une entreprise, de par son activité de production ou sa commercialisation, dégage un bénéfice ou une perte. Notons que la rentabilité d'une entreprise est le rapport entre d'une part, les résultats obtenus par l'entreprise et d'autre part, les moyens utilisés pour arriver à ce résultat. Ainsi, le calcul de la rentabilité doit s'accompagner d'une comparaison de son niveau de rentabilité avec celui de ses principaux concurrents. Ce qui fait que la rentabilité se mesure à partir du résultat net comptable.

B. Mesurer le niveau de liquidité

La liquidité est une mesure de la capacité d'un débiteur à rembourser ses dettes dans l'hypothèse de la poursuite de ses activités, à la différence de la solvabilité qui se place dans l'hypothèse de la cessation d'activité. De ce fait, pour mesurer la liquidité, on évalue l'importance de ses fonds disponibles pour ses débours (paiement des fournisseurs et autres ayant droit, interventions financières). La liquidité peut aussi s'apprécier par l'analyse du fonds de roulement/ besoin en fonds de roulement d'exploitation/trésorerie. Ainsi, le fonds de roulement doit être supérieur au besoin en fonds de roulement.

C. Mesurer la solvabilité

Il est question ici de mesurer la capacité de l'entreprise à payer ses dettes sur le court, moyen et long terme. Il faut savoir que mesurer la solvabilité permet d'apprécier la capacité d'une entreprise à faire face à ses engagements. La solvabilité est donc l'aptitude à assurer à tout moment, le paiement des dettes exigibles. Retenons que l'entreprise est jugée solvable si ses actifs permettent de rembourser les dettes. D'où, l'insolvabilité est l'état de cessation de paiement.

D. Mesurer l'équilibre financier

Cet objectif consiste à faire l'inventaire à un instant donné, des biens physiques ou financiers et des dettes de l'entreprise. Ceci implique que le calcul de l'équilibre financier sert à évaluer le patrimoine de l'entreprise et à donner des valeurs chiffrées des dividendes qui seront perçues par les actionnaires. Certes, il constitue une garantie de solvabilité vis-à-vis de ses créanciers, mais aussi une garantie exigée par les banques pour l'octroi d'un prêt.

Il y a lieu de se poser la question de savoir pour qui il faut faire l'analyse financière. Les acteurs suivants sont les plus concernés :

- Le Comité de Gestion : crise ou décision de routine ;
- Le Conseil d'Administration : contrôle des activités des managers (intérêts souvent divergents avec ceux des actionnaires) ;
- Les actionnaires : rentabilité des capitaux investis pour savoir s'il doit maintenir, diminuer ou augmenter leur participation ;
- Le bailleur des fonds : solvabilité (importance du capital social, structure des dettes, l'état de l'équilibre financier minimum) ;
- La société de crédit-bail : solvabilité + charge d'amortissement + loyer des équipements financés
- Le fournisseur : trésorerie du client et condition de crédits accordés à par d'autres fournisseurs ;
- Le client : connaître l'état du compte fournisseur pour améliorer ses relations avec lui, comparer les conditions de crédits obtenus par rapport à celles accordées à d'autres clients, connaître sa position et donc son pouvoir de marchandage face à celui de son fournisseur (fournisseur captif ou financièrement faible) ;
- Le concurrent : comparer la situation financière d'une entreprise avec celle d'une autre ;
- Les réviseurs, les experts comptables et les commissaires aux comptes : mission de vérification de l'exactitude des informations chiffrées d'une entreprise avant de les certifier ;

- Le salarié : s'assurer de la survie de l'entreprise (employeur) et du résultat (droit de participation dans certains pays) ;
- Les pouvoirs publics : connaître la base de l'assiette fiscale de ce contribuable et s'assurer qu'il n'y a pas de bénéfices cachés dans les politiques d'amortissement, de rétention des réserves et provisions, de consignation d'emballages ou d'évaluation des éléments patrimoniaux.

0.3. DOCUMENTS UTILES POUR UNE ANALYSE FINANCIÈRE

Nous pouvons distinguer des documents financiers et des documents non financiers, à savoir :

0.3.1. Documents financiers

Pour ce qui est des documents financiers, nous avons :

- Le bilan ;
- Le compte de résultat ;
- Le tableau des flux de trésorerie et
- Les annexes.

Ces documents constituent les états financiers annuels de l'entreprise. Ils représentent les sources les plus importantes, les plus systématiques et les plus homogènes.

0.3.2. Les documents non financiers

Concernant les documents non financiers, on peut citer notamment :

- Les états d'endettement ;
- Les analyses sectorielles ;
- Les sources publiques (textes légaux ou réglementaires, les publications des sociétés et institutions spécialisées, la presse économique et financière nationale et étrangère, les états financiers de l'entité étudiées) ;
- Les sources privées : les rapports des Conseils d'Administration, des réviseurs ou des commissaires aux comptes.

0.4. LES MÉTHODES DE L'ANALYSE FINANCIÈRE

Les travaux d'analyse financière sont réalisés à partir de deux méthodes ci-après :

ANALYSE STATIQUE

Elle est basée sur les comptes annuels à une date donnée.

ANALYSE DYNAMIQUE

Elle est fondée sur l'étude des flux financiers pour une période donnée.

0.4.1. Analyse statique

Cette analyse est basée, d'une part, sur l'analyse de l'activité, et d'une autre part, sur l'analyse statique de la structure financière.

L'analyse de l'activité

Cette analyse se focalise sur le compte de résultat qui fournit des informations sur l'activité et la formation du résultat. Il permet de déterminer des indicateurs de gestion, d'établir entre eux des comparaisons, des rapports dans le temps et dans l'espace.

COMPTE DE RÉSULTAT

- Le tableau des soldes intermédiaires de gestion
- Le tableau de la détermination de la capacité d'autofinancement
- Les ratios :
  - d'activité
  - de profitabilité
  - de partage de la valeur ajoutée
  - de rentabilité
- Le seuil de rentabilité et ses indicateurs

L'analyse statique de la structure financière

Cette analyse est basée sur le bilan qui communique des informations sur la situation financière et sur la valeur de l'entreprise. L'analyse de la structure financière s'effectue à partir d'indicateurs de gestion différents selon les critères retenus pour apprécier l'équilibre financier (approche fonctionnelle ou approche patrimoniale).

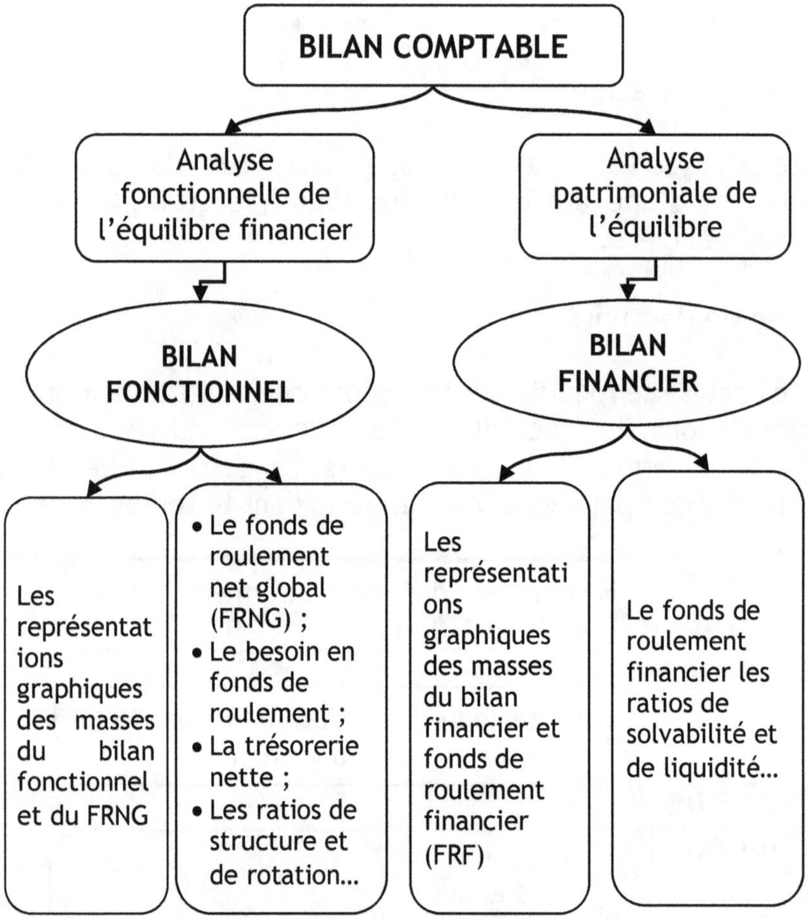

0.4.2. Analyse dynamique

Dans l'analyse dynamique, nous avons, d'un côté, l'analyse dynamique de la structure financière, et d'un autre côté, l'analyse dynamique de la trésorerie.

L'analyse dynamique de la structure financière et de la trésorerie

Il s'agit d'une analyse fonctionnelle dynamique de la structure financière et de la trésorerie qui complète l'analyse statique. Elle est fondée sur l'étude des flux financiers pour une période donnée. Elle est menée à partir de deux tableaux de flux.

ANALYSE DES FLUX FINANCIERS

↓

Tableaux de financement

↓

- Variation du fonds de roulement global ;
- Variation du besoin en fonds de roulement ;
- Variation de la trésorerie nette.

ANALYSE DES FLUX DE TRESORERIE

↓

Tableau des flux de trésorerie

↓

- Flux de trésorerie liés à l'activité ;
- Flux de trésorerie liés aux opérations d'investissement ;
- Flux de trésorerie liés aux opérations de financement.

PREMIÈRE PARTIE :
LA PRÉSENTATION DES COMPTES ANNUELS

Il s'agit, dans cette première partie, de présenter :

- *Le bilan ;*
- *Le compte de résultat ;*
- *Le tableau de flux de trésorerie ;*
- *Les annexes.*

Chapitre 1 : LE BILAN

1.1. DÉFINITION

Le bilan est un document de synthèse qui traduit la valeur du patrimoine des propriétaires de l'entreprise et de son évolution dans le temps.

On distingue :

1.1.1. Le bilan comptable

Le bilan comptable est un tableau qui reflète la situation de l'entreprise au temps 't'. Il fournit des informations utiles sur la santé financière de l'entreprise. Le bilan comptable sera indispensable :

- Pour comparer les bilans pour la même entreprise et ainsi mettre en évidence les éléments de la stratégie d'entreprise ;
- Pour une comparaison des bilans de l'entreprise avec des bilans d'autres sociétés.

1.1.2. Le bilan fonctionnel

Le bilan fonctionnel est un bilan comptable retraité de manière à refléter le fonctionnement de l'entreprise à travers le cycle de financement, d'investissement et d'exploitation. Ainsi l'Actif et le Passif du bilan comptable sont mieux exprimés en termes d'Emploi et Ressources. Dans un bilan fonctionnel, les ressources et les emplois sont :

- Évalués à leur valeur d'origine ;
- Classés selon le cycle de vie de l'entreprise.

1.1.3. Le bilan financier

Le bilan financier est un bilan comptable dont certains postes ont été retraités de manière à mieux refléter la liquidité de l'actif et l'exigibilité du passif. Le bilan financier permet de mieux apprécier la structure financière de l'entreprise dans le sens d'une liquidité et d'une exigibilité croissante.

1.2. STRUCTURE DU BILAN

Le bilan est un tableau qui, à une date donnée, représente la situation patrimoniale d'une entreprise. Il est composé de deux parties :

- L'actif, à gauche qui détermine ce que possède l'entreprise, c'est-à-dire son patrimoine et
- Le passif, à droite, qui détermine l'origine de ce patrimoine, c'est-à-dire ce que doit l'entreprise.

Ce qui implique généralement que l'on présente le bilan comptable en quatre masses qui sont :

ACTIF	PASSIF
Actifs immobilisés Frais d'établissement Immobilisations incorporelles Immobilisations corporelles Immobilisations financières	**Capitaux propres** Capital Primes d'émission Plus-values de réévaluation Réserves légales Résultats reportés Subsides en capital Provisions pour risques et charges
Actifs circulants Créances à plus d'un an Stocks Créances commerciales à moins d'un an Autres créances à moins d'un an Disponibles Comptes de régulations	**Dettes** Dettes à plus d'un an Dettes à plus d'un an échéant dans l'année Dettes à un an plus (=solde à financer) Dettes commerciales Dettes fiscales, salariales et sociales Autres dettes Comptes de régulations

1.2.1. L'actif du Bilan

L'actif du bilan est composé de deux masses que sont les actifs immobilisés et les actifs circulants.

Les actifs immobilisés

Ils regroupent les emplois durables nécessités par les opérations qui concernent l'exploitation ou non. Les actifs immobilisés représentent les biens et valeurs destinés à rester durablement dans l'entreprise ; ils se décomposent en :

- Immobilisations incorporelles ;
- Immobilisations corporelles ;
- Immobilisations financières.

Les actifs immobilisés se détériorent avec le temps et sont donc susceptibles d'être assortis de comptes d'amortissements ou de provisions pour dépréciation. Les actifs immobilisés sont inscrits au bilan, aussi longtemps qu'ils subsistent dans l'entreprise, même s'ils ont été totalement amortis.

A. Les immobilisations incorporelles

Elles regroupent :

- ***Les frais d'établissement*** : dépenses exposées dans le cadre d'opérations qui conditionnent l'existence, l'activité ou le développement de l'entreprise ;
- ***Les frais de recherche et de développement*** : Les concessions et droits similaires, brevets, licences, marques, procédés, logiciels, droits, site internet ;
- ***Le droit au bail*** : constitué du montant versé ou dû au locataire précédent, en considération du transfert des droits résultant tant des conventions que de la législation sur la propriété commerciale ;
- ***Le fonds commercial*** : clientèle et achalandage, existence d'un éventuel bail commercial intéressant, nom commercial et enseigne.

B. Les immobilisations corporelles

Elles correspondent aux instruments de travail nécessaires au fonctionnement de l'entreprise. Il s'agit des terrains, bâtiments, installations et agencements, matériels...

C. Les immobilisations financières

Il s'agit, d'une part, des parts dans des entreprises liées et créances sur des entreprises liées, et d'autre part, des participations et créances rattachées à des participations. Les participations représentent les droits dans le capital d'autres entreprises, matérialisés ou non par des titres, afin de créer un lien durable avec celles-ci et de contribuer à l'activité et au développement de la société détentrice.

Les actifs circulants

Ils comprennent les valeurs d'exploitation, les valeurs réalisables ainsi que les valeurs disponibles.

A. Les valeurs d'exploitation

Il s'agit des :

- Stocks et en-cours qui représentent l'ensemble des biens ou des services qui interviennent dans le cycle d'exploitation de l'entreprise pour être, soit vendus en l'état ou au terme d'un processus de production à venir ou en cours, soit consommés, en général au premier usage. On distingue l'approvisionnement (matières premières, matières et fournitures consommables..., les produits (produits intermédiaires, produits finis, produits résiduels) et les marchandises (objets acquis par l'entreprise et destinés à être revendus en l'état).
- Les en-cours sont des biens ou des services en cours de formation au travers du processus de production (biens et services en voie de formation ou de transformation à la clôture de l'exercice, et des services en cours, dont la remise définitive à l'acheteur ou au preneur d'ordre n'est pas encore intervenue.

B. Les valeurs réalisables

Ce sont des créances commerciales à court terme sur les clients ou sur tout autre tiers. Les créances regroupent :

- ***Les fournisseurs débiteurs*** : Il s'agit principalement de l'ensemble des avances et acomptes versés aux fournisseurs ;
- ***Les clients*** : Il s'agit de l'ensemble des créances-clients liées à la vente des biens et des services rattachés au cycle d'exploitation de l'entreprise, créances clients litigieuses ou douteuses ;
- ***Les autres créances*** : Avances et acomptes en personnel, les produits à recevoir du personnel des organismes sociaux, de l'État et des collectivités publiques, le crédit de TVA à reporter.

C. Les valeurs disponibles

Ce sont des liquidités en caisse et dans les institutions bancaires et financières. Dans un sens large, elles incluent des valeurs mobilières de placement ou simplement titres de placement.

En OHADA, Il importe que les titres qui y sont inscrits soient réellement rapidement négociables dans l'intention des dirigeants et au regard des possibilités boursières. Dans le cas contraire, ils doivent être classés en « Autres immobilisations financières ».

1.2.2. Le passif du Bilan

Le passif du bilan regroupe également deux masses : les capitaux propres et les dettes.

Les capitaux propres

Ils comprennent l'ensemble des ressources de financement mises ou laissées à la disposition de l'entreprise de façon durable et permanente par les associés. Il s'agit du capital social, des réserves, du report à nouveau, du résultat net de l'exercice et des provisions pour risques et charges.

Les dettes

Les dettes sont toutes les ressources financières externes contractées sous forme d'emprunts et de dettes financières y compris les découverts de trésorerie auprès d'établissements de crédit ou de tiers divers. Elles regroupent :

A. Les dettes liées à l'exploitation

- Les clients, avances reçues ;
- Les fournisseurs d'exploitation : Ce compte recense les dettes liées à l'acquisition des biens ou des services par l'entreprise, auprès de ses fournisseurs ;
- Les dettes fiscales : dettes qui trouvent leur origine dans la fiscalité nationale ou locale, et qui sont donc dues soit à l'État, soit à des collectivités publiques ainsi que les dettes non fiscales envers l'État ou les collectivités publiques ;
- Les dettes sociales : dettes envers le personnel et envers les organismes sociaux.

B. Les dettes hors exploitations

Pour ce qui est des dettes hors exploitations :

- Ce sont des dettes à court terme consécutives à des opérations effectuées par l'entreprise mais n'ayant pas de lien avec son activité ordinaire.
- Fournisseurs d'immobilisations, les autres dettes hors exploitation : telles que les dividendes à payer pour les associés.

On peut noter, cependant, que dans le système comptable OHADA, le caractère fonctionnel du bilan est mis en évidence. Ainsi, la structure du bilan est présentée sous six masses qui correspondent à un bilan fonctionnel que nous développerons dans les chapitres suivants. Il s'agit pour le compte de l'actif, des immobilisés, des actifs circulants et la trésorerie active ; et pour le compte du passif, des ressources stables qui comportent les capitaux propres et ressources assimilées, les dettes financières et ressources assimilées, le passif circulant ainsi que la trésorerie passive.

Les dettes financières et ressources assimilées, dettes de location acquisition notamment, sont classées comme telles dès lors qu'il s'agit d'emprunts ou de contrats assimilés (compte 16). Dans cette rubrique, sont inclus les comptes bloqués d'associés et les crédits bancaires renouvelables. La fraction à moins d'un an de ces dettes ainsi que les intérêts courus, restent inclus dans le poste. Sont incluses dans la rubrique, les « Provisions pour risques et charges » qui, compte tenu de leur nature et des principes comptables, sont des dettes probables. Par souci de simplification de la gestion comptable, les provisions dont l'échéance probable est à plus d'un an, sont classées dans ce poste ; celles à un an ou moins, sont classées dans le « passif circulant » : Provisions pour risques à court terme.

	ACTIF	PASSIF	
Fonction investissement	**Actifs immobilisés**	**Capitaux propres**	Fonction financement
	Immobilisations incorporelles Immobilisations corporelles Immobilisations financières	Capitaux propres Dettes financement et Ressources assimilés	
Fonction exploitation	**Actifs circulants**	**Passifs circulants**	Fonction exploitation
	Actif circulant H.A.O Actif circulant d'exploitation	Passif circulant H.A.O Passif circulant d'exploitation	
	Trésorerie -Actif	**Trésorerie -Passif**	
	Écart de conversion -actif	Écart de conversion -Passif	

BILAN ACTIF						
Désignation entité : .... Numéro d'identification :		Exercice clos le 31/12 .... Durée (en mois)				
REF	ACTIF	Note	Exercice au 31/12/N			Exercice au 31/1/N-1
			BRUT	AMORT et PROV	NET	NET
AD	**IMMOBILISATIONS INCORPORELLES**	3				
AE	Frais de développement et de prospection					
AF	Brevets, licences, logiciels et droits similaires					
AG	Fonds commercial et droit au bail					
AH						
AI	**IMMOBILISATIONS CORPORELLES**	3				
AJ	Terrains (1) (1) dont Placement en Net ....../.........					
AK	Bâtiments (1) dont placement en net ....../.........					
AL	Aménagements, agencements et installations					
AM	Matériel, mobilier et actifs biologiques					
AN	Matériel de transport					
AP	Avances et acomptes versés sur immobilisations	3				
AQ	**IMMOBILISATIONS FINANCIÈRES**	4				
AR	**Titres de participation**					
AS	Autres immobilisations financières					
AZ	TOTAL ACTIF IMMONILIESÉ					
BA	**ACTIF CIRCULANT HAO**	5				
BB	**STOCKS ET ENCOURS**	6				
BG	**CRÉANCES ET EMPLOIS ASSIMILÉS**					
BH	Fournisseurs avances versées	17				

BI	Clients	7				
BJ	Autres créances	8				
BK	TOTAL ACTIF CIRCULANT					
BQ	Titre de placement	9				
BR	Valeurs à encaisser	10				
BS	Disponibilités	11				
BT	TOTAL TRÉSORERIE ACTIF					
BU	Écart de conversion-actif	12				
BZ	**TOTAL GÉNERAL**					

BILAN PASSIF				
Désignation entité : .... **Numéro d'identification : ....**			**Exercice clos le 31/12 ....** **Durée (en mois) ....**	
REF	**PASSIF**	**Note**	**Exercice au 31/12/N** **NET**	**Exercice au 31/1/N-1** **NET**
CA	Capital	13		
CB	Apporteurs capital non appelé	13		
CD	Primes d'apport d'émission, de fusion	14		
CE	Écarts de réévaluation	3e		
CF	Réserves indisponibles	14		
CG	Réserves libres	14		
CH	Rapport à nouveau	14		
CJ	Résultat net de l'exercice	14		
CL	Subvention d'investissement	15		
CM	Provisions règlementées	15		
CP	**TOTAL CAPITAUX PROPRES ET RESSOURCES ASSIMILÉES**			
DA	Emprunts et dettes financiers	16		
DB	Dette de location acquisition	16		
DC	Provisions financières pour risques et charges	16		
DD	**TOTAL DETTES FINANCIÈRES ET RESSOURCES ASSIMILÉES**			
DF	TOTAL RESSOURCES STABLES			
DH	Dettes circulantes HAO	5		
DI	Clients, avances reçues	7		
DJ	Fournisseurs d'exploitation	17		
DK	Dettes fiscales et sociales	18		
DM	Autres dettes	19		
DN	Risques provisionnés	19		

DP	TOTAL PASSIF CIRCULANT			
DQ	Banques, crédits d'escompte et de trésorerie	20		
DR	Banques, crédits de trésorerie	20		
DT	TOTAL TRÉSORERIE PASSIF			
DV	Écart de conversion-passif	12		
DZ	TOTAL GÉNÉRAL			

Chapitre 2 : LE COMPTE DE RÉSULTAT

L'activité annuelle d'une entreprise est résumée à travers un document de synthèse dénommé « le compte de résultat ».

2.1. DÉFINITION

Le compte de résultat récapitule les produits et les charges de l'entreprise sans qu'il soit tenu compte de leur date d'encaissement ou de paiement. Il fait apparaitre par différence, après déduction des amortissements et des provisions, le bénéfice ou la perte de l'exercice.

Il permet de :

- Déterminer le résultat de l'exercice par comparaison de ses produits et de ses charges ;
- Rendre compte de l'activité de l'entreprise au cours d'un exercice comptable ;
- Procéder à la soustraction entre les produits et les charges ;
- Refléter la capacité de l'entreprise à dégager la profitabilité.

Contrairement au bilan comptable qui récapitule le patrimoine d'une entreprise et ses variations depuis la création de l'entreprise, le compte de résultat ne s'intéresse pas au passé mais uniquement à l'année qui vient de s'écouler. Il permet de recomposer et de comprendre la formation du résultat en recensant les produits et les charges de l'année et en les comparant selon leur nature (courante, financière, exceptionnelle).

Le compte de résultat est établi à partir des comptes généraux de gestion (classe 6, 7 et 8). Il constitue le document de base de l'analyse de l'activité et de la performance de l'entreprise. Le compte de résultat dégage le solde provenant de l'enregistrement de ces mouvements, par différence, afin de faire apparaître le bénéfice ou la perte de l'exercice.

2.2. STRUCTURE DU COMPTE DE RÉSULTAT

Le compte de résultat est composé de deux colonnes. Il présente une architecture à trois étages correspondant aux trois activités possibles d'une entreprise, classées de la plus systématique à la moins systématique. D'une part, les charges et d'autre part, les produits.

- ***Charges d'exploitation :*** Opérations liées à la réalisation de l'activité de l'entreprise ;
- ***Opérations financières :*** Charges financières ;
- ***Opérations exceptionnelles :*** opérations autres que les opérations citées ci-haut.

La différence entre ces produits et ces charges donne le résultat de l'exercice (bénéfice ou perte) qui traduit l'enrichissement ou l'appauvrissement de l'entité. Nous voudrions mettre ici l'accent sur la structure préconisée par le système OHADA pour que l'on puisse se familiariser avec une présentation en vigueur par la législation locale. Le système OHADA met en évidence, la séparation des activités ordinaires et des activités HAO (hors activité ordinaire).

L'activité ordinaire est composée des opérations d'exploitation et financières. L'activité d'exploitation regroupe les opérations liées à l'activité de l'entité ; par exemple, l'achat et la vente des marchandises.

L'activité financière correspond aux opérations financières de l'entité : les charges induites par exemple par les intérêts d'un emprunt (charges financières), les placements ou l'encaissement d'un dividende versé par une filiale (produits financiers) par exemple. Les charges et produits HAO correspondent à des flux non récurrents, ayant un caractère accidentel ou extraordinaire.

Pour faciliter la lecture du compte de résultat et une analyse de la performance de l'entité, le Plan Comptable OHADA (en abrégé PCGO) préconise la présentation d'un compte de résultat en liste. Cette présentation a le mérite de révéler de manière structurée et limpide les soldes intermédiaires de gestion sélectionnés par le plan comptable OHADA, en suivant une progression logique.

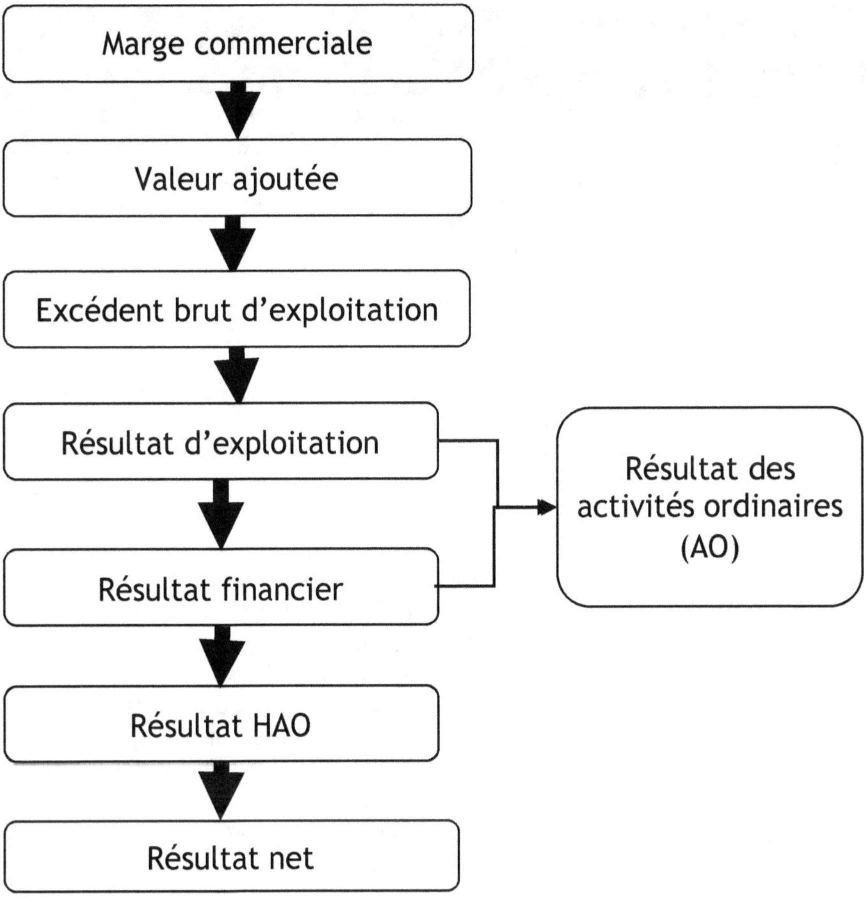
Marge commerciale
Valeur ajoutée
Excédent brut d'exploitation
Résultat d'exploitation
Résultat financier
Résultat HAO
Résultat net
Résultat des activités ordinaires (AO)

SOLDES INTERMÉDIAIRES DE GESTION	INTERPRÉTATION
MARGE COMMERCIALE	Ce solde permet de calculer la performance des entités commerciales. Elle représente le supplément de valeur apportée par l'entité au coût des marchandises vendues dans l'exercice.
VALEUR AJOUTÉE	La valeur ajoutée représente la richesse créée par l'entité du fait de ses opérations d'exploitation et mesure son poids économique. En effet, la valeur ajoutée mesure l'accroissement de valeur que l'entité porte aux biens et services dans l'exercice de ses activités professionnels courantes.
EXCÉDENT BRUT D'EXPLOITATION (EBE)	L'EBE est la ressource que l'entité tire de son exploitation après avoir rémunéré le facteur travail. Il mesure la performance économique de l'entité indépendamment de son mode de financement, de ses choix en matière d'investissement et de distribution. Il constitue un bon entier de la performance industrielle et commerciale de l'entité. C'est un indicateur de comparaison des entités du même secteur d'activité. Si l'EBE est négatif, on parle alors d'insuffisance brute d'exploitation (IBE)
RÉSULTAT D'EXPLOITATION	Le résultat d'exploitation mesure la performance économique industrie et commerciale, sans tenir compte de sa politique de financement. Il représente la ressource nette dégagée par la totalité des opérations d'exploitation.
RÉSULTAT FINANCIER	Le résultat financier met en évidence les choix effectués en matière de financement (activité d'endettement et de placement) et l'impact du mode de financement sur le résultat de l'entité.
RÉSULATAT DES ACTIVITÉS ORDINAIRES	Le résultat A.O mesure la performance de l'activité économique et financière de l'entité. C'est le résultat courant, c'est-à-dire provenant de l'activité normale et habituelle de l'entité.
RÉSULTAT H.A.O.	Le résultat H.A.O est le résultat des opérations peu fréquentes et non récurrentes de l'entité.
RÉSULTAT DE L'EXERCICE	Le résultat de l'exercice représente le revenu qui revient aux associés. En principe, une partie de ce résultat est distribuée aux associés et une autre réservée à la constitution de l'autofinancement de l'entité pour assurer sa croissance.

2.3. MODÈLE DE TABLEAU DU COMPTE DE RÉSULTAT

Ci-dessous un modèle du compte de résultat selon le plan Comptable OHADA.

Compte de résultat au 31 décembre N

REF	LIBELLÉS		NOTE	Exercice au 31/12/N	Exercice au 31/12/N-1
				NET	NET
TA	Ventes de marchandises A	+	21		
RA	Achats de marchandises	-	22		
RB	Variation de stocks de marchandises	-/+			
XA	MARGE COMMERCIALE (Somme TA à RB)				
TB	Ventes de produits fabriqués B	+	21		
TC	Travaux, services vendus C	+	21		
TD	Produits accessoires D	+	21		
XB	CHIFFRE D'AFFAIRES (A+B+C+D)				
TE	Production stockée (ou déstockage)	-/+	6		
TF	Production immobilisée		21		
TG	Subventions d'exploitation		21		
TH	Autres produits	+	21		
TI	Transferts de charges d'exploitation	+	12		
RC	Achats de matières premières et fournitures liées	-	22		
RD	Variation de stocks de matières premières et fournitures liées	-/+	6		
RE	Autres achats	-	22		
RF	Variation de stocks d'autres approvisionnements	-/+	6		
RG	Transports	-	23		
RH	Services extérieurs	-	24		
RI	Impôts et taxes	-	25		
RJ	Autres charges	-	26		
XC	VALEUR AJOUTEÉ (XB+RA+XB) + (Somme TE à RJ)				
RK	Charges de personnel	-	27		
XD	EXCÉDENT BRUT D'EXPLOITATION (XC+RK)		28		
TJ	Reprises d'amortissements, provisions et dépréciations	+	28		

RL	Dotations aux amortissements, aux provisions et dépréciations	-	3C &28		
XE	RÉSULTAT D'EXPLOITATION (XD+TJ+RL)				
TK	Revenus financiers et assimilés	+	29		
TL	Reprises de provisions et dépréciations financières	+	28		
TM	Transferts de charges financières	+	12		
RM	Frais financiers et charges assimilées	-	29		
RN	Dotation aux provisions et aux dépréciations financières	-	3C &28		
XF	RÉSULTAT FINANCIER (Somme TK à RN)				
XG	RÉSULTAT DES ACTIVITÉS ORDINAIRES (XE+XF)				
TN	Produits des cessions d'immobilisations	+	3D		
TO	Autres Produits HAO	+	30		
RO	Valeurs comptables des cessions d'immobilisations	-	3D		
RP	Autres Charges HAO	-	30		
XH	RÉSULTAT HORS ACTIVITÉS ORDINAIRES (Somme TN à RP)				
RQ	Participation des travailleurs	-	30		
RS	Impôts sur le résultat	-			
XI	RÉSULTAT NET (XG+XH+RQ+RS)				

Chapitre 3 : LE TABLEAU DES FLUX DE TRÉSORERIE

3.1. DÉFINITION

Selon Christian HOARAU [1] « Un tableau des flux de trésorerie » regroupe les encaissements et les décaissements liés aux activités courantes de l'entreprise, à ses investissements et à son financement. Il constitue un état de synthèse à part entière dont la finalité première est d'expliquer la variation de trésorerie. »

Le tableau de flux de trésorerie est donc un document financier qui hiérarchise tous les mouvements d'argent réalisés et à venir. L'objectif de ce tableau est à la fois de visualiser les flux de trésorerie passés mais également d'établir des prévisions de trésorerie qui peuvent ensuite être ajustées au fil de temps. Il permet de (d') :

- Analyser l'origine de l'excédent ou du déficit de trésorerie ;
- Étudier l'utilisation des ressources de trésorerie ;
- Mesurer le besoin de financement externe ;
- Effectuer des prévisions.

3.2. STRUCTURE DU TABLEAU DES FLUX DE TRÉSORERIE

Le tableau des flux de trésorerie doit présenter les entrées et les sorties de trésorerie et d'équivalents de trésorerie classés en trois catégories :

- Flux de trésorerie des activités opérationnelles ;
- Flux de trésorerie des activités d'investissement ; et
- Flux de trésorerie des activités de financement.

[1] CHRISTIAN HOARAU est professeur au Conservatoire national des arts et métiers, titulaire de la chaire de Comptabilité financière et Audit, et directeur de recherche à l'IAE de Paris (Université de Paris-1 -Panthéon-Sorbonne)

3.2.1. Flux de trésorerie des activités opérationnelles

Les flux des activités opérationnelles sont les flux des principales activités génératrices de produits de l'entité ainsi que toutes les autres activités qui ne sont pas des activités d'investissement ou de financement.

3.2.2. Flux de trésorerie des activités d'investissement

Les activités d'investissement correspondent à l'acquisition et la sortie d'actifs à long terme et aux autres placements qui ne sont pas inclus dans les équivalents de trésorerie. Sont considérés comme flux provenant des activités d'investissement, tous les décaissements et encaissements liés aux acquisitions et aux cessions d'immobilisations incorporelles, corporelles et financières.

3.2.3. Flux de trésorerie des activités de financement

Les flux des activités de financement sont ceux provenant des activités qui résultent des changements dans l'importance et la composition des capitaux propres et des emprunts de l'entité. Sont considérés comme flux provenant des activités de financement, tous les décaissements et encaissements résultant des changements dans le montant et la composition des capitaux propres et des emprunts de l'entité.

3.3. MÉTHODE D'ÉLABORATION DU TABLEAU DE FLUX DE TRÉSORERIE

Tableau des flux de trésorerie

REF	LIBELLÉS	NOTE	Exercice N	Exercice N-1
ZA	**Trésorerie nette au 1er janvier** (Trésorerie actif N-1 - Trésorerie passif N-1)	**A**		
	Flux de trésorerie provenant des activités opérationnelles			
FA	**Capacité d'Autofinancement Globale (CAFG)**			
FB	-Actif circulant HAO [1]			
FC	-Variation de stocks			
FD	-Variation de créances			
FE	+Variation du passif circulant[1]			
	Variation du BF lié aux activités opérationnelles (FB+FC+FD+FE) :			
ZB	**Flux de trésorerie provenant des activités opérationnelles (Somme FA à FE)**	**B**		
	Flux de trésorerie provenant des activités d'investissements			
FF	-Décaissements liés aux acquisitions d'immobilisations incorporelles			
FG	-Décaissements liés aux acquisitions d'immobilisations corporelles			
FH	-Décaissements liés aux acquisitions d'immobilisations financières			
FI	+Encaissements liés aux cessions d'immobilisations incorporelles et corporelles			
FJ	+Encaissements liés aux cessions d'immobilisations financières			
ZC	**Flux de trésorerie provenant des activités d'investissement (Somme FF à FJ)**	**C**		
	Flux de trésorerie provenant du financement par les capitaux propres			

FK	+Augmentation de capital par apports aux nouveaux				
FL	+Subvention d'investissements reçus				
FM	-Prélèvement sur le capital				
FN	-Dividendes versées				
ZD	**Flux de trésorerie provenant des capitaux propres (Somme FK à FN)**	**D**			
	Trésorerie provenant du financement par les capitaux étrangers				
FO	+Emprunts				
FP	+Autres dettes financières				
FQ	-Remboursements des emprunts et autres dettes financières				
ZE	**Flux de trésorerie provenant des capitaux étrangers (Somme FO à FQ)**	**E**			
ZF	**Flux de trésorerie provenant des activités de financement (D+E)**	**F**			
ZG	**VARIATION DE LA TRÉSORERIE NETTE DE LA PÉRIODE (B+C+F)**	**G**			
ZH	**Trésorerie nette au 31 décembre (G+A)** **Contrôle : Trésorerie actif N - Trésorerie passif N =**	**H**			

[1] à l'exclusion des variations des créances et dettes liées aux activités d'investissement (variation des créances sur cession d'immobilisation et des dettes sur acquisition ou production d'immobilisation) et de financement (par exemple variation des créances sur subventions d'investissements reçus).

Chapitre 4 : L'ANNEXE

4.1. DÉFINITION

L'annexe est un état qui recense les explications nécessaires à une meilleure compréhension des deux autres documents de synthèse : le bilan et le compte de résultat. Elle permet de réaliser les reclassements des comptes, d'opérer des retraitements de l'information et de révéler souvent des risques potentiels auxquels l'entreprise est exposée et qui n'apparaissent pas clairement dans les comptes. Exemple d'une caution versée pour un prêt.

4.2. RÔLE DE L'ANNEXE

L'annexe pour rôle de :

- Comprendre des informations obligatoires (règles et méthodes comptables, durée de vie des immobilisations, engagements hors bilan, etc.) ;
- Contenir des informations ayant une importance significative nécessaire à l'obtention de l'image fidèle (tableaux des mouvements des postes de l'actif immobilisé, etc.) ;
- Pouvoir présenter des informations facultatives (chiffre d'affaires en devises, etc.).

4.3. STRUCTURE ET PRÉSENTATION

Le plan comptable préconise pour certaines informations, l'utilisation de tableaux. Les tableaux de l'annexe en système de base peuvent comprendre :

- Le tableau des immobilisations : suivi des mouvements de l'ensemble des immobilisations ;
- Le tableau des amortissements : analyse des mouvements des amortissements de l'exercice ; modalité de calcul.
- Tableau des dépréciations : analyse des mouvements de dépréciations de l'exercice ;

- État des échéances des créances et des dettes à la clôture de l'exercice ;
- Tableau des filiales et des participations.

EXERCICES D'APPLICATION

Exercice 1. **ÉTABLISSEMENT D'UN BILAN EN SYSTÈME DÉVELOPPÉ**

La balance par soldes, après inventaire, au 31 décembre N de la société NAWEZA se présente comme suit :

N°	Comptes	Soldes
101	Capital	195 000
1061	Réserve légale	16 000
1068	Autres réserves	35 000
110	Report à nouveau (solde créditeur)	2 160
120	Résultat de l'exercice	64 340
145	Amortissements dérogatoires	7 000
1511	Provisions pour litiges	14 000
1514	Provisions pour amendes et pénalités	2 500
164	Emprunts auprès des établissements de crédit	75 000
166	Participation des salariés aux résultats	12 000
207	Fonds commercial	34 000
211	Terrains	40 000
213	Constructions	62 000
2154	Installations techniques, matériel et outillage industriels	75 000
2182	Matériel de transport	35 000
2183	Matériel de bureau et matériel informatique	6 500
2184	Mobilier	2 800
261	Titres de participation	1 800
275	Dépôts et cautionnements versés	1 600
2813	Amortissements des constructions	32 160
2815	Amortissements des installations techniques, matériel et outillage industriels	37 000
28182	Amortissements du matériel de transport	20 160
28183	Amortissements du matériel de bureau et matériel informatique	2 500
28184	Amortissements du mobilier	1 120
32	Matières premières	17 000
35	Stocks de produits	40 000
37	Stocks de marchandises	109 000
391	Dépréciation des matières premières	1 500
397	Dépréciation des marchandises	11 400
401	Fournisseurs	34 300
403	Fournisseurs - Effets à payer	1 348
404	Fournisseurs d'immobilisations	6 600

408	Fournisseurs - Factures non parvenues	19 767
411	Clients	119 200
413	Clients - Effets à recevoir	34 650
416	Clients douteux	4 200
418	Clients - Produits non encore facturés	1 580
421	Personnel - Rémunérations dues	8 000
425	Personnel - Avances et acomptes	5 600
437	Autres organismes sociaux	11 200
441	État - Subvention à recevoir	8 100
44551	TVA à décaisser	19 246
447	Autres impôts, taxes et versements assimilés	2 260
455	Associés - Comptes courants	4 690
486	Charges constatées d'avance	1 707
487	Produits constatés d'avance	465
491	Dépréciation des comptes clients	1 315
50	Valeurs mobilières de placement	1 287
512	Banques	10 880
514	Chèques postaux	15 000
530	Caisse	2 127

Présenter le bilan au 31 décembre N en système OHADA.

Résolution

1 - Les calculs préliminaires

a) Actif

Autres immobilisations corporelles :
comptes « 2182, 2183 et 2184 » = 35 000+6 500+2 800 = 44 300 $.

Amortissements à déduire des autres immobilisations corporelles :
comptes « 28182, 28183 et 28184 » = 20 160+2 500+1 120 = 23 780 $.

Créances clients et comptes rattachés :
comptes « 411, 413, 416 et 418 » 119 200 + 34 650 + 4 200 + 1 580 = 159 630 $.

Disponibilités :
comptes « 512, 514 et 530 » = 10 880 + 15 000 + 2 127 = 28 007 $.

b) Passif

Provisions pour risques :
comptes « 1511 et 1514 » 14 000 + 2 500 = 16 500 $.
Emprunts et dettes financières divers :
comptes « 166 et 455 » 12 000 + 4 690 = 16 690 $.
Dettes fournisseurs et comptes rattachés :
comptes « 401, 403 et 408 » 34 300 + 1 348 + 19 767 = 55 415$.
Dettes fiscales et sociales :
comptes « 421, 437, 44 551 et 447 » = 8 000 + 11 200 + 19 246 + 2 260 = 40 706 $.

2 - Le bilan

ACTIF	Exercice N			Exercice N - 1
	Brut	Amortissements et dépréciations (à déduire)	Net	Net
Capital souscrit - non appelé..........................				
ACTIF IMMOBILISÉ *(a)*:				
Immobilisations incorporelles :				
Frais d'établissement..................................				
Frais de recherche et de développement...				
Concessions, brevets, licences, marques, procédés, logiciels, droits et valeurs similaires..				
Fonds commercial (1)..................................	34 000		34 000	
Autres				
Immobilisations incorporelles en cours.......				
Avances et acomptes..................................				
Immobilisations corporelles :				
Terrains..	40 000		40 000	
Constructions...	62 000	32 160	29 840	
Installations techniques, matériel et outillage industriels..	75 000	37 000	38 000	
Autres...	44 300	23 780	20 520	
Immobilisations corporelles en cours..........				
Avances et acomptes..................................				
Immobilisations financières (2) :				
Participations (b)...	1 800		1 800	
Créances rattachées à des participations...				
Titres immobilisés de l'activité de Portefeuille..				
Autres titres immobilisés............................				
Prêts...				
Autres...	1 600		1 600	
Total I..	258 700	92 940	165 760	
(1) Dont droit au bail (2) Dont à moins d'un an (brut)				

(a) Les actifs avec clause de réserve de propriété sont regroupés sur une ligne distincte portant la mention « dont ... avec clause de réserve de propriété ». En cas d'impossibilité d'identifier les biens, un renvoi au pied du bilan indique le montant restant à payer sur ces biens. Le montant à payer comprend celui des effets non échus.

(b) Si des titres sont évalués par équivalence, ce poste est subdivisé en deux sous-postes « Participations évaluées par équivalence » et « Autres participations ». Pour les titres évalués par équivalence, la colonne « Brut » présente la valeur globale d'équivalence si elle est supérieure au coût d'acquisition. Dans le cas contraire, le prix d'acquisition est retenu. La dépréciation globale du portefeuille figure dans la 2e colonne. La colonne « Net » présente la valeur globale d'équivalence positive ou une valeur nulle.

ACTIF	Exercice N			Exercice N - 1
	Brut	**Amortissements et dépréciations**	**Net**	**Net**
ACTIF CIRCULANT				
Stocks et en-cours *(a)* :				
Matières premières et autres approvisionnements	17 000	1 500	15 500	
En-cours de production[biens et services](c)				
Produits intermédiaires et finis	40 000		40 000	
Marchandises	109 000	11 400	97 600	
Avances et acomptes versés sur commandes				
Créances d'exploitation (3) :				
Créances Clients (a) et Comptes rattachés(d)	159 630	1 315	158 315	
Autres	5 600		5 600	
Créances diverses	8 100		8 100	
Capital souscrit - appelé, non versé				
Valeurs mobilières de placement *(e)* :				
Actions propres				
Autres titres	1 287		1 287	
Instruments de trésorerie				
Disponibilités	28 007		28 007	
Charges constatées d'avance (3)	1 707		1 707	
Total II	370 331	14 215	356 116	
Charges à répartir sur plusieurs exercices (III)				
Primes de remboursement des emprunts (IV) Écarts de conversion Actif (V)				
TOTAL GÉNÉRAL (I + II + III + IV + V)	629 031	107 155	521 876	
(3) Dont à plus d'un an (brut)				

(c) À ventiler, le cas échéant, entre biens, d'une part, et services d'autre part.

(d) Créances résultant de ventes ou de prestations de services.

(e) Poste à servir directement s'il n'existe pas de rachat par l'entité de ses propres actions.

PASSIF	Exercice N	Exercice N - 1
CAPITAUX PROPRES *		
Capital [dont versé] (a)..	195 000	
Primes d'émission, de fusion, d'apport........................		
Écarts de réévaluation (b)......................................		
Écart d'équivalence (c)...		
Réserves :		
Réserve légale..	16 000	
Réserves statutaires ou contractuelles.........................		
Réserves réglementées...		
Autres..	35 000	
Report à nouveau (d)..	2 160	
Résultat de l'exercice [bénéfice ou perte] (e).................	64 340	
Subventions d'investissement....................................		
Provisions réglementées...	7 000	
Total I...	319 500	
PROVISIONS		
Provisions pour risques...	16 500	
Provisions pour charges...		
Total II..	16 500	

* Le cas échéant, une rubrique « Autres fonds propres » est intercalée entre la rubrique « Capitaux propres » et la rubrique « Provisions » avec ouverture des postes constitutifs de cette rubrique sur des lignes séparées (montant des émissions de titres participatifs, avances conditionnées...). Un total I bis fait apparaître le montant des autres fonds propres entre le total I et le total II du passif du bilan. Le total général est complété en conséquence.

(a) Y compris capital souscrit non appelé.

(b) À détailler conformément à la législation en vigueur.

(c) Poste à présenter lorsque des titres sont évalués par équivalence.

(d) Montant entre parenthèses ou précédé du signe moins (-) lorsqu'il s'agit de pertes reportées.

(e) Montant entre parenthèses ou précédé du signe moins (-) lorsqu'il s'agit d'une perte.

PASSIF	Exercice N	Exercice N - 1
DETTES (1) *(g)*		
Dettes financières :		
Emprunts obligataires convertibles..		
Autres emprunts obligataires..		
Emprunts et dettes auprès des établissements de crédit (2)	75 000	
Emprunts et dettes financières divers (3)...................................	16 690	
Avances et acomptes reçus sur commandes en cours...................		
Dettes d'exploitation :		
Dettes Fournisseurs et Comptes rattachés (f)	55 415	
Dettes fiscales et sociales	40 706	
Autres		
Dettes diverses :		
Dettes sur immobilisations et Comptes rattachés........................	6 600	
Dettes fiscales (impôts sur les bénéfices)...................................		
Autres dettes..		
Instruments de trésorerie...		
Produits constatés d'avance (1)..	465	
Total III..	194876	
Écarts de conversion Passif (IV)...		
TOTAL GÉNÉRAL (I + II + III + IV + V)..................................	521 876	
(1) Dont à plus d'un an		
Dont à moins d'un an		
(2) Dont concours bancaires courants et soldes créditeurs de banques		
(3) Dont emprunts participatifs		

(f) Dettes sur achats ou prestations de services.

(g) À l'exception, pour l'application du (1), des avances et acomptes reçus sur commandes en cours.

Exercice 2. ANNEXE : TABLEAU DES IMMOBILISATIONS ET TABLEAU DES AMORTISSEMENTS

Des informations suivantes sont disponibles concernant la société RUBANGO, spécialisée dans l'installation d'appareils de chauffage central. Les montants sont exprimés en kilo USD.

Annexe 1 : extrait de balances

N°	Comptes	Soldes au 1/01/N	Soldes au 1/01/N après inventaire
205	Concessions et droits similaires........................	21 846	30 323
211	Terrains..	577	660
213	Constructions..	1 298	2 229
215	Installations techniques, matériel et outillage industriels..	3 873	4 761
2182	Matériel de transport..	7 911	8 411
2183	Matériel de bureau et matériel informatique	1 056	1 294
2184	Mobilier..	1 035	1 035
2805	Amortissements des concessions.....................	5 688	5 645
2813	Amortissements des constructions.................	681	820
2815	Amortissements des installations techniques, matériel et outillage industriels......................	1 596	1 911
28182	Amortissements du matériel de transport......	7 339	6 968
28183	Amortissements du matériel de bureau et matériel informatique.......................................	846	932
28184	Amortissements du mobilier............................	371	469
6811	Dotations aux amortissements des immobilisations incorporelles et corporelles...		1 315

Annexe 2 : renseignements complémentaires

Le compte « 6811 Dotations aux amortissements sur immobilisations incorporelles et corporelles » est ventilé de la manière suivante :

- concessions et droits similaires : 69
- constructions : 151
- installations techniques, matériel et outillage industriels : 402
- matériel de transport : 509
- matériel de bureau et matériel informatique : 86
- mobilier : 98

Total : 1 315

Certains biens ont été cédés ou mis hors service, au cours de l'exercice « N » :

Nature	Valeur d'origine	Opérations
Logiciels de production	83	Mise hors service
Hangar	12	Mise hors service
Machines-outils	102	Cessions
Camions	935	Cessions

Les autres variations de poste sont dues à des acquisitions.

1. Présenter le tableau des immobilisations, sachant que les augmentations représentent des acquisitions d'immobilisations.

2. Présenter le tableau des amortissements.

3. Établir l'extrait de bilan concerné d'après le système de base, en justifiant les montants.

Résolution

1 - Le tableau des immobilisations

Le tableau des immobilisations permet d'expliquer les variations des postes de l'actif immobilisé entre deux bilans.

Pour chaque ligne du tableau, l'égalité suivante doit être respectée : **A + B - C = D**

Situations et mouvements (b)	A	B	C	D
Rubriques (a)	Valeur brute à l'ouverture de l'exercice	Augmentations	Diminutions	Valeur brute à la clôture de l'exercice (c)
Immobilisations incorporelles........................	21 846	8 560	83	30 323
Immobilisations corporelles............................				
• Terrains..	577	83	-	660
• Constructions..	1 298	943	12	2 229
• Installations techniques, matériel et outillage industriels......................................	3 873	990	102	4 761
• Matériel de transport....................................	7 911	1 435	935	8 411
• Matériel de bureau et matériel informatique..	1 056	238	-	1 294
• Mobilier..	1 035	-	-	1 035
Sous-total immobilisations corporelles.........	15 750	3 689	1 049	18 390
Total..	37 596	12 249	1 132	48 713

(a) À développer si nécessaire selon la nomenclature des postes du bilan. Lorsqu'il existe des frais d'établissement, ils doivent faire l'objet d'une ligne séparée.

(b) Les entités subdivisent les colonnes pour autant que de besoin [cf. ci-dessous développement des colonnes B (augmentations) et C (diminutions)].

(c) La valeur brute à la clôture de l'exercice est la somme algébrique des colonnes précédentes (A + B - C = D).

a) Immobilisations incorporelles

A = solde débiteur au 1/1/N du compte « 205 » : 21 846 K$.
C = mise hors service des logiciels de production : 83 K$.
D = solde débiteur au 31/12/N, après inventaire du compte « 205 » : 30 323 K$.
B = D + C - A
= acquisitions : 8 560 K$ = 30 323 + 83 - 21 846.

b) Immobilisations corporelles

Terrains :
A = solde débiteur au 1/1/N du compte « 211 » : 577 K$.
D = solde débiteur au 31/12/N, après inventaire, du compte « 211 » : 660 K$.
B = D - A ; alors nous aurons 83 K$ = 660 - 577.
C = 0 $; aucune cession ou mise hors service au cours de l'exercice « N ».
Constructions :
A = solde débiteur au 1/1/N du compte « 213 » : 1 298 K$.
C = mise hors service du hangar : 12 K$.
D = solde débiteur au 31/12/N, après inventaire du compte « 213 » : 2 229 K$.
B = D + C - A
= acquisitions : 943 K$ = 2 229 + 12 - 1 298.
Installations techniques, matériel et outillage industriels :
A = solde débiteur au 1/11N du compte « 215 » : 3 873 K$.
C = cessions de machines-outils : 102 K$.
D = solde débiteur au 31/12/N, après inventaire du compte « 215 » : 4 761 K$.
B = D + C - A
= acquisitions : 990 K$ = 4 761 + 102 - 3 873.
Matériel de transport :
A = solde débiteur au 1/1/N du compte « 2 182 » : 7 911 K$.
C = cessions de camions : 935 K$.
D = solde débiteur au 31/12/N, après inventaire du compte « 2182 » : 8 411 K$.
B = D + C - A
= acquisitions : 1 435 K$ = 8 411 + 935 - 7 911.

Matériel de bureau et matériel informatique :
A = solde débiteur au 1/1/N du compte « 2 183 » : 1 056 K$.
D = solde débiteur au 31/12/N, après inventaire du compte « 2183 » : 1 294 K$.
B = D - A
= acquisitions : 238 K$ = 1 294 - 1 056.
C = 0 $; aucune cession ou mise hors service au cours de l'exercice « N ».
Mobilier : aucune variation au cours de l'exercice « N », donc : A = D.

2 - Le tableau des amortissements

Le tableau des amortissements permet d'expliquer les variations des amortissements cumulés entre deux bilans.

Pour chaque ligne du tableau, l'égalité suivante doit être respectée : **A + B - C = D.**

Situations et mouvements (b)	A	B	C	D
Rubriques (a)	Amortissements cumulés au début de l'exercice	Augmentations de dotations l'exercice	Diminutions d'amortissements de l'exercice	Amortissements cumulés à la fin de l'exercice (c)
Immobilisations incorporelles	5 688	69	112	5 645
Immobilisations corporelles				
• Constructions	681	151	12	820
• Installations techniques, matériel et outillage industriels	1 596	402	87	1 911
• Matériel de transport	7 339	509	880	6 968
• Matériel de bureau et matériel informatique	846	86	-	932
• Mobilier	371	98	-	469
Sous-total immobilisations corporelles	10 833	1 246	979	11 100
Total	16 521	1 315	1 091	16 745

(a) A développer si nécessaire selon la même nomenclature que celle du tableau des immobilisations.

(b) Les entités subdivisent les colonnes pour autant que de besoin [cf. ci-dessous développement des colonnes B (augmentations) et C (diminutions)].

(c) Les amortissements cumulés à la fin de l'exercice sont égaux à la somme algébrique des colonnes précédentes (A + B - C = D).

a) Immobilisations incorporelles

A = solde créditeur au 1/1/N du compte « 2 805 » : 5 688 K$.
B = dotations de l'exercice : 69 K$.
D = solde créditeur au 31/12/N, après inventaire du compte « 2 805 » : 5 645 K$.
C = annulation des amortissements des logiciels mis hors service = A + B - D.
112 K$ = 5 688 + 69 - 5 645.

b) Immobilisations corporelles

Constructions :
A = solde créditeur au 1/1/N du compte « 2 813 » : 681 K$.
B = dotations de l'exercice : 151 K$.
D = solde créditeur au 31/12/N, après inventaire du compte « 2 813 » : 820 K$.
C = annulation des amortissements du hangar mis hors service = A + B - D.
12 K$ = 681 + 151 - 820.
Installations techniques, matériel et outillage industriels :
A = solde créditeur au 1/1/N du compte « 2 815 » : 1 596 K$.
B = dotations de l'exercice : 402 K$.
D = solde créditeur au 31/12/N, après inventaire du compte « 2 815 » : 1 911 K$.
C = annulation des amortissements des machines-outils cédées = A + B - D.
87 K$ = 1 596 + 402 - 1 911.
Matériel de transport :
A = solde créditeur au 1/1/N du compte « 28 182 » : 7 339 K$.
B = dotations de l'exercice : 509 K$.
D = solde créditeur au 31/12/N, après inventaire du compte « 28 182 » : 6 968 K$.
C = annulation des amortissements des camions cédés = A + B - D.
880 K$ = 7 339 + 509 - 6 968.
Matériel de bureau et matériel informatique :
A = solde créditeur au 1/1/N du compte « 28 183 » : 846 K$.
D = solde créditeur au 31/12/N, après inventaire du compte

« 28 183 » : 932 K$.

B = D - A

= dotations de l'exercice : 86 K$ = 932 - 846.

C = 0 € ; aucune cession ou mise hors service au cours de l'exercice « N ».

Mobilier :

A = solde créditeur au 1/1/N du compte « 28 184 » : 371 K$.

D = solde créditeur au 31/12/N, après inventaire, du compte « 28 184 » : 469 K$.

B = D - A

= dotations de l'exercice : 98 K$ = 469 - 371.

C = 0 € ; aucune cession ou mise hors service au cours de l'exercice « N ».

3 - L'extrait du bilan au 31 décembre N

a) Exercice « N »

La justification des montants portés au bilan pour chacun des postes s'établit à partir des données suivantes :

Actif	Exercice N		
	Brut	**Amortissements à déduire**	**Net**
Immobilisations incorporelles....... Immobilisations corporelles.........	Soldes débiteurs comptes 20 et 21 au 31 décembre N Colonne D Tableau des immobilisations	Soldes créditeurs comptes 28 au 31 décembre N Colonne D Tableau des amortissements	Brut - Amortissements à déduire

b) Exercice « N - 1»

La justification des montants portés au bilan pour chacun des postes s'établit à partir des données suivantes :

Actif	Exercice N - 1		
	Net		
Immobilisations incorporelles......... Immobilisations corporelles...........	Soldes débiteurs comptes 20 et 21 au 1er janvier N Colonne **A** Tableau des immobilisations	– –	Soldes créditeurs comptes 28 au 1er janvier N Colonne **A** Tableau des amortissements

c) Extrait du bilan au 31 décembre N

ACTIF	**Exercice N**			**Exercice N - 1**
	Brut	**Amortissements et dépréciations (à déduire)**	**Net**	**Net**[1]
Capital souscrit - non appelé............................				
ACTIF IMMOBILISÉ *(a)*:				
Immobilisations incorporelles :				
Frais d'établissement.....................................				
Frais de recherche et de développement.....				
Concessions, brevets, licences, marques, procédés, logiciels, droits et valeurs similaires..	30 323	5 645	24 678	16 158
Fonds commercial (1)..................................				
Autres..				
Immobilisations incorporelles en cours........				
Avances et acomptes......................................				
Immobilisations corporelles :				
Terrains..	660		660	577
Constructions..	2 229	820	1 409	617
Installations techniques, matériel et outillage industriels.......................................	4 761	1 911	2 850	2 277
Autres[2]...	10 740	8 369	2 371	1 446
Immobilisations corporelles en cours...........				
Avances et acomptes......................................				
Immobilisations financières (2) :				
Participations (b)...				
Créances rattachées à des participations....				
Titres immobilisés de l'activité de Portefeuille...				
Autres titres immobilisés..............................				
Prêts...				
Autres...				

Total I..	48 713	16 745	31 968	21 075

(1) 16 158 = 21 846 - 5 688
617 = 1 298 - 681
2 277 = 3 873 -1596
(2) 10 740 = 8 411 + 1294 + 1035
8 369 = 6 968 + 932 + 469
1 446 = (7 911 + 1 056 + 1 035) - (7 339 + 846 + 371)
10 002 - 8 556

Exercice 3. **QUESTIONS AUX CHOIX MULTIPLES**

Exercice 3.1. - Répondez aux propositions suivantes :

Propositions	**VRAI**	**FAUX**
Tous les comptes de bilan figurant au passif ont un solde créditeur sans exception	❐ a.	❐ b.
Tous les comptes de charges ont un solde débiteur sans exception	❐ c.	❐ d.
Tous les comptes de produits ont un solde créditeur sans exception	❐ e.	❐ f.
Tous les comptes de bilan figurant à l'actif ont un solde débiteur sans exception	❐ g.	❐ h.
Le compte de résultat décrit l'activité de l'entreprise depuis sa création	❐ i.	❐ j.
Le bilan est un état de la situation patrimoniale de l'entreprise depuis sa création	❐ k.	❐ l.

- bonnes réponses : ❐ b ❐ d ❐ f ❐ h ❐ j ❐ k.

Le compte de résultat décrit pour une période donnée (l'exercice), l'activité de l'entreprise. Il est établi à partir des soldes des comptes de gestion (classes 6 et 7) :

- Les comptes des charges ont un solde débiteur, sauf les comptes « 603 Variation des stocks » qui peuvent avoir un solde créditeur ;
- Les comptes des produits ont un solde créditeur, sauf les comptes « 713 Variation des stocks (en-cours de production, produits) » qui peuvent avoir un solde débiteur.

Le bilan est l'image financière de l'entreprise à une date précise. Il représente la situation patrimoniale à une date donnée. Le bilan est établi à partir des soldes des comptes de bilan (classes 1 à 5) :

- Les comptes figurant à l'actif, ont un solde débiteur sauf les comptes ;
- « 28 Amortissements des immobilisations » et « 29, 39, 49, 59 Dépréciations des ... » qui se placent à l'actif en déduction des comptes concernés ;
- Les comptes figurant au passif ont un solde créditeur sauf les comptes « 129 Résultat de l'exercice (perte) », « 119 Report à nouveau (solde débiteur) » et « 108 Compte de l'exploitant » qui se placent au passif en déduction des capitaux propres.

Exercice 3.2. - Le résultat de l'exercice :

❒ a. est calculé par différence entre le total des produits et le total des charges.

❒ b. figure toujours à l'actif du bilan.

❒ c. représente toujours une ressource de financement.

❒ d. figure toujours du côté des produits dans le compte de résultat.

❒ e. est un élément des capitaux propres.

❒ f. figure dans le bilan après affectation du résultat.

- bonnes réponses : ❒ a ❒ e.

Le résultat de l'exercice est généré uniquement par les opérations de gestion (produits, charges). Le résultat peut être calculé de deux façons :

- Au compte de résultat :

Produits – Charges

- Au bilan :

Capitaux propres au début de l'exercice – Capitaux propres en fin d'exercice

à condition qu'aucune opération de capital n'ait été effectuée.

Dans le compte de résultat :

- Le résultat (bénéfice) est placé du côté des charges ;
- Le résultat (perte) figure du côté des produits.

Dans le bilan avant affectation du résultat, le résultat représente un poste de la rubrique « Capitaux propres ». Le bénéfice constitue une ressource de financement, la perte représente un emploi qui vient diminuer le montant des « Capitaux propres ».

Le poste « Résultat de l'exercice » n'existe plus dans un bilan après affectation du résultat. Un sous-total apparaît « Situation nette » qui représente les capitaux acquis définitivement à l'entreprise.

Exercice 3.3. - Cochez les bonnes affirmations concernant la structure du tableau des immobilisations :

Situations et mouvements (b)	A	B	C	D
Rubriques (a)	Valeur brute à l'ouverture de l'exercice	Augmentations	Diminutions	Valeur brute à la clôture de l'exercice (c)
Immobilisations incorporelles......... Immobilisations corporelles............ Immobilisations financières............				
Total...				

(a) A développer si nécessaire selon la nomenclature des postes du bilan. Lorsqu'il existe des frais d'établissement, ils doivent faire l'objet d'une ligne séparée.

(b) Les entités subdivisent les colonnes pour autant que de besoin [cf. ci-dessous développement des colonnes B (augmentations) et C (diminutions)].

(c) La valeur brute à la clôture de l'exercice est la somme algébrique des colonnes précédentes (A + B - C – D).

- bonne réponse : ❒ c.

Les valeurs portées dans le tableau n° 1 des immobilisations correspondent soit aux mouvements, soit aux soldes des comptes d'immobilisations :

o Colonne « A » : soldes débiteurs des comptes d'immobilisations au 1er jour de l'exercice « N » ou bien à la clôture de l'exercice « N - 1 » ;

o Colonne « B » : mouvements « Débit » des comptes d'immobilisations pendant l'exercice correspondant le plus souvent à des acquisitions ;

o Colonne « C » : mouvements « Crédit » des comptes d'immobilisations pendant l'inventaire correspondant à la sortie de patrimoine en cas de cession, de mise au rebut...;

o Colonne « D » : soldes débiteurs des comptes d'immobilisations à la clôture de l'exercice « N », donc après inventaire.

Exercice 3.4. - Une variation négative des stocks de marchandises signifie que :

❒ a. stock initial < stock final.

❒ b. stock initial > stock final.

❒ c. le coût d'achat des marchandises vendues est supérieur aux achats de marchandises effectués dans l'exercice.

❒ d. l'entreprise est en situation de sur-stockage.

❒ e. le solde du compte « 6037 Variation des stocks de marchandises » est créditeur.

- bonnes réponses : ❒ a ❒ d ❒ e.

La variation des stocks des marchandises se calcule dans le sens:

Stock initial – Stock final

Lorsque la variation est négative, cela signifie que le stock de marchandises a augmenté. Dans ce cas, le coût d'achat des marchandises vendues est inférieur aux achats des marchandises:

Achats de marchandises – Variation des stocks de marchandises

Lorsque la variation des stocks est négative, le solde du compte « 6037 Variation des stocks de marchandises » est créditeur.

Exercice 3.5. - La colonne « Amortissements et dépréciations à déduire » de l'actif du bilan comprend :

❒ a. les soldes créditeurs des comptes « 28, 29, 39, 49 ,59 ».

❒ b. les dépréciations annuelles des biens et des créances.

❒ c. les dépréciations cumulées à la fin de l'exercice, depuis l'entrée des biens ou des créances dans le patrimoine.

- bonnes réponses : ❒ a ❒ c.

Les comptes « 28 ... Amortissements des ... » ont un solde créditeur qui représente le montant des amortissements cumulés de la date d'entrée du bien dans le patrimoine à la date d'inventaire concernée.

Les comptes « 29 - 39 - 49 - 59 Dépréciations ... » ont un solde créditeur qui représente le montant de l'amoindrissement de la valeur d'un élément de l'actif à la date d'inventaire concernée.

Les amortissements et les dépréciations figurent à l'actif du bilan en déduction de la valeur brute comptable des postes de l'actif concerné :

Valeur brute – (amortissements ou dépréciations) = Valeur nette

Exercice 3.6. - Le tableau des soldes intermédiaires de gestion, la détermination de la capacité d'autofinancement et le tableau de financement font partie de l'annexe :

❒ a. du système abrégé.

❒ b. du système de base.

❒ c. du système développé.

- bonne réponse : ❒ c.

L'annexe en système de base comprend six tableaux :

- art. 532-1 Tableau des immobilisations ;
- art. 532-2.1 Tableau des amortissements ;
- art. 532-2.2 Tableau des dépréciations ;
- art. 532-3 Tableau des provisions ;
- art. 532-4 État des échéances des créances et des dettes à la clôture de l'exercice ;
- art. 532-5 Tableau des filiales et participations ;
- art. 532-6 Tableaux du portefeuille des titres immobilisés de l'activité portefeuille (TIAP).

Les tableaux de l'annexe relatifs au système développé sont :

- art. 532-7 Tableau des soldes intermédiaires de gestion;
- art. 532-8 Détermination de la capacité d'autofinancement ;
- art. 532-9 Modèle de tableau des emplois et des ressources.

Exercice 3.7. - Une variation négative des stocks des produits finis signifie que :

❐ a. stock final < stock initial.

❐ b. stock final > stock initial.

❐ c. l'entreprise est en situation de sur-stockage.

❐ d. la production de l'exercice est inférieure à la production vendue.

❐ e. le solde du compte « 7 135 Variation des stocks de produits » est créditeur.

- bonnes réponses : ❐ a ❐ d.

La variation des stocks de produits finis se calcule dans le sens:

Stock final – Stock initial

Lorsque la variation est négative, le stock final est inférieur au stock initial ; cela signifie que l'entreprise a déstocké des produits. Dans ce cas, la production de l'exercice est inférieure à la production vendue et égale à :

Production vendue – Production stockée

Lorsque la variation des stocks est négative, le solde du compte « 7135 Variation des stocks de produits » est débiteur.

Exercice 3.8. - Les capitaux propres représentent les ressources de financement définitivement acquises par l'entreprise :

❐ a. vrai.

❐ b. faux.

- bonne réponse : ❐ b.

Les capitaux propres représentent les ressources de financement non exigibles de l'entreprise. Cependant, l'ensemble des éléments constitutifs des capitaux propres n'est pas mis à la disposition de l'entreprise par ses propriétaires ; c'est le cas des subventions d'investissement, des provisions réglementées dont l'entreprise restituera une partie sous forme d'impôt. De plus, une partie du bénéfice de l'exercice est distribuée aux apporteurs de capitaux.

La présentation du bilan après affectation du résultat fait apparaître un sous-total.

Situation « nette » qui exclut les éléments précités et représente les capitaux définitivement acquis à l'entreprise.

Exercice 3.9. - L'actif immobilisé comprend :

❒ a. des biens et des créances durables.

❒ b. des biens et des créances liés au cycle d'exploitation de l'entreprise.

❒ c. des biens et créances liés au cycle d'investissement de l'entreprise.

- bonne réponse : ❒ a.

L'actif immobilisé comprend les biens et créances destinés à être utilisés ou à rester de façon durable dans l'entreprise :

- o Immobilisations incorporelles ;
- o Immobilisations corporelles ;
- o Immobilisations financières.

Les comptes du passif et des produits, constituent des ressources. Ils augmentent au crédit, ils ont donc généralement un solde créditeur.

DEUXIÈME PARTIE : ANALYSE DE L'ACTIVITÉ ET DU RISQUE D'EXPLOITATION

L'analyse financière d'une entreprise commence par le diagnostic de l'activité, ainsi cette partie sera essentiellement consacrée à l'étude des outils nécessaires à l'analyse financière de l'entreprise que sont :

- *Les soldes intermédiaires de gestion ;*
- *La capacité d'autofinancement ;*
- *Le compte de résultat différentiel ;*
- *Le seuil de rentabilité.*

Chapitre 5 : LES SOLDES INTERMÉDIAIRES DE GESTION

5.1. GÉNÉRALITES

L'analyse de l'activité se fait par la lecture et l'interprétation du compte de résultat qui permet de recomposer et de comprendre la formation du résultat en recensant les produits et les charges de l'année et en les comparants selon leur nature (courante, financière, exceptionnelle). La formation du résultat se décompose en plusieurs soldes qui constituent des sous comptes du compte résultat.

Il s'agit de :

5.1.1. Le résultat d'exploitation

Ce résultat ne tient compte que des opérations courantes, c'est-à-dire des activités normales réalisées de manière habituelle par l'entreprise.

Résultat d'exploitation = produits d'exploitation – charges d'exploitation

5.1.2. Le résultat financier

Cette donnée est la résultante de la politique de financement de l'entreprise. Elle tient compte du mode de financement et de son coût pour l'entreprise.

Résultat financier = produits financiers – charges financières

5.1.3. Le résultat exceptionnel

Il s'agit de prendre en compte ici, l'ensemble des éléments qui sont inhabituels pour l'entreprise et ne relèvent pas d'une exploitation courante et normale. Cette dissociation permet de distinguer, d'une part, le résultat des affaires et d'autre part, le résultat lié aux événements exceptionnels.

Résultat exceptionnel = produits exceptionnels –charges exceptionnelles

5.1.4. Le résultat net comptable

C'est le résultat final, tenant compte des trois résultats présentés ci-dessus, déduction faite de l'impôt sur le bénéfice et de la participation des salariés au résultat.

Résultat net comptable = résultat d'exploitation + résultat financier + résultat exceptionnel – impôt sur les bénéfices – participation des salariés

La détermination de ces résultats découle d'une démarche conduisant au tableau des soldes intermédiaires de gestion (SIG).

5.2. DÉFINITION DES SOLDES INTERMÉDIAIRES DE GESTION

Il s'agit d'un tableau qui fait apparaître neuf soldes en distinguant les activités d'exploitation, financières et exceptionnelles. Les soldes intermédiaires de gestion constituent un outil d'analyse de l'activité et de la rentabilité de l'entreprise. Ce sont des indicateurs clés qui permettent d'évaluer la performance économique à différents niveaux de l'entreprise et de mieux comprendre les facteurs qui influencent sa rentabilité. Ils fournissent des informations détaillées sur la création de la valeur et les sources de revenus d'une entreprise ainsi que les coûts qui y sont associés. Le calcul des SIG permet ainsi:

- D'apprécier la performance de l'entreprise et la création de richesse générée par son activité ;
- De décrire la répartition de la richesse créée par l'entreprise entre :
  - Les salariés et les organismes sociaux ;
  - L'état ;
  - Les apporteurs des capitaux ;
  - L'entreprise elle - même.
- De comprendre la formation du résultat net en le décomposant en un certain nombre d'indicateurs qui sont :

1. **La marge commerciale** = vente des marchandises - coût d'achat des marchandises vendues.
2. **La production de l'exercice** = production vendue + production stockée + production immobilisée - variation de stock négative.

3. **La valeur ajoutée** = production de l'exercice + marge commerciale - les consommations en provenance des tiers

4. **L'Excédent brut d'exploitation** = valeur ajoutée + subvention d'exploitation - impôt, taxe et versement assimilés - charges du personnel.

5. **Le résultat d'exploitation** = EBE + reprise sur amortissement et provision + autres produits - dotations aux amortissements et provisions - autres charges.

6. **Le Résultat avant impôt** = résultat d'exploitation + quote-part de résultats sur opérations faites en commun + produits financiers - quote-part de résultats sur opérations faites en commun - charges financières.

7. **Le Résultat exceptionnel** = Produits exceptionnels - charges exceptionnelles.

8. **Le Résultat de l'exercice** = résultat avant impôt + résultat exceptionnel - participation des salariés au résultat - impôt sur les bénéfices.

9. **Les plus ou moins-values sur cession d'éléments d'actif** = produit exceptionnel sur opération en capital - charges exceptionnelles sur opération en capital.

5.2.1. La marge commerciale

Cet indicateur traduit :

- La différence entre les ventes des marchandises et le coût d'achat des marchandises vendues ;
- Elle mesure les ressources d'exploitation de l'entreprise.

C'est un indicateur permettant de suivre l'évolution d'une politique commerciale. Elle s'exprime souvent en pourcentage du chiffre d'affaires.

Ce solde permet de calculer la performance des entités commerciales. Elle représente le supplément de valeur apportée par l'entité au coût des marchandises vendues dans l'exercice.

5.2.2. La production de l'exercice

La production de l'exercice ne concerne que les entreprises de production. Elle évalue le niveau d'activité de production de l'entreprise. Elle est constituée :

o De la production vendue ;
o De la production stockée ;
o De la production immobilisée (celle que l'entreprise a fabriquée pour elle- même).

5.2.3. La valeur ajoutée

La valeur ajoutée est égale à la différence entre la production globale de l'entreprise (production de l'exercice + marge commerciale) et les consommations de biens et services en provenance des tiers. Elle évalue la dimension économique de l'entreprise. Elle détermine la richesse créée et constituée par le travail du personnel et par l'entreprise elle-même. Elle mesure le poids économique de l'entreprise.

La valeur ajoutée permet d'apprécier les structures de l'entreprise et leur rendement en le comparant aux charges de personnel, aux effectifs, aux investissements, aux résultats. Elle représente la richesse créée par l'entité du fait de ses opérations d'exploitation et mesure son poids économique. En effet, la valeur ajoutée mesure l'accroissement de valeur que l'entité apporte aux biens et services dans l'exercice de ses activités professionnelles courantes.

La valeur ajoutée permet de calculer notamment :

Le taux d'intégration De l'entreprise dans l'activité commerciale	Le taux d'intégration De l'entreprise dans le processus de production
$\frac{\text{valeur ajoutée}}{\text{chiffre d'affaires HT}}$	$\frac{\text{valeur ajoutée}}{\text{Production}}$
Quelle est la part de la valeur ajoutée dans l'activité commerciale ?	L'entreprise assure t- elle sa production, elle-même ? Fait-elle appel à la sous-traitance ?

5.2.4. L'Excédent brut d'exploitation

L'Excédent brut d'exploitation se calcule par la différence entre la valeur ajoutée augmentée des subventions d'exploitation et les impôts (sauf l'impôt sur les sociétés), les taxes et les charges de personnel supportés par l'entreprise. Il représente la part de la valeur ajoutée qui revient à l'entreprise et aux apporteurs de capitaux.

Il indique la ressource générée par l'entreprise indépendamment :

- De la politique d'amortissements ;
- Du mode de financement (charges financières).

L'EBE est la ressource que l'entité tire de son exploitation après avoir rémunéré le facteur travail. Il mesure la performance économique de l'entité indépendamment de son mode de financement, de ses choix en matière d'investissement et de distribution. Il constitue un bon critère de la performance industrielle et commerciale de l'entité. C'est un indicateur de comparaison des entités du même secteur d'activité. Si l'EBE est négatif, on parle alors d'Insuffisance Brut d'Exploitation (IBE). C'est aussi un indicateur de la performance industrielle et commerciale ou de la rentabilité économique de l'entreprise.

Il permet de calculer :

Le taux de rentabilité économique

$$\frac{\text{EBE}}{\text{Ressources stables}}$$

Le poids de l'endettement de l'entreprise

$$\frac{\text{Charge d'interêt}}{\text{EBE}}$$

La part de l'EBE dans la valeur ajoutée

$$\frac{\text{EBE}}{\text{Valeur Ajoutée}}$$

Le taux de marge brute d'exploitation

$$\frac{\text{EBE}}{\text{Chiffre d'affaires}}$$

5.2.5. Le résultat d'exploitation

Le résultat d'exploitation s'obtient à partir de l'EBE augmenté des autres produits d'exploitation (reprise sur amortissement et provision) et en soustrayant les dotations aux amortissements et provisions et autres charges d'exploitation :

- Il représente le résultat généré par l'activité qui conditionne l'existence de l'entreprise ;
- Il mesure la performance industrielle et commerciale indépendamment de sa politique financière et des opérations exceptionnelles mains en tenant compte de la politique d'investissement ;
- Le résultat d'exploitation constitue un résultat économique net.

5.2.6. Le résultat financier

Le résultat financier met en évidence les choix effectués en matière de financement (activité d'endettement et de placement) et l'impact du mode de financement sur le résultat de l'entité.

5.2.7. Le résultat exceptionnel

Le résultat exceptionnel correspond au résultat réalisé du fait des activités non courantes et non récurrentes de l'entreprise. Il est calculé par la différence entre les produits exceptionnels et les charges exceptionnelles.

5.2.8. Le Résultat net de l'exercice

Le résultat de l'exercice est déterminé par la somme du résultat d'exploitation, du résultat financier et du résultat exceptionnel, déduction faite de la participation des salariés au résultat de l'entreprise et de l'impôt sur les bénéfices :

- Il indique ce qui reste à la disposition de l'entreprise après versement de la participation des salariés et paiement de l'impôt sur les sociétés ou encore le revenu des associés après impôt.
- Le résultat net de l'exercice permet de calculer la rentabilité financière de l'entreprise : $\frac{resultat\ net}{capitaux\ propres}$
- Le résultat de l'exercice quel que soit son signe, positif ou négatif figure toujours au passif du bilan dans les capitaux propres.
- A la fin de l'exercice, le compte de résultat est reporté au résultat net non affecté en attente de la décision de l'assemblée générale.

5.2.9. Le résultat sur cession d'éléments d'actif immobilisés

Le résultat sur cession d'éléments d'actif immobilisés est égal à la différence entre les produits de cessions d'éléments d'actif et la valeur comptable des éléments cédés. Ce solde est déjà compris dans le résultat exceptionnel. Il permet de calculer les plus ou moins-values sur cession d'éléments d'actif et de mesurer le désinvestissement de l'entreprise.

5.3. LES SOLDES INTERMÉDIAIRES DE GESTION EN SYSCOHADA

La présentation du compte de résultat dans le système comptable OHADA suit un modèle spécifique qui reflète les normes comptables de l'OHADA, telles que définies dans le Plan Comptable Général (PCG) révisé. La nuance dans le SYSCOHADA est que la nomenclature change quelque peu au niveau des résultats donnant une tout autre nature au résultat exceptionnel.

En effet, le résultat d'exploitation mesure toujours la performance économique, industrielle et commerciale sans tenir compte de sa politique de financement. C'est le résultat financier qui va mettre en évidence les choix effectués en matière de financement en analysant les produits financiers (placement) et les charges financières (activités d'endettement). Le résultat de l'exercice est précédé du résultat des activités ordinaires et du résultat hors activités ordinaires qui représentent les éléments de revenus et de charges qui ne sont pas liés aux activités principales et régulières de l'entreprise.

Le résultat des activités ordinaires ou résultat courant, provient de l'activité normale et habituelle de l'entité alors que les activités HAO retracent les opérations peu fréquentes et non récurrentes de l'entité. Autrement, ce que nous considérons comme activités exceptionnelles ne le sont pas dans l'entendement de l'OHADA dès lors que ces activités sont récurrentes, elles seront d'office intégrées dans les activités ordinaires. Les SIG sont ainsi présentés selon le graphique ci-dessous :

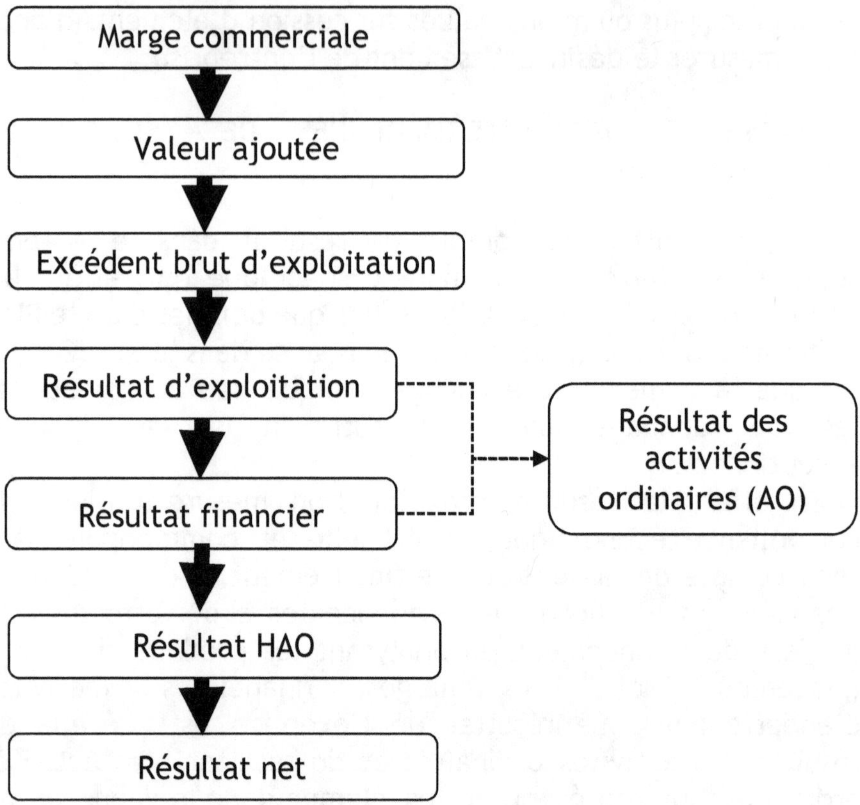

Le lecteur peut aisément constater que les soldes de gestion sont regroupés en trois niveaux :

- Les soldes provenant des activités d'exploitations ;
- Les soldes provenant des activités financières et
- Les soldes provenant des opérations hors activités ordinaires.

Exemple

La société Nabi, entreprise de l'industrie du cuir, communique la liste de ses charges et produits pour l'exercice N, il faut :

1. Présenter le tableau des soldes intermédiaires de gestion (SIG) pour l'exercice N ;
2. Commenter l'évolution des SIG entre N-1 et N sachant que la société a investi en N dans de nouvelles machines afin d'automatiser une étape du processus de production.

Charges	Montant
Achats de marchandises	184 700,00
Achats de matières premières et autres approvisionnements	261 499,00
Autres achats et charges externes	335 450,00
Charges de personnel	295 650,00
Charges d'intérêts	21 750,00
Charges exceptionnelles sur opérations de gestion	2 510,00
Dotations aux amortissements, dépréciations et provisions-charges d'exploitation	53 755,00
Dotations aux amortissements, dépréciations et provisions-charges d'exceptionnelles	1 250,00
Dotations aux amortissements, dépréciations et provisions-charges financières	1 020,00
Impôts, taxes et versements assimilés	37 500,00
Impôts sur les bénéfices	36 557,00
Rabais, remises et ristournes obtenus sur achats de marchandises	2 840,00
Rabais, remises et ristournes obtenus sur achats de matières premières	2 394,00
Redevances pour concessions, brevets, licences, marques, procédés, droits et valeurs similaires	1 545,00
Valeurs comptables des éléments d'actifs cédés	4 740,00
Variation des stocks de marchandises (solde créditeur)	19 160,00
Variation des stocks de matières premières et autres approvisionnements (solde débiteur)	18 775,00
Produits	**Montant**
Droits d'auteur et de reproduction	9 770,00
Intérêts perçus	1 755,00
Production immobilisée	7 840,00
Production stockée (solde créditeur)	13 260,00
Produits des cessions d'éléments d'actif immobilisés	8 375,00
Produits exceptionnels sur opérations de gestion	1 585,00
Rabais, remises et ristournes accordés sur ventes de marchandises	1 260,00
Rabais, remises et ristournes accordés sur ventes de produits finis	12 786,00
Reprises sur amortissements, dépréciations et provision-produits d'exploitation	5 540,00
Reprises sur dépréciations et provisions- Produits exceptionnels	2 740,00
Subventions d'exploitation reçues	55 000,00
Ventes de marchandises	197 035,00
Ventes de produits finis	990 371,00

Solution

Calculs préparatoires :

- Achats nets : 184 700 - 2 840 = 181 860;
- Coûts d'achat des marchandises vendues : achats nets ± variation de stock = 181 860 - 19 160 = 162 700;
- Achats nets de matières premières : 261 499 - 2 394 = 259 105;
- Coûts d'achat des achats consommés : Achats nets ± variation de stock = 259 105 + 18 775 = 277 880.

Consommation de l'exercice en provenance des tiers :

- Coûts d'achats des achats consommés + Autres achats et charges externes = 277 880 + 335 450 = 613 330;
- Charges financières : 21 750 + 1 020 = 22 770;
- Charges exceptionnelles : (2 510 + 4 740) + 1 250 = 8 500;
- Production vendue : 990 371 - 12 786 = 977 585;
- Ventes nettes : 197 035 - 1 260 = 195 775;
- Produits exceptionnels : (1 585 + 8 375) + 2 740 = 12 700.

Produits		**Charges**		**Soldes intermédiaires**	**N**	**N-1**
Ventes de marchandises	195 775	Coût des marchandises vendues	162 700	Marge commerciale	33 075	33 406
Production vendue	977 585					
Production stockée	13 260					
Production immobilisée	7 840					
Total	998 685			Production de l'exercice	998 685	948 750
Production de l'exercice	998 685					
Marge commerciale	33 075	Consommation de l'exercice				
Total	1 031 760	en provenance de tiers(Impôt, taxes b)	613.30	Valeur ajoutée	418 430	401 693
Valeur ajoutée	418 430		37 500			
Subventions d'exploitation	55 000	Charges de Personnel	295 650			
Total	473 430	Total	333 150	EBE ou IBE	140 280	119 238
Excédent brut d'exploitation	140 280	ou Insuffisance brute d'exploitation				
Reprises sur charges et transferts de charge	5 540	Dotations aux amortissements, Dépréciation et provisions	53 755			
Autres produits	9 770	Autres charges	1545			
Total	**155 590**	**Total**	**55 300**	**Résultat d'exploitation**	**100 290**	**117 988**
Résultat d'exploitation	100 290					
Quote-part de résultat sur opérations faites en commun	…………	Quote-part de résultat sur opérations faites en commun				
Produits financiers	1 755	Charges financières	22 770			

Total	**102 045**	**Total**	**22 770**	**Résultat courant avant impôt**	**79 275**	**105700**
Produits exceptionnels	12 700	Charges exceptionnelles	8 500	Résultat exceptionnel	4 200	1 050
Résultat courant avant impôts	79 275	ou résultat courant avant impôt	....			
Résultat exceptionnel	4 200	ou résultat exceptionnel	....			
		Participation des salariés	....			
		Impôt sur le bénéfice	36 557			
Total	**83 475**	**Total**	**36 557**	**Résultat de l'exercice**	**46 918**	**75 674**
Produits des cessions d'éléments d'actif	8 375	Valeur comptable des éléments cédés	4 740	Plus-value et moins-values sur cessions d'éléments d'actif	3 635	

La marge commerciale a baissé de 1 %. L'activité commerciale de la société est marginale puisqu'elle ne représente que 17 % de l'activité globale.

La production de l'exercice a augmenté de 5 %. Cet accroissement est probablement dû à une augmentation de la production vendue car même s'il existe une production stockée, cette dernière est faible.

La valeur ajoutée a progressé de 4 %. La société a donc créé plus de richesses en N qu'en N-1.

L'excédent brut d'exploitation a augmenté de 15 %. Cette amélioration est certainement due en grande partie, à une diminution des charges de personnel.

Le résultat d'exploitation a diminué de 18 %. Cela traduit une dégradation de la performance de la société. Contrairement à l'EBE, le résultat d'exploitation tient compte de la politique d'investissement de l'entreprise. Il est probable que la baisse de ce résultat provienne d'une augmentation sensible des dotations aux amortissements du fait des investissements réalisés en N.

Le résultat courant a baissé de 25 %. Le résultat courant tient compte de la politique financière de l'entreprise. Nous pouvons supposer que les investissements réalisés ont été financés en partie par emprunt. Ce qui, probablement, a provoqué une augmentation des charges financières et une détérioration du résultat courant.

Le résultat exceptionnel a augmenté de 300 %. Malgré cette forte augmentation, le résultat exceptionnel reste faible et donc non significatif dans la formation du résultat.

Le résultat de l'exercice a baissé de 38 %. Il reste, néanmoins, positif. Il est possible que l'investissement réalisé en N ait dégradé la rentabilité de l'entreprise. En effet, une augmentation de l'EBE, entre N-1 et N, n'a pas suffi à compenser la progression des dotations aux amortissements et des charges financières. Cependant, il est trop tôt pour juger de l'efficacité du nouvel investissement sur la rentabilité de l'entreprise.

Exercice 1. **RÔLE DES SOLDES INTERMÉDIAIRES DE GESTION**

Vous disposez du tableau suivant :

Informations	**Soldes intermédiaires de gestion correspondant**
Analyser le résultat	
Mesurer la performance des activités d'exploitation et financières	
Mesurer le résultat des opérations non courantes	
Mesurer la performance industrielle et commerciale	
Analyser l'activité	
Mesurer la richesse créée par l'entreprise	
Mesurer le bénéfice ou la perte de l'exercice	
Mesurer la rentabilité économique	
Mesurer la ressource dégagée par l'activité commerciale	
Mesurer le poids économique de l'entreprise	
Mesurer l'ensemble de l'activité de production	
Mesurer le surplus monétaire potentiel généré par l'activité d'exploitation de l'entreprise	

Indiquer le ou les soldes intermédiaires de gestion correspondant à la nature de l'information recherchée.

Réponses

La marge commerciale, la production de l'exercice et la valeur ajoutée permettent d'analyser l'activité de l'entreprise.

L'excédent brut d'exploitation, le résultat d'exploitation, le résultat courant avant impôt, le résultat exceptionnel et le résultat net de l'entreprise sont consacrés à l'analyse du résultat.

Informations	Soldes intermédiaires de gestion concernés
Analyser le résultat	Excédent brut d'exploitation, résultat d'exploitation, résultat courant avant impôt, résultat exceptionnel, résultat net de l'exercice.
Mesurer la performance des activités d'exploitation et financières	Résultat courant avant impôt.
Mesurer le résultat des opérations non courantes	Résultat exceptionnel.
Mesurer la performance industrielle et commerciale	Résultat d'exploitation.
Analyser l'activité	Marge commerciale, production de l'exercice.
Mesurer la richesse créée par l'entreprise	Valeur ajoutée.
Mesurer le bénéfice	Excédent brut d'exploitation, résultat net de l'exercice.
Mesurer la rentabilité économique	Résultat d'exploitation.
Mesurer la ressource dégagée par l'activité commerciale	Marge commerciale.
Mesurer le poids économique de l'entreprise	Valeur ajoutée.
Mesurer l'ensemble de l'activité	Production de l'exercice.
Mesurer le surplus monétaire potentiel généré par l'activité d'exploitation de l'entreprise	Excédent brut d'exploitation.

Exercice 2. **TABLEAU DES SOLDES INTERMÉDIAIRES DE GESTION**

Depuis sa création jusqu'à nos jours, la papeterie JRN, fabricant des papiers spéciaux et à usages techniques, communique le compte de résultat des exercices « 2022 » et « 2021 » dans le tableau ci-dessous :

Ventilation du chiffre d'affaires	RD Congo		Exportations et livraisons intracommunautaires	
	2022	2021	2022	2021
Ventes de marchandises.........	1 338 240	887 840	6 706 510	-
Production vendue:				
- biens.......................	31 054 090	35 215 538	46 911 970	48 034 127
- services.................	27 850	27 850	-	-
Total	32 420 180	36 131 228	53 618 480	4 834 127

Travail demandé

1. Présenter le tableau des soldes intermédiaires de gestion.
2. Analyser l'évolution du chiffre d'affaires.
3. Expliquer à l'aide des soldes intermédiaires de gestion la dégradation de la performance de l'activité principale de la société.

CHARGES (hors taxes)	Exercice 2022	Exercice 2021
Charges d'exploitation (1) :		
Achats de marchandises **(a)**	7 720 000	905 860
Variation des stocks **(b)**..		-113 100
Achats de matières premières et autres approvisionnements **(a)**..	32 065 000	34 925 000
Variation des stocks **(b)**..	485 200	-275 000
Autres achats et charges externes *...............................	22 036 000	21 220 000
Impôts, taxes et versements assimilés............................	2 171 000	1 885 000
Salaires et traitements...	13 690 000	12 877 000
Charges sociales...	6 147 600	5 980 000
Dotations aux amortissements et dépréciations :		
Sur immobilisations : dotations aux amortissements**(c)**	6 930 500	6 706 000
Sur immobilisations : dotations aux dépréciations........		
Sur actif circulant : dotations aux dépréciations..........	157 500	435 200
Dotations aux provisions..		
Autres charges..	511 100	72 645
TOTAL I..	91 913 900	84 618 605
Quotes-parts de résultat sur opérations faites en commun (II)..		
Charges financières :		
Dotations aux amortissements, dépréciations et provisions..	475 000	222 220
Intérêts et charges assimilées (2)...................................	495 950	537 650
Différences négatives de change.....................................	1 197 830	868 990

Charges nettes sur cessions de valeurs mobilières de placement		
TOTAL III	2 168 780	1 628 860
Charges exceptionnelles :		
Sur opérations de gestion	529 960	345 580
Sur opérations en capital		143 182
Dotations aux amortissements, dépréciations et provisions	2 178 980	697 420
TOTAL IV	2 708 940	1 186 182
Participation des salariés aux résultats (V)		134 800
Impôts sur les bénéfices (VI)	**(10 944)	1 147 000
Total des charges (I + II + III + IV + V + VI)	96 780 676	88 715 447
Solde créditeur = bénéfice (3)		2 461 378
TOTAL GÉNÉRAL	96 780 676	91 176 825
* Y compris : - redevances de crédit-bail mobilier - redevances de crédit-bail immobilier		

(1) Dont charges afférentes à des exercices antérieurs. Les conséquences des corrections d'erreurs significatives, calculées après impôt sont présentées sur une ligne séparée sauf s'il s'agit de corriger une écriture ayant été directement imputée sur les capitaux propres.
(2) Dont intérêts concernant les entités liées
(3) Compte tenu d'un résultat exceptionnel avant impôts

(a) Y compris droits de douane.
(b) Stock initial moins stock final : montant de la variation en moins entre parenthèses ou précédé du signe (-).
(c) Y compris éventuellement dotations aux amortissements des charges à répartir.
** Produits - Report en arrière des déficits.

PRODUITS (hors taxes)	Exercice 2022	Exercice 2021
Produits d'exploitation (1) :		
Ventes de marchandises..	8 044 750	887 840
Production vendue [biens et services] **(a)**..........	77 993 910	83 277 515
Sous-total A - Montant net du chiffre d'affaires	86 038 660	84 165 355
dont à l'exportation...		
Production stockée **(b)**..	1 774 270	210 235
Production immobilisée..	62 115	49 980
Subventions d'exploitation..................................	34 025	37 000
Reprises sur dépréciations, provisions (et amortissements), transferts de charges..............	510 000	340 938
Autres produits..	1 402 310	111 885
Sous-total B..	3 782 720	750 038
TOTAL I..	89 821 380	84 915 393
Quotes-parts de résultat sur opérations faites en commun (II)..		
Produits financiers :		
De participation **(2)**...		
D'autres valeurs mobilières et créances de l'actif immobilisé **(2)**..		
Autres intérêts et produits assimilés (2)............	210 800	178 937
Reprises sur dépréciations et provisions, transferts de charges..	222 220	31 250
Différences positives de change..........................	1 514 070	1 607 945
Produits nets sur cessions de valeurs mobilières de placement...		
TOTAL III...	1 947 090	1 818 132
Produits exceptionnels :		
Sur opérations de gestion.....................................	740	553 415
Sur opérations en capital......................................	193 900	114 950
Reprises sur dépréciations et provisions, transferts de charges..	3 098 420	3 774 935
TOTAL IV..	3 293 060	4 443 300
Total des produits (I + II + III + IV)....................	95 061 530	91 176 825
Solde débiteur = perte (3)....................................	1 719 146	
TOTAL GÉNÉRAL...	96 780 676	91 176 825

(1) Dont produits afférents à des exercices antérieurs. Les conséquences des corrections d'erreurs significatives, calculées après impôt, sont présentées sur une ligne séparée sauf s'il s'agit de corriger une écriture ayant été directement imputée sur les capitaux propres
(2) Dont produits concernant les entités liées
(3) Compte tenu d'un résultat exceptionnel avant impôts de

(a) À inscrire, le cas échéant, sur des lignes distinctes.

(b) Stock final moins stock initial : montant de la variation en moins entre parenthèses ou précédé du signe (-).

Solution

1 - Le tableau des soldes intermédiaires de gestion

a) Calculs préliminaires

L'élaboration du tableau des soldes intermédiaires de gestion à partir du compte de résultat en système de base nécessite, au préalable, le calcul de certains composants des soldes intermédiaires de gestion.

Composants	**2022**	**2021**
Coût d'achat des marchandises vendues :		
Achats de marchandises	7 720 000	905 860
± Variation des stocks de marchandises		- 113 100
	7 720 000	792 760
Consommations de l'exercice en provenance des tiers :		
Achats de matières premières et autres approvisionnements	32 065 000	34925000
± Variation des stocks de matières premières et autres approvisionnements	485 200	- 275 000
+ Autres achats externes	22 036 000	21220000
	54 586 200	55870000
Charges de personnel :		
Salaires et traitements	13 690 000	12877000
+ Charges sociales	6 147 600	5 980 000
	19 837 600	18857000
Dotations aux amortissements et aux dépréciations :		
Sur immobilisations : dotations aux amortissements	6 930 500	6 706 000
+ Sur actif circulant : dotations aux dépréciations	157 500	435 200
	7 088 000	7 141 200

b) Présentation du tableau des soldes intermédiaires de gestion

Les calculs ci-dessus nous conduisent au tableau suivant :

P r o d u i t s (Colonne 1)		**C h a r g e s (Colonne 2)**		**Soldes intermédiaires (Colonne 1 - Colonne 2)**	**N**	**N - 1**
Ventes de marchandises.........	8 044 750	Coût d'achat des marchandises vendues	7 720 000	Marge commerciale	324 750	95 080
Production vendue..................	77 993 910					
Production stockée..................	1 774 270	ou Déstockage de production (a)...				
Production immobilisée..........	62 115					
Total..	79 830 295	**Total**...		Production de l'exercice...	7 983 025	83 537 730
Production de l'exercice.......	7 983 025					
Marge commerciale................	324 750					
Total..	80 155 045	Consommation de l'exercice en provenance des tiers.....................	54 586 200	Valeur ajoutée.....................	25 568 845	27 762 810
Valeur ajoutée........................	25 568 845	Impôts, taxes et versements assimilés(b)	2 171 000			
Subventions d'exploitation...	34 025	Charges de personnel......................	19 837 600			
Total..	25 602 870	**Total**...	22 008 600	Excédent brut (ou insuffisance brute) d'exploitation	3 594 270	7 057 810
Excédent brut d'exploitation	3 594 270	ou Insuffisance brute d'exploitation........				
Reprises sur charges et transferts de charges.............	510 000	Dotations aux amortissements, dépréciations et provisions	7 088 000			
Autres produits........................	1 402 310	Autres charges	511 100			
Total..	5 506 580	**Total**...	7 599 100	Résultat d'exploitation (bénéfice ou perte)	-2 092 520	296 788

Résultat d'exploitation..........		ou Résultat d'exploitation........................	2 092 520			
Quotes-parts de résultat sur opérations faites en commun.....................................		Quotes-parts de résultat sur opérations faites en commun................................				
Produits financiers..................	1 947 090	Charges financières................................	2 168 780			
Total...	1 947 090	**Total**..	4 261 300	Résultat courant avant impôts (bénéfice ou perte)	-2 314 210	486 060
Produits exceptionnels..........	3 293 060	Charges exceptionnelles	2 708 940	Résultat exceptionnel (bénéfice ou perte)	584 120	3 257 118
Résultat courant avant impôts......................................		ou Résultat courant avant impôts.........	2 314 210			
Résultat exceptionnel............	584 120	ou Résultat exceptionnel........................				
Produit report en arrière des déficits..............................	10 944	Participation des salariés........................				
		Impôts sur les bénéfices........................				
Total...	595 064	**Total**..	2 314 210	Résultat de l'exercice (bénéfice ou perte) (c)	-1 719 146	2 461 378
Produits des cessions d'éléments d'actif	193 900	Valeur comptable des éléments cédés		Plus-values et moins-values sur cessions d'éléments d'actif	193 900	

a) En déduction des produits dans le compte de résultat

(b) Pour le calcul de la valeur ajoutée, sont assimilés à des consommations externes, les impôts indirects à caractère spécifique inscrits au compte 635 « Impôts, taxes et versements assimilés » et acquittés lors de la mise à la consommation des biens taxables

(c) Soit total général des produits - total général des charges

2 - L'analyse de l'évolution du chiffre d'affaires

Pour étudier l'évolution du chiffre d'affaires, croissance ou régression, il est utile de calculer le taux de variation de chacune de ses composantes à l'aide de la formule suivante :

$$\frac{CAn - CAn - 1}{CAn - 1}$$

a) Ventes de marchandises

Taux de croissance des ventes réalisées en RD Congo :

$$\frac{1\,338\,240 - 887\,840}{887\,840} = 51\%$$

Taux de croissance des ventes réalisées à l'étranger : non significatif.

Taux de croissance des ventes globales :

$$\frac{8\,044\,750 - 887\,840}{887\,840} = 806\%$$

Le chiffre d'affaires de l'activité commerciale, bien qu'accessoire, connaît une progression importante due à un développement des ventes réalisées en RD Congo, ainsi qu'à un fort pourcentage (83 %) de ventes effectuées pour la première fois à l'étranger.

b) Production vendue

Taux de croissance de la production vendue en RD Congo :

$$\frac{(31\,054\,090 + 27\,850) - (35\,215\,538 + 27\,850)}{(35\,215\,538 + 27\,850)} = -12\%$$

Taux de croissance de la production vendue à l'étranger :

$$\frac{46\,911\,970 - 48\,034\,127}{48\,034\,127} = -2\%$$

Taux de croissance de la production vendue globale :

$$\frac{77\,993\,910 - 83\,277\,515}{83\,277\,515} = -6\%$$

On constate une diminution de la production vendue dans son ensemble avec une accentuation pour les ventes en RD Congo. Cette baisse de l'activité principale de l'entreprise traduit une situation défavorable.

c) Chiffre d'affaires global

Taux de croissance du chiffre d'affaires réalisé en RD Congo :

$$\frac{32\,420\,180 - 36\,131\,228}{36\,131\,228} = -10\%$$

Taux de croissance du chiffre d'affaires à l'étranger :

$$\frac{53\,618\,480 - 48\,034\,127}{48\,034\,127} = 12\%$$

Taux de croissance du chiffre d'affaires global réalisé :

$$\frac{86\,038\,660 - 84\,165\,355}{84\,165\,355} = 2\ \%$$

Le chiffre d'affaires global réalisé en RD Congo est en baisse alors que celui effectué à l'étranger, est en hausse mais, uniquement grâce à la forte progression des ventes de marchandises. Il semble que la politique commerciale relative à la production vendue ne soit pas efficace.

La société paraît moins bien placée sur le marché en « N » qu'en « N - 1 ».

3 - L'analyse de la performance de l'activité principale en « N » et « N - 1 »

La performance de l'activité principale se mesure à l'aide du résultat d'exploitation. D'après le tableau des soldes intermédiaires de gestion :

- en « N », le résultat d'exploitation est négatif. L'activité principale de l'entreprise est donc devenue déficitaire (- 2 092 520 $) ;
- en « N - 1 », le résultat d'exploitation était positif (296 788 $). L'activité principale était donc bénéficiaire.

La comparaison des résultats d'exploitation « N - 1 » et « N » permet de calculer un taux de variation qui est égal à :

$$\boxed{\frac{REn - REn - 1}{REn - 1}}$$

Soit :

$$\frac{-\,2\,092\,520 - 296\,788}{296\,788} = -805\%$$

L'effondrement du résultat d'exploitation permet de vérifier que l'entreprise vit une période de récession. Il est nécessaire d'en analyser les causes à l'aide des soldes intermédiaires de gestion calculés en amont du résultat d'exploitation.

a) Marge commerciale

La marge commerciale a augmenté (+ 242 %), mais dans une moins forte proportion que les ventes de marchandises ; cela est dû à un mauvais contrôle du coût d'achat des marchandises vendues.

b) Production de l'exercice

La production de l'exercice a chuté (- 4 %) en raison de la baisse de la production vendue.

c) Valeur ajoutée

La valeur ajoutée s'est dégradée (- 8 %) ; l'entreprise a donc créé moins de richesse. Cela s'explique par la baisse de la production de l'exercice (- 4 %) plus importante que celle des consommations de l'exercice en provenance des tiers.

d) Excédent brut d'exploitation

L'excédent brut d'exploitation a diminué de 49 % ; ainsi la rentabilité économique de l'entreprise est en nette régression. On remarque une hausse de 5 % des charges de personnel malgré la baisse d'activité. En conséquence, une étude des coûts salariaux au regard du niveau d'activité s'impose.

e) Conclusion

Nous observons que l'évolution des soldes intermédiaires de gestion entre les exercices «N - 1 » et « N » est fortement préoccupante, tant au niveau de l'activité que de la rentabilité de l'entreprise. Toutefois, il serait utile de connaître les indicateurs du secteur d'activité ainsi que la tendance relative à l'évolution du marché pour approfondir le diagnostic.

5.4. LE RETRAITEMENT DES SOLDES INTERMÉDIAIRES DE GESTION

Les analystes financiers retraitent certains postes des soldes intermédiaires de gestion afin de donner à ces derniers, une approche plus économique.

a) Les retraitements relatifs aux charges de sous-traitance de fabrication

Les charges de sous-traitance de fabrication sont retirées des achats et autres charges externes et de la production vendue afin de calculer la production propre à l'entreprise. La production de l'exercice et la consommation de l'exercice en provenance des tiers, sont alors modifiées.

b) Les retraitements relatifs aux charges de personnel

Le personnel intérimaire et la participation des salariés aux résultats, sont intégrés aux charges de personnel afin de déterminer le coût du facteur travail. Ceci a pour conséquence de modifier la valeur ajoutée et l'excédent brut d'exploitation.

c) Les retraitements relatifs aux crédit- bail

Le crédit-bail est considéré comme une acquisition financée par un emprunt.
La redevance de crédit-bail est scindée en dotations aux amortissements et en charges d'intérêts. Ces retraitements donnent une meilleure image du coût du capital technique. La valeur ajoutée, l'excédent brut d'exploitation, le résultat d'exploitation et le résultat avant impôt, se trouvent modifiés.

d) Les retraitements relatifs aux subventions d'exploitation

Les subventions d'exploitation sont intégrées dans la valeur ajoutée. Elles sont traitées comme des compléments de chiffre d'affaires.

e) Les retraitements relatifs aux impôts et taxes

Les impôts, taxes et versements assimilés sont intégrés aux consommations de l'exercice en provenance des tiers; la valeur ajoutée est alors modifiée.

Le retraitement des postes des soldes intermédiaires de gestion (SIG) en SYSCOHADA, vise à adapter les données financières aux spécificités du référentiel comptable régional, afin d'améliorer l'analyse et la compréhension des performances financières des entreprises.

Quelques éclaircissements à mettre en évidence sur le retraitement des postes des SIG en SYSCOHADA concernent :

0. La classification des charges et des produits

En SYSCOHADA, les charges et les produits sont classés selon une nomenclature spécifique. Il est important de s'assurer que les postes des SIG sont correctement classés conformément à cette nomenclature. Cela permet d'obtenir une présentation cohérente des résultats et facilite la comparabilité entre les entreprises.

1. Le traitement des charges et des produits exceptionnels

Le SYSCOHADA définit des critères précis pour qualifier les charges et les produits exceptionnels. Les éléments non récurrents qui répondent à ces critères doivent être retraités et présentés séparément dans les SIG. Cela permet de mieux identifier les éléments qui ont une incidence significative sur les résultats de l'entreprise.

2. L'évaluation des stocks

Le SYSCOHADA propose des méthodes spécifiques pour évaluer les stocks, telles que la méthode du coût moyen pondéré ou la méthode du premier entré, premier sorti (PEPS). Il est important de retraiter les stocks en utilisant les méthodes appropriées afin de refléter correctement les coûts des ventes et les marges.

3. Le traitement des charges financières

En SYSCOHADA, les charges financières sont généralement présentées dans les postes spécifiques tels que "Intérêts des emprunts et dettes assimilées" ou "Charges nettes sur cessions de valeurs mobilières de placement et créances immobilisées". Il convient de retraiter les charges financières des SIG en les classant conformément à cette nomenclature spécifique.

4. L'ajustement des impôts sur les bénéfices

Le SYSCOHADA fournit des directives pour le calcul et la présentation des impôts sur les bénéfices. Il peut être nécessaire de retraiter les impôts différés ou les charges d'impôts pour se conformer à ces directives et obtenir une image précise de la charge fiscale.

Ainsi se dégage une synthèse que nous présentons ci-dessous relative aux soldes intermédiaires de gestion dans le système comptable OHADA.

Marge commerciale (1321) :
701 Vente de marchandises - (601 Prix d'achats - 6031 Var. de stock de Mses)

Production de l'exercice (1322) :
701 production de la période Produits finis, production stockée et immobilisée - (602 Prix d'achats Mat. - 6032 Var. de stock Mat)

Valeur ajoutée (133) :
Production globale de l'entreprise (1321+1322) + autres produits d'exploitation 707 Produits accessoires + 71 Subventions d'exploitation + 75 Autres produits - Consommation en provenance des tiers (604, 605,608, 6033Var stock autres approv., 61 Transports, 62, 63 Services extérieurs, 64 Impôts et taxes, 65 autres charges)

Excédent brut d'exploitation (134) :
133 VA - 66 Charges du Personnel (salaires et autres charges sociales)

Résultat d'exploitation (135) :
134 EBE + 781 Transferts de charges d'exploitation+791 Reprises de provision + 798 Reprises des amortissements d'expl.- 681 Dotation aux am. D'exploit.- 691 Dotation aux Provisions d'exploitation non financières

Résultat financier (136)

Résultat des activités ordinaires (137) :
135 Résultat d'exploitation + 136 Résultat financier

Résultat hors activités ordinaires (138) :
82 Produits des cessions d'immobilisation + 84 Reprises hors activités ordinaires + 88 Subvention d'équilibre - (81 Valeur comptable des cessions d'immobilisation + 83 Charges hors activités ordinaires + 85 Dotations hors activités ordinaires)

Résultat net de l'exercice (1301 Bénéfice et 1309 Perte) :
137 Résultat des activités ordinaires + 138 Résultat hors activités ordinaires - 87 Participation des travailleurs - 89 Impôt sur le résultat

Remarque :

L'impôt est calculé en extra comptable sur le résultat fiscal après correction du résultat comptable selon les règles fiscales en vigueur. Le résultat fiscal est calculé pour déterminer la base imposable sur laquelle est appliqué l'impôt sur les bénéfices. Les ajustements fiscaux comprennent les déductions fiscales, les exclusions de revenus imposables et les réintégrations de charges non déductibles.

Les principales différences entre le résultat comptable et le résultat fiscal en SYSCOHADA concernent :

- Le traitement des charges et des produits différés (déficits reportables) ;
- Le traitement des amortissements et des provisions (amortissements dérogatoires) ;
- Traitement des plus-values et des moins-values.

Exercice 3. RETRAITEMENT DES SOLDES INTERMÉDIAIRES DE GESTION – RÉPARTITION DE LA VALEUR AJOUTÉE

En tant qu'analyste financier, sous une mission d'audit, le service comptable de la société CCAA, fabricant de garages et d'abris de jardin en bois, communique le tableau des soldes intermédiaires de gestion de l'exercice « N » établi conformément aux normes du système comptable OHADA ainsi que des informations complémentaires relatives à certains postes.

P r o d u i t s (Colonne 1)		C h a r g e s (Colonne 2)		Soldes intermédiaires (Colonne 1 - Colonne 2)	N	N - 1
Ventes de marchandises…………	931 000	Coût d'achat des marchandises vendues………	625 200	Marge commerciale………………… .	305 800	
Production vendue…………………	3 672 600					
Production stockée………………..		ou Déstockage de production (a)	2 250			
Production immobilisée…………						
Total…………………………………	3 672 600	**Total**………………………………………………………	2 250	Production de l'exercice……………………	3 670 350	
Production de l'exercice………	3 670 350					
Marge commerciale………………	305 800					
Total…………………………………	3 976 ·50	Consommation de l'exercice en provenance des tiers………………………………………………	2179577	Valeur ajoutée………………………	1 796 573	
Valeur ajoutée………………………	1 796 573	Impôts, taxes et versements assimilés (b)……	7 600			
Subventions d'exploitation…	30 000	Charges de personnel……………………………………	792 420			
Total…………………………………	1 826 573	**Total**………………………………………………………	800 020	Excédent brut (ou insuffisance brute) d'exploitation………………	1 026 553	
Excédent brut d'exploitation..	1 026 553	ou Insuffisance brute d'exploitation……………				
Reprises sur charges et transferts de charges……………	34 000	Dotations aux amortissements, dépréciations et provisions……………………………………………	128 550			
Autres produits………………………	9 800	Autres charges…………………………………………	68 600			
Total…………………………………	1 070 353	**Total**………………………………………………………	197 150	Résultat d'exploitation (bénéfice ou perte)……	873 203	

Résultat d'exploitation	873 203	ou Résultat d'exploitation....................				
Quotes-parts de résultat sur opérations faites en commun...		Quotes-parts de résultat sur opérations faites en commun..				
Produits financiers....................	12 390	Charges financières............................	36 730			
Total...	885 593	**Total**..	36 730	Résultat courant avant impôts (bénéfice ou perte).................	848 863	
Produits exceptionnels............	281 260	Charges exceptionnelles..........................	206 190	Résultat exceptionnel (bénéfice ou perte).................	75 070	
Résultat courant avant impôts	848 863	ou Résultat courant avant impôts.........				
Résultat exceptionnel.............	75 070	ou Résultat exceptionnel.......................				
		Participation des salariés.......................	98 000			
		Impôts sur les bénéfices..........................	188 000			
Total...	923 933	**Total**..	286 000	Résultat de l'exercice (bénéfice ou perte) (c).............	637 933	
Produits des cessions d'éléments d'actif....................	240 100	Valeur comptable des éléments cédés...	186 200	Plus-values et moins-values sur cessions d'éléments d'actif......	53 900	

(a) En déduction des produits dans le compte de résultat.

(b) Pour le calcul de la valeur ajoutée, sont assimilés à des consommations externes, les impôts indirects à caractère spécifique inscrits au compte 635 « Impôts, taxes et versements assimilés » et acquittés lors de la mise à la consommation des biens taxables.

(c) Soit total général des produits - total général des charges.

Annexe : informations complémentaires

Les consommations de l'exercice en provenance des tiers comportent notamment :

- Des charges de personnel extérieur pour 43 592 $;
- Une redevance annuelle de crédit-bail pour 10 000 $ correspondant à une machine-outil dont la valeur d'origine est de 47 500 $, la durée du contrat est de cinq ans.

Sur base des informations suivantes, nous noterons que la subvention d'exploitation correspond à une aide dans la réduction des prix de vente.

Les dividendes distribués s'élèvent à 580 000 $.

(1) Indiquer la nature des retraitements à effectuer et préciser leurs effets sur les soldes intermédiaires de gestion du Plan comptable général.

(2) Calculer les soldes intermédiaires de gestion retraités.

(3) Effectuer la répartition de la valeur ajoutée entre les différents acteurs.

1 - La nature des retraitements et leurs effets sur les soldes intermédiaires de gestion du Plan comptable général

La société CCAA doit procéder aux retraitements suivants :

Nature	Effets sur les soldes intermédiaires de gestion du Plan comptable général
La subvention d'exploitation est considérée comme un complément de chiffre d'affaires.	Majoration de la production de l'exercice.
Le personnel intérimaire est intégré aux charges de personnel.	Majoration de la valeur ajoutée.
	Diminution de l'excédent brut d'exploitation.
La redevance de crédit-bail est ventilée en « Dotations aux amortissements » et en « Charges financières ».	Majoration de la valeur ajoutée.
	Diminution du résultat d'exploitation.
Les impôts et taxes sont intégrés aux consommations de l'exercice en provenance des tiers.	Diminution de la valeur ajoutée.
La participation des salariés est intégrée aux charges de personnel.	Diminution de l'excédent brut d'exploitation.

2 - Le calcul des soldes intermédiaires de gestion retraités

Pour retraiter le crédit-bail, il faut calculer :

- l'annuité d'amortissement :

$$\frac{\text{VO}}{\text{Nombre d'années du contrat}} = \frac{47\,500}{5} = 9\,500\$$$

- les intérêts :

Redevance - Annuité = 0000 - 9 500 = 500$

En outre, la société CCAA doit procéder aux retraitements suivants :

Soldes intermédiaires de gestion du Plan comptable général		Retraitements		Soldes intermédiaires de gestion retraités
Marge commerciale	305 800	Aucun	0	305 800
Production de l'exercice....................	3 670 350	+ Subventions d'exploitation	30 000	3 700 350
Valeur ajoutée............	1 796 573	+ Subventions d'exploitation + Redevances crédit-bail + Personnel extérieur - Impôts et taxes	30 000 10 000 43 592 7 600	1 872 565
Excédent brut d'exploitation	1 026 553	+ Redevances crédit-bail - Participation des salariés	10 000 98 000	938 553
Résultat d'exploitation	873 203	+ Charges financières - Participation des salariés	500 98 000	775 703
Résultat courant avant impôts	848 863	- Participation des salariés	98 000	750 863
Résultat exceptionnel	75 070	Aucun	0	75 070
Résultat de l'exercice	637 933	Aucun	0	637 933

3 - La répartition de la valeur ajoutée entre les différents acteurs

Les différents acteurs de la valeur ajoutée sont :

- Le personnel ;
- L'État ;
- Les prêteurs ;
- Les associés ;
- L'entreprise.

La part de richesse qui revient à chacun est déterminée à l'aide de ratios.

Acteur	Ratio	Calcul
Personnel	$\frac{\text{Charges de personnel + Personnel extérieur + Participation des salariés}}{\text{Valeur ajoutée retraitée}}$	$\frac{792\,420 + 43\,593 + 98\,000}{1\,872\,565} = 50\%$
État	$\frac{\text{Impôts et taxes + Impôts sur les bénéfices}}{\text{Valeur ajoutée retraitée}}$	$\frac{7\,600 + 188\,000}{1\,872\,565} = 10\%$
Prêteurs	$\frac{\text{Charges financières (intérêts retraités)}}{\text{Valeur ajoutée retraitée}}$	$\frac{36\,730 + 500}{1\,872\,565} = 2\ \%$
Associés	$\frac{\text{Dividendes}}{\text{Valeur ajoutée retraitée}}$	$\frac{580\,000}{1\,872\,565} = 31\%$
Entreprise	$\frac{\text{Autofinancement}^{1}}{\text{Valeur ajoutée retraitée}}$	$\frac{125\,722}{1\,872\,565} = 7\ \%$

(1) Obtenu par la différence : 1 872 565 – (792 420 + 43 593 + 98 000 + 7 600 + 188 000 + 36 730 + 500 + 580 000).

Nous constatons que plus de 80 % de la valeur ajoutée est consacrée à la rémunération du personnel et à celle des associés. Il en découle que la part de la valeur consacrée aux investissements et à la marge de sécurité financière est faible. Par ailleurs, le degré d'endettement est peu élevé.

Exercice 4. **ANALYSE DE LA PROFITABILITÉ ET DE LA RENTABILITÉ**

La société « Au nom de AIRTEL », créée il y a huit ans, est spécialisée dans le secteur de télécommunication. Les dirigeants ont constaté une baisse sensible d'activités sur les derniers exercices due notamment à la tendance du marché.

À l'issue d'une étude de marché, cette société a décidé, à partir de l'exercice « N », de diversifier son activité en distribuant une nouvelle gamme des produits internet illimité, qui nécessitent une rapidité de la connexion sur fibre optique et connaissent un franc succès sur le marché. Elle souhaite en mesurer les effets sur sa rentabilité économique.

	N	N - 1
Chiffre d'affaires	11 236	9 659
Coût d'achat des marchandises vendues	7 752	6 972
Autres achats et charges externes	1 346	1 380
Impôts, taxes et versements assimilés	79	75
Charges de personnel	1 144	1 121
Capital engagé pour l'exploitation	5 382	4 230

Travail demandé

(1) Calculer l'excédent brut d'exploitation à partir des renseignements fournis en annexe, puis commenter son évolution.

(2) Étudier les ratios de profitabilité et de rentabilité économiques.

Réponse

1 - L'excédent brut d'exploitation

a) Calcul

Le calcul est le suivant :

	« N »	«N-1»
Chiffre d'affaires	11 236	9 659
- Coût d'achat des marchandises vendues	7 752	6 972
- Autres achats et charges externes	1 346	1 380

- Impôts, taxes et versements assimilés	79	75
- Charges de personnel	1 144	1 121
= Excédent brut d'exploitation	915	111

b) Évolution

Le taux de variation de l'excédent brut d'exploitation est le suivant :

$\frac{EBEn - EBEn - 1}{EBEn - 1}$ soit : $\frac{915 - 111}{111}$ = 724 %.

Après un niveau d'excédent brut d'exploitation très médiocre en « N - 1 », on assiste à une nette amélioration en « N ». Cela s'explique par un accroissement du chiffre d'affaires dans une plus grande proportion que celui du coût d'achat des marchandises vendues et des charges de personnel. Toutefois, on constate une légère réduction des autres achats et charges externes. On peut en conclure que l'entreprise a su maîtriser ses coûts d'exploitation.

L'évolution très positive de l'excédent brut d'exploitation, permet d'affirmer que la diversification de l'activité a permis une progression de la performance de l'entreprise.

2 - Les ratios de profitabilité et de rentabilité économiques

a) Profitabilité économique

La profitabilité économique s'apprécie à partir de deux ratios :

Taux de marge brute d'exploitation : $\frac{EBE}{CA\ HT}$

« N » : $\frac{915}{11\ 236}$ = 8 %

«N-1» : $\frac{111}{9\ 659}$ = 1 %

Partage de la valeur ajoutée (facteur capital) : $\frac{EBE}{VA}$[1]

« N »	« N-1 »
$\frac{915}{2\,138}$ = 43%	$\frac{111}{1\,307}$ = 8 %

La capacité de l'entreprise à générer un résultat pour le chiffre d'affaires réalisé, a progressé de 7 % (8 % - 1 %). La forte augmentation de l'excédent brut d'exploitation en est la cause.

Par ailleurs, la valeur ajoutée a augmenté de 35 % ; il en résulte que la part de richesse revenant à l'entreprise pour rémunérer les apporteurs de capitaux et renouveler le capital investi, est en hausse sensible.

b) Rentabilité économique

La performance de l'exploitation se mesure à l'aide du taux de rentabilité économique.

Taux de rentabilité économique : $\frac{EBE}{\text{Capital engagé}}$

« N »	« N-1 »
$\frac{915}{5\,382}$ =17%	$\frac{111}{4\,230}$ =3%

pour l'exploitation

On constate une nette progression du taux de rentabilité économique du fait de la croissance de l'excédent brut d'exploitation. Cette augmentation de 27 % du capital engagé pour l'exploitation peut provenir d'investissements effectués au cours de l'exercice « N » ou bien d'un accroissement des stocks ou encore des créances clients du fait de conditions commerciales avantageuses accordées aux clients demandeurs du nouveau produit.

L'amélioration tant de la profitabilité que de la rentabilité est encourageante en ce qui concerne les perspectives de développement de l'entreprise.

---

[1] Valeur ajoutée « N » = 11 236 - 7 752 - 1 346 = 2 138.
Valeur ajoutée « N - 1 » = 9 659 - 6 972 - 1 380 = 1 307.

Chapitre 6 : LA CAPACITÉ D'AUTOFINANCEMENT

Ce sixième chapitre va définir la capacité d'autofinancement, aborder les méthodes de calcul et mettre en évidence, certains ratios utiles à l'analyse de l'activité.

6.1. DÉFINITION DE LA CAPACITÉ D'AUTOFINANCEMENT

La capacité d'autofinancement est un indicateur financier qui mesure l'ensemble des ressources internes générées par l'entreprise. Elle représente pour l'entreprise, l'excédent des ressources internes ou le surplus monétaire dégagé durant l'exercice, par l'ensemble de son activité et qu'elle peut destiner à son autofinancement. Elle permet de (d'):

- Rémunérer les associés ;
- Renouveler et d'accroître les investissements ;
- Augmenter le fonds de roulement ;
- Rembourser les dettes financières ;
- Mesurer la capacité de développement et l'indépendance financière de l'entreprise ;
- Couvrir les pertes probables et les risques.

6.1.1. Calcul de la capacité d'autofinancement

- La CAF se calcule à partir du compte de résultat. En effet, la CAF étant un excédent de trésorerie sur la période, son calcul reflète les produits et charges ayant impacté positivement ou négativement la trésorerie. Nous citerons à titre d'exemple pour les produits encaissables ;
- Les ventes des biens ou des services : les ventes de marchandises, les prestations des services et les redevances ;
- Les produits financiers : les intérêts perçus sur les prêts accordés, les dividendes reçus des participations dans d'autres entreprises, les gains sur la vente d'actifs financiers ;
- Les subventions d'exploitation : les montants reçus de la part d'organismes publics ou privés pour soutenir l'entreprise ;

o Les indemnités et recouvrement : les indemnités d'assurance reçus en cas de sinistre, les recouvrements de créances antérieurement provisionnées, les remboursements de TVA ;

o Les produits exceptionnels.

Pour les charges décaissables, il y a les :

o Charges du personnel : salaires, charges sociales et autres avantages ;

o Charges d'exploitation : achat des matières premières, frais de sous-traitance, frais de transport, frais de publicité, frais de télécommunication, frais d'énergie, frais de maintenance etc. ;

o Charges financières : intérêts payés pour les emprunts, les frais bancaires, et autres charges liées aux opérations financières de l'entreprise ;

o Charges exceptionnelles : perte sur la vente d'actifs, les amendes ou les litiges ;

o Impôts et taxes : impôts sur le bénéfice, la taxe sur la valeur ajoutée, les taxes foncières etc.

Les charges non décaissables sont essentiellement les :

o Amortissements ;

o Provisions pour dépréciation et provisions pour risques et charges ;

o Valeurs comptables des éléments d'actifs cédés.

Les produits non encaissables, c'est-à-dire des produits qui ne donnent pas lieu à une entrée de trésorerie immédiate pour l'entreprise sont :

o Les ventes à crédit : lorsqu'une entreprise réalise des ventes à crédit, les produits de ces ventes sont comptabilisés dans le compte de résultat, mais l'encaissement des fonds correspondants, peut se produire à une date ultérieure ;

o Les produits non monétaires : Certains produits peuvent être générés par des transactions non monétaires, tels que des échanges de biens ou de services ;

o Les subventions d'exploitation ;

o Les variations des stocks : la variation des stocks peut avoir un impact sur le résultat net de l'entreprise, car elle est calculée en fonction des différences de valorisation des stocks d'une période à l'autre. Cependant, cette variation ne génère pas nécessairement une entrée de trésorerie, car elle est basée sur des changements de valeur et non sur des mouvements physiques de trésorerie.

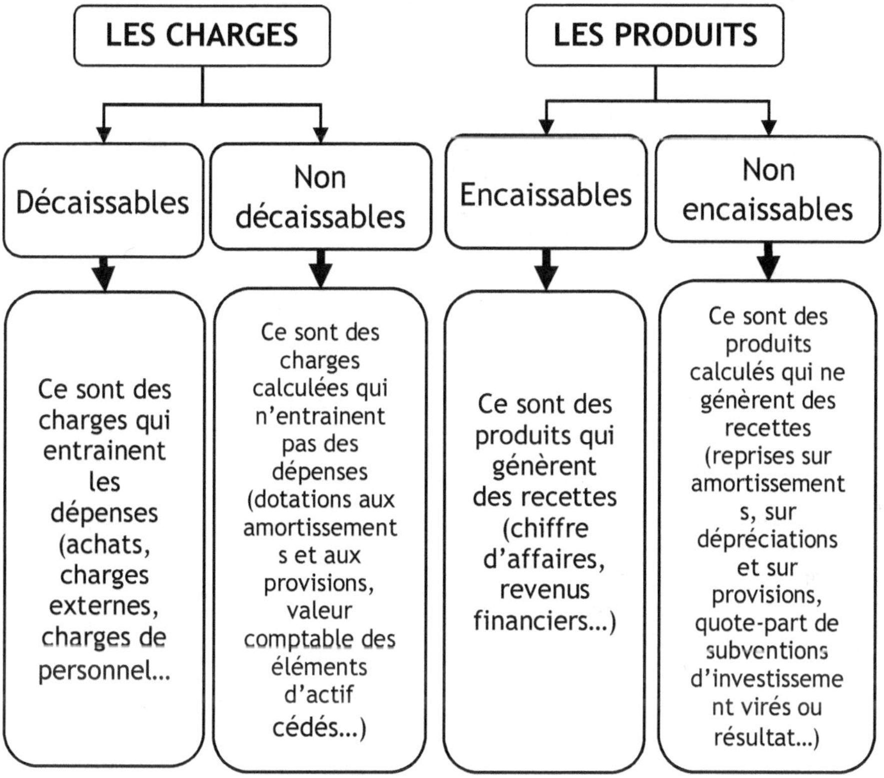

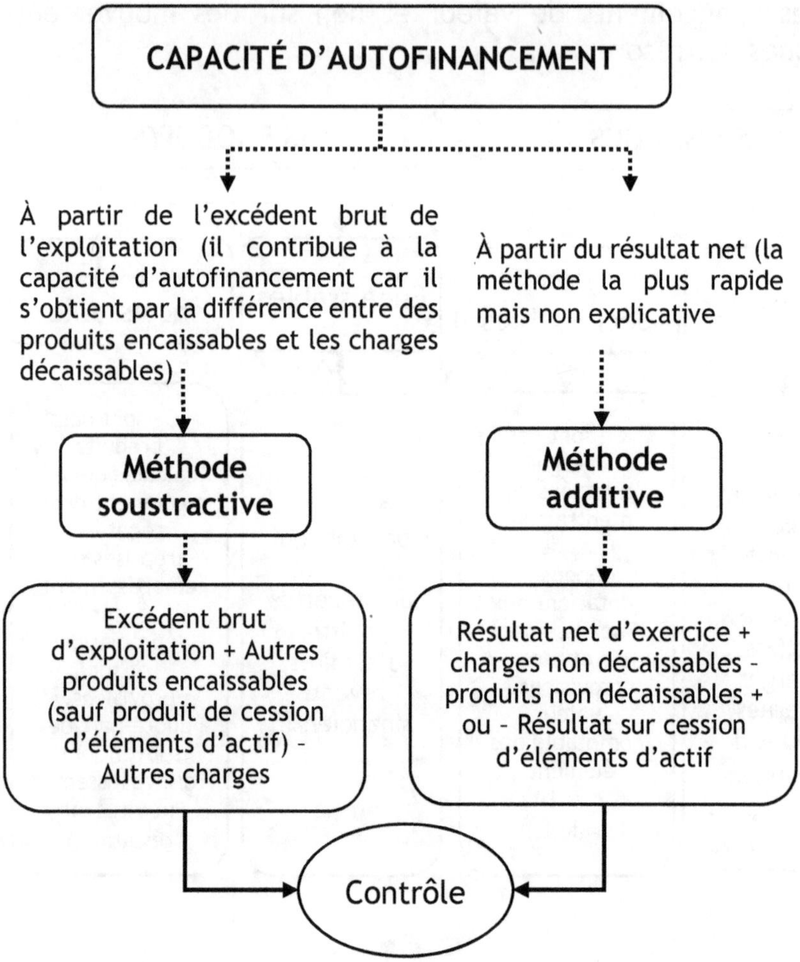

La méthode soustractive = Produits encaissables – charges décaissables

La méthode additive = Résultat net + charges calculées – produits calculés

Méthode soustractive

CAF = Produits encaissables – charges décaissables

Excédent brut d'exploitation ou (insuffisance brute d'exploitation) + Transferts de charges (d'exploitation) + Autres produits (d'exploitation) - Autres charges (d'exploitation) ± Quotes-parts de résultat sur opérations faites en commun + Produits financiers (a) - Charges financières (b) + Produits exceptionnels (c) - Charges exceptionnelles (d) - Participation des salariés aux résultats - Impôts sur les bénéfices	
= **CAPACITÉ D'AUTOFINANCEMENT**	

(a) Sauf reprises sur dépréciations et provisions.
(b) Sauf dotations aux amortissements, dépréciations et provisions financiers.
(c) Sauf :
- produits des cessions d'immobilisations ;
- quotes-parts des subventions d'investissement virées au résultat de l'exercice ;
- reprises sur dépréciations et provisions exceptionnelles.

(d) Sauf :
- valeur comptable des immobilisations cédées ;
- dotations aux amortissements, dépréciations et provisions exceptionnels.

Méthode additive

CAF = Résultat net + Charges calculées – produits calculés

Résultat net de l'exercice + Dotations aux amortissements, dépréciations et provisions - Reprises sur amortissements, dépréciations et provisions + Valeur comptable des éléments d'actif cédés - Produits des cessions d'éléments d'actif immobilisés - Quote-part des subventions d'investissements virés au résultat de l'exercice	
= CAPACITÉ D'AUTOFINANCEMENT	

6.1.2. Le retraitement de la capacité d'autofinancement

Le retraitement de la capacité d'autofinancement se limite en principe à celui de la redevance de crédit-bail. Ainsi, la partie de la redevance retraitée en dotations aux amortissements, vient majorer la capacité d'autofinancement.

Capacité d'autofinancement retraitée = CAF + Dotations aux amortissements crédit-bail

6.2. L'AUTOFINANCEMENT

6.2.1. Définition

L'autofinancement correspond à la part de la capacité d'autofinancement qui restera à la disposition de l'entreprise pour être réinvestie.

Autofinancement = Capacité d'autofinancement – Dividendes payées en (N)

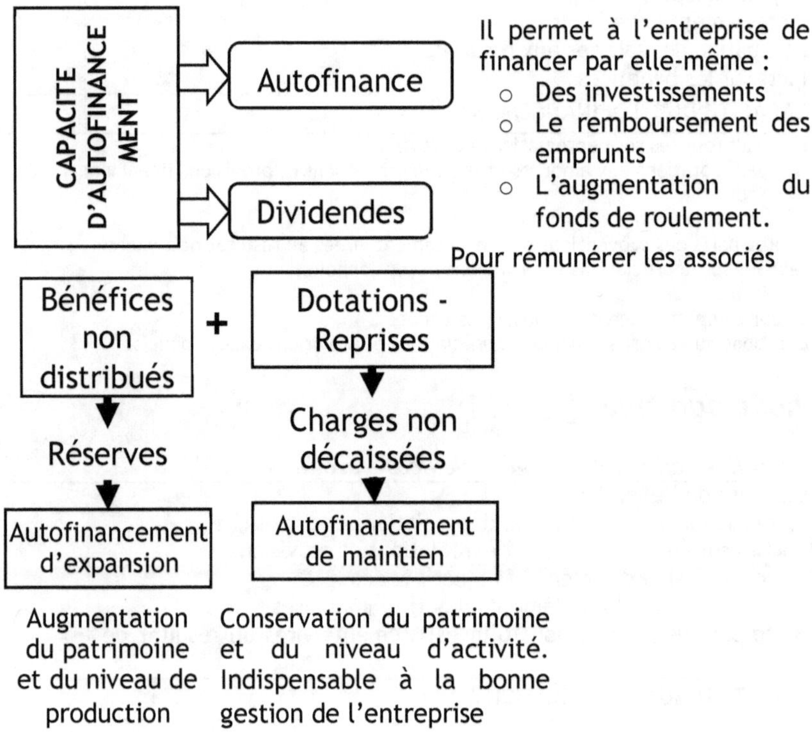

6.2.2. Dimensions Stratégiques et Implications de l'Autofinancement.

L'autofinancement en analyse financière dépasse largement sa définition usuelle de capacité d'une entreprise à financer ses investissements ou à rembourser ses dettes grâce à ses propres ressources, sans recourir à des financements externes. Les perspectives supplémentaires de l'autofinancement sont ses dimensions stratégiques qui sont :

Indicateur de santé financière

L'autofinancement est souvent perçu comme un indicateur clé de la santé financière d'une entreprise. Une capacité élevée d'autofinancement témoigne de la solidité des performances opérationnelles de l'entreprise et de sa capacité à générer des flux de trésorerie positifs, ce qui est crucial pour sa pérennité et son développement à long terme.

Autonomie financière

L'autofinancement renforce l'autonomie financière de l'entreprise vis-à-vis des créanciers et des investisseurs extérieurs. En limitant sa dépendance à l'égard des emprunts ou des apports des capitaux externes, l'entreprise a une plus grande marge de manœuvre dans ses décisions stratégiques et opérationnelles, réduisant ainsi les risques liés à l'endettement et aux exigences des investisseurs.

Confiance des investisseurs et des créanciers

Une capacité élevée d'autofinancement est souvent interprétée positivement par les investisseurs et les créanciers, car elle suggère une gestion prudente et efficace des ressources de l'entreprise. Cela peut faciliter l'accès à des financements externes à des conditions plus favorables en cas de besoin.

Réinvestissement et croissance organique

L'autofinancement est une source privilégiée de financement pour les investissements internes, permettant à l'entreprise de soutenir sa croissance organique. Cela inclut non seulement les expansions physiques et les acquisitions d'actifs, mais aussi, les investissements en recherche et développement, en amélioration de processus ou en innovation.

Politique de distribution des dividendes

La capacité d'autofinancement influence la politique de distribution des dividendes de l'entreprise. Une entreprise qui génère un autofinancement important peut choisir de récompenser ses actionnaires en augmentant les dividendes distribués, tout en conservant suffisamment de fonds pour financer ses projets de développement.

Flexibilité face aux fluctuations économiques

L'autofinancement offre une marge de sécurité financière en périodes d'incertitude économique ou de crises financières, où les sources externes de financement peuvent se tarir. Les entreprises capables de s'autofinancer disposent d'une meilleure résilience face aux fluctuations économiques et aux chocs externes.

6.3. Les ratios

La capacité d'autofinancement permet de calculer quatre ratios :

- ***La rentabilité de l'activité*** : Il mesure la part de chiffre d'affaires consacrée à créer des ressources internes pour assurer le financement de l'entreprise.

$$\frac{\text{CAF}}{\text{Chiffre d'affaires}}$$

- ***La répartition de la valeur ajoutée*** : il mesure la part de la valeur ajoutée consacrée à l'autofinancement.

$$\frac{\text{Autofinancement}}{\text{Valeur ajoutée}}$$

- ***La capacité d'endettement*** : il mesure l'endettement, il ne doit pas excéder trois ou quatre fois la capacité d'autofinancement.

$$\frac{\text{Dettes financières}}{\text{CAF}}$$

- ***La capacité de remboursement*** : il mesure la capacité à rembourser les emprunts. Il doit être inférieur à 50 %

$$\frac{\text{Remboursement d'emprunt}}{\text{CAF}}$$

Exemple

La liste alphabétique des charges et produits de l'entreprise Eureka est la suivante :

1. L'entreprise décide de distribuer aux associés 30% du résultat de l'exercice. Les dettes financières représentent 2 296 325.
2. Déterminer le montant de la capacité d'autofinancement pour l'exercice N, selon les deux méthodes pour contrôle.
3. Calculer l'autofinancement pour l'exercice N.
4. Calculer et interpréter la capacité d'endettement de l'entreprise et la rentabilité de son activité sachant que celle du secteur est de 14 %.

Achats de matières premières	1 967 500,00 $
Autres charges de gestion courante	11 250,00 $
Autres charges externes	169 500,00 $
Autres produits d'exploitation	60 000,00 $
Charges de personnel	1 200 000,00 $
Charges exceptionnelles sur opérations de gestion	1 170,00 $
Charges d'intérêts	237 000,00 $
Dotations aux amortissements, dépréciations et provisions-charges d'exploitation	325 000,00 $
Dotations aux provisions financières	13 350,00 $
Dotations aux provisions réglementées	32 000,00 $
Impôts sur les bénéfices	446 000,00 $
Impôts, taxes et versements assimilés	360 000,00 $
Production immobilisée	60 000,00 $
Produits des activités annexes	7 800,00 $
Produits des cessions d'éléments d'actif	168 000,00 $
Produits financiers	19 500,00 $
Rabais, remises et ristournes accordés sur ventes	12 750,00 $
Rabais, remises et ristournes obtenus sur achats	27 400,00 $
Reprises sur provisions financières	15 000,00 $
Reprises sur provisions d'exploitation	5 000,00 $
Reprises sur provisions réglementées	6 000,00 $
Subventions d'exploitation	180 000,00 $
Valeurs comptables des éléments d'actifs cédés	260 000,00 $
Variation des en-cours de production de biens	25 000,00 $
Variation des stocks de matières premières	-69 000,00 $
Variation des stocks de produits	-75 000,00 $
Ventes de produits finis	4 950 000,00 $

Solution

Le calcul de la capacité d'autofinancement se fait soit par l'EBE soit par le résultat net.

Pour calculer l'excédent brut d'exploitation (EBE), on procède de la sorte :

EBE = ventes nettes + variation des stocks (solde débiteur) + variation de biens + production immobilisée + produits des activités annexes + subventions d'exploitation

EBE = 5 135 050 - 3 600 600 = 1 534 450

EBE
+ Autres produits d'exploitation
+ Produits des cessions d'éléments d'actif
+ Produits financiers
+ Reprises sur provisions financières
+ Reprises sur provisions d'exploitation
+ Reprises sur provisions réglementées

Autres charges de gestion courante
+ Charges exceptionnelles sur opérations de gestion
+ Charges d'intérêts
+ Dotations aux amortissements, dépréciations et provisions-charges d'exploitation
+ Dotations aux provisions financières
+ Dotations aux provisions réglementées
+ Valeurs comptables des éléments d'actifs cédés

CAF par la méthode soustractive

Capacité d'Autofinancement : EBE ou insuffisance brute + transfert de charges (d'exploitation) + autres produits (d'exploitation) - autres charges (d'exploitation) +/- quotes-parts de résultat sur opérations faites en commun + produits financiers (a) - charges financières (b) + produits exceptionnelles (c) + charges exceptionnelles (d) - participation des salariés aux résultats - impôts sur les bénéfices

Capacité d'Autofinancement : 1 534 450 + 60 000 - 11 250 + 19 500 - 237 000 - 1 170 - 446 000 = 918 530.

CAF par la méthode additive

CAF : Résultat net de l'exercice + Dotation aux amortissements, dépréciations et provisions – reprises sur amortissements, dépréciations et provision + valeur comptable des éléments d'actif cédés – produits des cessions d'éléments d'actif immobilisés – quote-part des subventions d''investissement viré au résultat de l'exercice

CAF : 482 180 + 370 350 - 26 000 + 260 000 - 168 000 = 918 530.

Le calcul de l'autofinancement

L'entreprise décide de distribuer aux associés 30% du résultat de l'exercice.

$\frac{482\,180\ x\ 30}{100} = 144\,654\ \$$

D'où l'autofinancement = 918 530 - 144 654 = 773 876 $.

La capacité d'endettement de l'entreprise et la rentabilité de son activité :

La capacité d'endettement =

$$\frac{Dettes\ financieres}{CAF} = \frac{2\,296\,325}{918\,530} = 2{,}5$$

L'endettement est inférieur à 3 fois la capacité d'autofinancement, il est donc raisonnable. La rentabilité de son activité est de :

$$\frac{CAF}{chiffre\ d'affaires\ HT}\ x\ 100$$

$$= \frac{918\,530}{(4\,950\,000 - 12\,750)}\ x\ 100 = 18{,}60\%$$

La capacité d'autofinancement dégagée par l'activé est très satisfaisante puisqu'elle est nettement supérieure à celle du secteur.

Exercice 1. **DÉTERMINATION DE LA CAPACITÉ D'AUTOFINANCEMENT PAR LA MÉTHODE SOUSTRACTIVE**

Pour une meilleure performance, en tant que financier, vous disposez des éléments suivants issus du compte de résultat :

Résultat net de l'exercice	■
Excédent brut d'exploitation	■
Transferts de charges (d'exploitation)	■
Autres produits (d'exploitation)	■
Autres charges (d'exploitation)	■
Quotes-parts de résultat sur opérations faites en commun	■
Reprises sur amortissements, dépréciations et provisions (produits d'exploitation)	■
Dotations aux amortissements, dépréciations et provisions (charges d'exploitation)	■
Produits financiers (sauf reprises sur provisions)	■
Charges financières (sauf dotations aux amortissements, dépréciations et provisions)	■
Reprises sur dépréciations et provisions, transferts de charges financières	■
Dotations aux amortissements, dépréciations et provisions (charges financières)	■
Produits exceptionnels sur opérations de gestion et sur opérations de capital : autres	■
Produits des cessions d'immobilisations	■
Subventions d'investissement virées au résultat de l'exercice	■
Reprises sur dépréciations et provisions, transferts de charges exceptionnelles	■
Charges exceptionnelles sur opérations de gestion et sur opérations de capital : autres	■
Valeurs comptables des éléments d'actif cédés	■
Dotations aux amortissements et aux provisions (charges exceptionnelles)	■
Participation des salariés aux résultats	■
Impôts sur les bénéfices	■

(1) Quelle est la particularité des comptes des produits et des comptes des charges qui composent la méthode soustractive ?

(2) Cochez les éléments qui ne contribuent pas au calcul de la capacité d'autofinancement selon la méthode soustractive.

(3) Reconstituez le modèle de détermination de la capacité d'autofinancement prévu par le Plan comptable général.

1 - Les soldes intermédiaires de gestion concernée par la méthode soustractive

La méthode soustractive consiste à calculer la capacité d'autofinancement à partir de l'excédent brut d'exploitation qui s'obtient par différence entre les produits encaissables et les charges décaissables de l'activité d'exploitation.

2 - La particularité des comptes de produits et des comptes de charges pris en compte dans la méthode soustractive

Les charges et les produits qui contribuent à la formation de la capacité d'autofinancement selon la méthode soustractive, ont une incidence sur la trésorerie :

- Les charges constituent des montants décaissés ;
- Les produits constituent des ressources encaissées.

Capacité d'autofinancement d'exploitation (sauf produits des cessions d'éléments d'actif) = Excédent brut + Autres produits encaissables - Autres charges décaissables

3 - Les éléments exclus de la méthode soustractive

Les charges calculées non décaissables et les produits calculés non encaissables ainsi que les produits des cessions d'éléments d'actif, sont exclus de la méthode soustractive ; cependant, ils constituent les composantes du calcul de la capacité d'autofinancement par la méthode additive à partir du résultat net.

Élément exclu de la méthode soustractive	
Résultat net de l'exercice	◘
Excédent brut d'exploitation	■
Transferts de charges (d'exploitation)	■
Autres produits (d'exploitation)	■
Autres charges (d'exploitation)	■
Quotes-parts de résultat sur opérations faites en commun	■
Reprises sur amortissements, dépréciations et provisions (produits d'exploitation)	◘
Dotations aux amortissements, dépréciations et provisions (charges d'exploitation)	◘
Produits financiers (sauf reprises sur provisions)	■

Charges financières (sauf dotations aux amortissements, dépréciations et provisions)	■
Reprises sur dépréciations et provisions, transferts de charges financières	□
Dotations aux amortissements, dépréciations et provisions (charges financières)	■
Produits exceptionnels sur opérations de gestion et sur opérations de capital : autres	■
Produits des cessions d'immobilisations	□
Subventions d'investissement virées au résultat de l'exercice	□
Reprises sur dépréciations et provisions, transferts de charges exceptionnelles	□
Charges exceptionnelles sur opérations de gestion et sur opérations de capital : autres	■
Valeurs comptables des éléments d'actif cédés	□
Dotations aux amortissements, dépréciations et provisions (charges exceptionnelles)	□
Participation des salariés aux résultats	■
Impôts sur les bénéfices	■

Le modèle de détermination de la capacité d'autofinancement

Le détail du calcul de la capacité d'autofinancement par la méthode soustractive, préconisée par le Plan comptable général, est tel que présenté à la page 107.

Exercice 2. **CALCUL ET ANALYSE DE L'ÉVOLUTION DE LA CAPACITÉ D'AUTOFINANCEMENT**

La société YETULAB, fabricant des outils informatiques, communique le compte de résultat des exercices « N » et « N - 1 » ainsi que des renseignements complémentaires. Pour faire face à une demande croissante de la clientèle, les dirigeants projettent un développement à court terme de l'unité de production. Ils demandent, à cet effet, d'analyser la capacité de développement de l'entreprise et son indépendance financière.

(Produits et charges hors taxes)	Exercice N	Exercice N - 1
Produits d'exploitation (1) :		
Ventes de marchandises	4 649 640	4 552 040
Production vendue [biens et services] (a)	16 512 200	14 079 210
Montant net du chiffre d'affaires	21 161 840	18 631 250
dont à l'exportation	494 710	796 300
Production stockée (b)	5 540	20 820
Production immobilisée	1 060	770
Subventions d'exploitation	146 960	147 870
Reprises sur dépréciations, provisions (et amortissements), transferts de charges	118 620	171 940
Autres produits	25 090	26 300
TOTAL I	21 459 110	18 998 950
Charges d'exploitation (2) :		
Achats de marchandises (d)	4 034 570	3 902 590
Variation des stocks (e)	-10 500	-6 920
Achats de matières premières et autres approvisionnements (c)	13 205 910	10 921 860
Variation des stocks (d)	-28 560	25 740
Autres achats et charges externes *	2 285 320	2 183 550
Impôts, taxes et versements assimilés	157 830	149 940
Salaires et traitements	831 790	822 750
Charges sociales	329 970	327 150
Dotations aux amortissements et aux dépréciations :		
Sur immobilisations : dotations aux amortissements (e)	309 420	281 630
Sur immobilisations : dotations aux dépréciations		
Sur actif circulant : dotations aux dépréciations	91 260	101 690
Dotations aux provisions		
Autres charges	35 870	62 130
TOTAL II	21 242 880	18 772 110
* Y compris :		
- redevances de crédit-bail mobilier		
- redevances de crédit-bail immobilier		
1. RÉSULTAT D'EXPLOITATION (I - II) ± X	216 230	226 840
Quotes-parts de résultat sur opérations faites en commun :		
Bénéfice ou perte transférée III	1 120	140
Perte ou bénéfice transféré IV	300	7 480

(1) Dont produits afférents à des exercices antérieurs. Les conséquences des corrections d'erreurs significatives, calculées après impôt, sont présentées sur une ligne séparée sauf s'il s'agit de corriger une écriture ayant été directement imputée sur les capitaux propres

(2) Dont charges afférentes à des exercices antérieurs. Les conséquences des corrections d'erreurs significatives, calculées après impôt, sont présentées sur une ligne séparée sauf s'il s'agit de corriger une écriture ayant été directement imputée sur les capitaux propres

(a) À inscrire, le cas échéant, sur des lignes distinctes.
(b) Stock final moins stock initial : montant de la variation en moins entre parenthèses ou précédé du signe (-).
(c) Y compris droits de douane.
(d) Stock initial moins stock final : montant de la variation en moins entre parenthèses ou précédé du signe (-).
(e) Y compris éventuellement dotations aux amortissements des charges à répartir.

(Produits et charges hors taxes)	Exercice N	Exercice N - 1
Produits financiers :		
De participation (3)...	3 470	6 200
D'autres valeurs mobilières et créances de l'actif immobilisé (3)...		
Autres intérêts et produits assimilés (3)...	33 150	35 070
Reprises sur dépréciations et provisions, transferts de charges...		
Différences positives de change...		
Produits nets sur cessions de valeurs mobilières de placement...	22 030	23 670
TOTAL V...	58 650	64 940
Charges financières :		
Dotations aux amortissements, dépréciations et Provisions...		
Intérêts et charges assimilées (4)...	107 170	95 820
Différences négatives de change...		
Charges nettes sur cessions de valeurs mobilières de Placement...	5 430	14 110
TOTAL VI...	112 600	109 930
2. RÉSULTAT FINANCIER (V-VI)... ± X	-53 950	-44 990
3. RÉSULTAT COURANT avant impôts (I - II + III - IV + V - VI)... ± X	163 100	174 510
Produits exceptionnels :		
Sur opérations de gestion...	91 140	76 330
Sur opérations en capital...	78 120	93 650
Reprises sur dépréciations et provisions, transferts de charges...		
TOTAL VII...	169 260	169 980
Charges exceptionnelles :		
Sur opérations de gestion...	80 970	65 880
Sur opérations en capital...	74 240	94 590
Dotations aux amortissements, dépréciations et provisions...		
TOTAL VIII...	155 210	160 470

4. RÉSULTAT EXCEPTIONNEL (VII-VIII) ....± X	14 050	9 510
Participation des salariés aux résultats (IX)..............		
Impôts sur les bénéfices (X)..	74 470	89 750
Total des produits (I + III + V + VII)...............................	21 688 140	19 234 010
Total des charges (II + IV + VI + VIII + IX + X)..............	21 585 460	19 139 740
Bénéfice ou perte..	102 680	94 270
(3) Dont produits concernant les entités liées		
(4) Dont intérêts concernant les entités liées		

NB : Outre le résultat exceptionnel avant impôts que les sociétés de capitaux doivent faire ressortir, les entités ont la faculté de faire apparaître distinctement le résultat d'exploitation et le résultat financier. Le bénéfice ou la perte résulte alors de la somme algébrique des résultats courant et exceptionnel (3 + 4)) et les charges **IX** et **X**.

Annexe : renseignements complémentaires

Éléments	N	N - 1
Transfert de charges d'exploitation	14 234	18 913
Dividendes distribués	20 536	18 854
Dettes financières	1 540 860	1 367 112
Chiffres du secteur :		
- excédent brut d'exploitation moyen	462 770	454 400
- capacité d'autofinancement moyen	350 820	281 780
- ratio de capacité de remboursement moyen	3,5	3,8

Travail demandé

1. Calculer la capacité d'autofinancement à partir de l'excédent brut d'exploitation et du résultat net, pour les exercices « N » et « N - 1 ».
2. Analyser son évolution et son contenu en fonction des projets des dirigeants.

1 - Le calcul de la capacité d'autofinancement

a) Méthode soustractive

La capacité d'autofinancement est calculée à partir de l'excédent brut d'exploitation auquel on ajoute les produits encaissables (sauf les produits des cessions d'éléments d'actif), puis duquel on retranche l'ensemble des charges décaissables.

La détermination de l'excédent brut d'exploitation peut s'effectuer à partir du résultat d'exploitation fourni dans le compte de résultat en liste.

Excédent brut = Résultat d'exploitation + Autres charges + Dotations aux amortissements, dépréciations et provisions – Autres produits – Reprises sur dépréciations et d'exploitation provisions, transferts de charges

EBE « N » = 216 230 + 35 870 + 309 420 + 91 260 - 25 090 - 118 620 = 509 070 $.

EBE « N - 1 » = 226 840 + 62 130 + 281 630 + 101 690 - 26 300 - 171 940 = 474 050 $.

Les composantes de la capacité d'autofinancement sont les suivantes :

	« N »	«N-1»
Excédent brut d'exploitation (ou insuffisance brute d'exploitation)	509 070	474 050
+ Transferts de charges (d'exploitation)	14 234	18 913
+ Autres produits (d'exploitation)	25 090	26 300
- Autres charges (d'exploitation)	35 870	62 130
± Quotes-parts de résultat sur opérations faites en commun(1)	820	-7 340
+ Produits financiers (a)	58 650	64 940
- Charges financières (b)	112 600	109 930
+ Produits exceptionnels (c)	91 140	76 330
- Charges exceptionnelles (d)	80 970	65 880
- Participation des salariés aux résultats		
- Impôts sur les bénéfices	74 470	89 750
CAPACITÉ D'AUTOFINANCEMENT	395 094	325 503

(a) Sauf reprises sur dépréciations et provisions.
(b) Sauf dotations aux amortissements, dépréciations et provisions financiers.
(c) Sauf :
- produits des cessions d'immobilisations ;
- quotes-parts des subventions d'investissement virées au résultat de l'exercice ;
- reprises sur dépréciations et provisions exceptionnelles.
(d) Sauf :
- valeur comptable des immobilisations cédées ;
- dotations aux amortissements, dépréciations et provisions exceptionnels.
(1) «N»:(1120-300);
«N-1»:(140-7480)

b) Méthode additive

La capacité d'autofinancement est calculée à partir du résultat net auquel on ajoute les charges non décaissables, puis duquel on retranche les produits non encaissables ainsi que les produits des cessions d'éléments d'actif.

Les composantes de la capacité d'autofinancement sont les suivantes :

	« N »	« N- 1 »
Résultat net de l'exercice	102 680	94 270
+ Dotations aux amortissements, dépréciations et provisions(**1**)	400 680	383 320
- Reprises sur amortissements, dépréciations et provisions(**2**)	104 386	153 027
+ Valeurs comptables des éléments d'actif cédés	74 240	94 590
- Produits des cessions d'éléments d'actif immobilisés	78 120	93 650
- Quote-part des subventions d'investissement virées au résultat de l'exercice		
= CAPACITÉ D'AUTOFINANCEMENT	395 094	325 503

(1) « N » : (309 420 + 91 260) ; « N - 1 » : (281 630 + 101 690)
(2) « N » : (118 620 - 14 234) ; « N - 1 » : (171 940 - 18 913)

2 - L'analyse de l'évolution de la capacité d'autofinancement

a) Taux de variation

Le taux de variation de la capacité d'autofinancement est égal à :

$$\frac{CAFn - CAFn - 1}{CAFn - 1}$$

Soit : $\frac{395\,094 - 325\,503}{325\,503} = 21\%$

Nous observons un accroissement sensible de la capacité d'autofinancement (+ 21 %) qui résulte d'une augmentation de l'excédent brut d'exploitation, des autres produits encaissables et par ailleurs d'une réduction des charges décaissables. De plus, l'excédent brut d'exploitation et la capacité d'autofinancement dégagés par l'entreprise sont supérieurs à la moyenne du secteur.

b) Calcul et évolution de la capacité d'autofinancement

Il est intéressant de vérifier si la progression de la capacité d'autofinancement se répercute sur l'autofinancement. Ce dernier s'obtient par différence entre la capacité d'autofinancement et les dividendes payés au cours de l'exercice :

- Pour « N »: 395 094 - 20 536 = 374 558 $;
- Pour « N - 1 » : 325 503 - 18 854 = 306 649 $.

Taux de variation :

$$\frac{\text{Autofinancement n} - \text{Autofinancement n} - 1}{\text{Autofinancement n} - 1}$$

Soit : $\frac{374\,558 - 306\,649}{306\,649} = 22\%$

L'analyse de l'autofinancement montre que le financement interne consacré au développement de l'outil de production a progressé dans les mêmes proportions que la capacité d'autofinancement. Ces indicateurs traduisent une bonne capacité de développement. Toutefois, il est important de mesurer la capacité de remboursement de l'entreprise pour apprécier son indépendance financière face à ses projets.

c) Capacité de remboursement

La capacité de remboursement se mesure à l'aide du ratio :

$$\frac{\text{Dettes financières}}{\text{Capacité d'autofinancement}}$$

- Pour « N »: $\frac{1\,540\,860}{395\,094} = 3{,}9$
- Pour « N - 1 » : $\frac{1\,367\,112}{325\,503} = 4{,}2$

En principe, l'endettement ne doit pas excéder quatre fois la capacité d'autofinancement. Or, nous remarquons pour l'année « N - 1 », un ratio très légèrement supérieur à ce plafond ; en revanche, il devient inférieur en « N ». On observe également, sur les deux années, une capacité de remboursement faiblement inférieure à la moyenne du secteur. En conséquence, l'entreprise doit veiller à améliorer ce ratio afin de faciliter la négociation d'un emprunt et financer son projet, sans risquer de détériorer sa trésorerie ou de nuire à son indépendance financière.

L'analyse de l'activité permet de juger de la rentabilité de l'entreprise or la maîtrise des coûts en est un aspect important. En effet, l'entreprise doit pouvoir déterminer :

- Le coût dégagé par chaque produit ou prestation vendu ;

- Le chiffre d'affaires nécessaire pour atteindre un bénéfice donné ;
- S'il faudrait conserver ou non un produit ou une prestation.

Le compte de résultat différentiel nous permettra d'appréhender cet aspect.

Chapitre 7 : LE COMPTE DE RÉSULTAT DIFFÉRENTIEL

7.1. DÉFINITION

Le compte de résultat différentiel est un tableau financier, un outil d'analyse connu également sous le nom de compte de résultat marginal qui permet de ventiler les charges de l'entreprise en deux catégories : les charges fixes et les charges variables.

Les charges fixes ou de structure : sont celles liées à la structure de l'entreprise. Elles sont indépendantes du niveau d'activité tant que la structure n'évolue pas et varient par paliers. Nous pouvons citer dans cet ordre d'idées, les loyers, les assurances, une partie du salaire, les amortissements, etc.

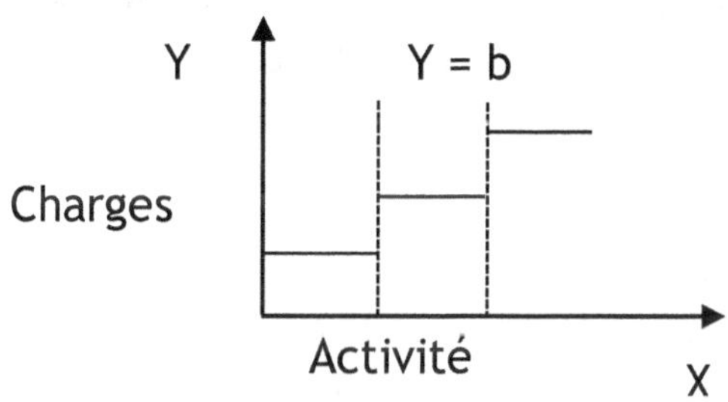

Les charges variables ou opérationnelles : sont des charges proportionnelles à l'activité ou à la production. Exemple : Achats consommés, Transport sur ventes...

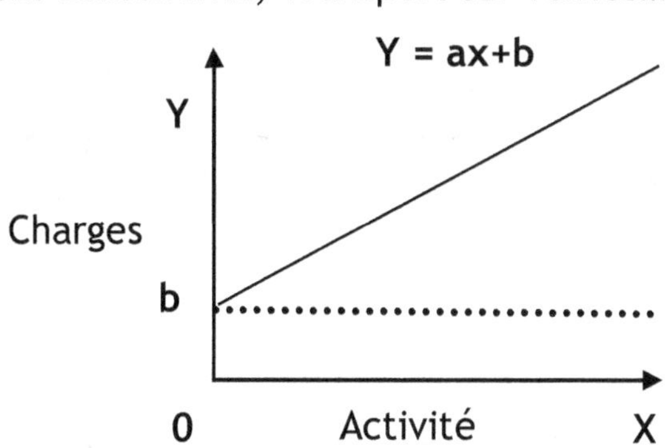

Il existe, néanmoins, des charges à caractère mixte. Ce sont **les charges semi-variables ou mixtes** ; elles comportent une partie fixe et une partie variable. Elles varient non proportionnellement à l'activité ou à la production et doivent être réparties en charges fixes et charges variables. Nous citerons à titre d'exemples, les salaires des commerciaux, les dépenses de communication etc.

Cette séparation permet de déterminer la marge sur coût variable (total ou unitaire) et plus particulièrement, les deux indicateurs essentiels de rentabilité : le seuil de rentabilité et le point mort.

Le compte de résultat différentiel décompose le résultat de l'entreprise en plusieurs composantes.

7.2. LA STRUCTURE DES COÛTS

L'analyse de la structure des coûts permet de (d') :

- Déterminer la part de coûts fixes et de coûts variables engagés par une entreprise pour exercer son activité ;
- Étudier l'effet de la structure de ses coûts sur la rentabilité ; et
- Mesurer ses possibilités d'actions pour réagir efficacement aux variations d'activité.

Ce reclassement des charges en charges opérationnelles et en charges de structure, permet de mettre en évidence des :

- Coûts variables par activité ou par produit ;
- Marges sur coûts variables par activité et par produit.

7.2.1. Le coût variable

Un coût variable est constitué uniquement par les charges qui varient avec le volume d'activités. Ces frais s'intitulent frais variables ou frais opérationnels ; ils sont répartis entre les produits ou entre les activités afin de calculer le coût variable de chaque produit ou de chaque activité.

7.2.2. Le coût fixe

Le coût fixe (ou charge fixe) est la différence entre le total des charges et les charges variables. Les charges fixes ne sont pas réparties par produit mais elles sont traitées globalement pour la détermination du résultat.

7.2.3. La marge sur coût variable

La marge sur coûts variables (MCV) est la différence entre le chiffre d'affaires (CA) et les coûts variables (CV).

Marge sur coût variable d'un produit = Prix de vente – Coût variable

Taux de marge sur coût variable

La marge sur coût variable s'exprime en pourcentage du chiffre d'affaires. On obtient alors le taux de marge sur coût variable.

Taux de marge sur coût variable = $\frac{\text{Marge sur coût variable}}{\text{Chiffre d'affaires}} \text{x } 100$

La somme des marges sur coût variable par produit de déduction faite des coûts fixes globaux, permet de déterminer le résultat de l'entreprise.

Résultat de l'entreprise = $\sum$ des marges sur coût variable – coûts fixes globaux

La marge sur coût variable est un indicateur qui mesure la performance d'un produit ou d'une activité. Elle permet de répondre aux questions suivantes :

- Quelle est la contribution du produit ou de l'activité à absorber les charges fixes ?
- Ce produit ou cette activité est-il rentable ?
- L'entreprise a-t-elle intérêt à développer sa production ou sa commercialisation ?
- L'entreprise a-t-elle avantage à supprimer sa production ou sa commercialisation ?

Rôle du compte de résultat différentiel

L'élaboration du compte de résultat différentiel permet d'identifier les opérations (produits ou activités) les plus rentables ; le niveau d'activité minimum pour payer les charges fixes et d'effectuer les prévisions financières sur base de ces données.

Structure du compte de résultat différentiel

L'élaboration du compte de résultat différentiel requiert deux éléments à savoir, une balance générale comptable et le compte résultat. La balance générale comptable permet de ventiler l'ensemble des postes des coûts entre les charges fixes et les charges variables et ainsi découler sur un tableau qui regroupe les rubriques suivantes :

- Le chiffre d'affaires de l'entreprise : qui représente l'ensemble des quantités vendues et non pas des quantités produites. Dans sa forme la plus basique, le chiffre d'affaires est calculé en multipliant la quantité des biens vendus ou le nombre des services rendus par le prix de vente unitaire.
- Les coûts variables qui représentent l'ensemble des charges liées au chiffre d'affaires. Coût variable des produits vendus = Coût variable de production - Production stockée (stock final - stock initial). En conséquence, la production stockée négative doit s'ajouter au coût variable de production pour déterminer le coût variable de production des produits vendus. La production stockée positive se soustrait.
- La marge sur coût variable (M/CV) constitue le reliquat qui résulte de la différence entre le chiffre d'affaires et les charges variables. C'est un indicateur de rentabilité qui permet de mesurer la capacité du chiffre d'affaires à dégager une marge après absorption des charges variables. La marge sur coût variable doit être calculée par produit afin d'identifier les produits ou les services les plus rentables. Elle est, ensuite, additionnée pour constituer la marge sur cout variable globale. La M/CV s'exprime en % du CA et permet d'obtenir le taux de marge sur coût variable.
- Les coûts fixes qui représentent les charges qui ne sont pas fonction de l'évolution du chiffre d'affaires.
- Le résultat net qui constitue le reliquat résultant du Chiffre d'affaires après absorption de l'ensemble des charges.

Le compte de résultat différentiel

N°	Éléments	Par produit	Par activité	Pour l'entreprise
1	**Prix de vente** pendant la période	x		
2	Charges variables de production	x		
3	Charges variables de distribution	x		
4	**Coût variable (2+3)**	x		
5	**Marge sur coût variable n°1 (1-4)**	x		
6	**Ensemble des MCV n° 1** de tous les produits		x	
7	Coûts fixes des centres opérationnels de l'activité		x	
8	Coûts des centres de structure de l'activité		x	
9	**Coût fixes (7+8)**		x	
10	**Marge n° 2 (6-9)**		x	
11	**Ensemble des marges n° 2** de toutes les activités			x
12	Coûts des centres de structure de l'entreprise			X
13	**Marge n° 3**(11-12) ou **Résultat d'exploitation**			X

Remarque

Le compte de résultat différentiel d'une entreprise commerciale diffère de celle d'une entreprise industrielle. Dans le compte de résultat d'une entreprise commerciale, le coût des ventes est généralement basé sur l'achat et la revente de biens. Il comprend le coût d'achat des marchandises vendues, les frais de transport, les droits de douane et autres coûts liés à l'acquisition des biens. En revanche, dans une entreprise industrielle, le coût des ventes englobe les coûts de production, tels que les matières premières, la main-d'œuvre directe et les frais généraux de fabrication, nécessaires pour fabriquer les produits finis vendus.

Le tableau est établi pour une entreprise commerciale à partir des quantités vendues et non pas des quantités achetées.

Coût d'achat variable des marchandises vendues =
Coût d'achat variable $\pm$ Variation des stocks (Stock initial – stock final)

N°	Eléments	Montant	%
1	Chiffre d'affaires	X	
2	Coût d'achat variable des marchandises vendues + Autres charges variables d'approvisionnement = Coût variable des marchandises vendues	- X	
3	Marge sur coût variable d'achat (1-4)	= X	
4	Charges variables de distribution	- X	
5	Marge sur coût variable d'achat (5-6)	= X	
6	Charges fixes	- X	
7	Résultat d'exploitation (7-8)	= X	

En conséquence, la variation des stocks négative des marchandises doit se soustraire au coût d'achat variable pour déterminer le coût d'achat variable des marchandises vendues. La variation des stocks positive des marchandises s'ajoute.

La somme des M/CV par produit de déduction faite des coûts fixes globaux, permet de déterminer le résultat de l'entreprise.

$$\text{Résultat de l'entreprise} = \sum \text{des marges sur coût variable} - \text{Coûts fixes globaux}$$

Exemple

Avec les renseignements suivants relatifs à l'entreprise Dynasty (Entreprise de production) :

- Ventilation des charges variables :

Éléments	Montants	Produits		
		A	B	C
Coûts d'achats des matières consommées	155 000	98 000	98 000	37 000
Production	750 000	480 000	120 000	150 000
Distribution	85 000	17 000	38 000	30 000
Totaux	990 000	595 000	178 000	217 000

- Charges fixes :

De production	**380 000**
De distribution	47 500
D'autres charges	255 000

- Ventes de produits :

A	1 385 000
B	375 000
C	495 000

- Stock initial de produits finis évalué au coût variable :

A	120 000
B	15 000
C	22 500

- Stock final de produits finis évalué au coût variable :

A	100 000
B	18 000
C	20 000

Établir le compte de résultat différentiel de cette entreprise

Éléments	Pour l'entreprise	Produits		
		A	B	C
1. Chiffre d'affaires	2 255 000	1 385 000	375 000	495 000
2. Coût d'achat des matières consommées	155 000	98 000	20 000	37 000
3. Charges variables de production	750 000	480 000	120 000	150 000
4. Coûts variables de production (2+3)	905 000	578 000	140 000	187 000
5. Production stockée	19 500	20 000	-3 000	2 500
6. Coûts variables de production des produits vendus (4±5)	924 500	598 000	137 000	189 500
7. Charges variables de distribution	85 000	17 000	38 000	30 000
8. Coûts variables (après distribution) (6+7)	1 009 500	615 000	175 000	219 500
9. Marges sur coûts variables (1-8)	1 245 500	770 000	200 000	275 500
10. Marges en pourcentage	55,23%	55,60%	53,33%	55,66%
11. Charges fixes	682 500			
12. Résultat (9-10)	563 000			

Le calcul des coûts permet d'améliorer la rentabilité car il rend possible de déterminer le chiffre d'affaires nécessaire pour atteindre un bénéfice donné ou de décider de l'opportunité de conserver ou non un produit ou une prestation. La maîtrise des coûts permet de fixer le prix de vente dans les limites acceptables pour la survie de l'entreprise. Nous allons approfondir cet aspect par la notion du « seuil de rentabilité ».

7.3. LE SEUIL DE RENTABILITÉ

Le seuil de rentabilité est le chiffre ou le niveau d'activité que l'entreprise doit atteindre pour couvrir l'intégralité de ses charges (variables et fixes). C'est donc le chiffre d'affaires pour lequel l'entreprise ne dégage ni bénéfice ni perte.

Le seuil de rentabilité peut aussi être défini comme le niveau de chiffre d'affaires pour lequel la marge sur coût variable finance exactement le montant des charges fixes. La comparaison du chiffre d'affaires réalisé avec le seuil de rentabilité permet de déterminer la nature du résultat.

Le seuil de rentabilité permet à l'entreprise de (d') :

- Calculer le montant du chiffre d'affaires à partir duquel l'activité est rentable. Le niveau d'activité au-dessous duquel il ne faut pas descendre ;
- Déterminer la date à laquelle l'activité devient rentable ;
- Apprécier le risque d'exploitation ;
- Estimer rapidement des résultats prévisionnels ;
- Décider de l'opportunité de conquérir un nouveau marché.

7.3.1. Le calcul du seuil de rentabilité

Le calcul du seuil de rentabilité s'effectue à partir des éléments du compte de résultat différentiel. Il est nécessaire d'exprimer la marge sur coût variable en pourcentage du chiffre d'affaires pour identifier le taux de marge sur coût variable.

Taux de marge sur coût variable = $\frac{\text{Marge sur coût variable}}{\text{Chiffre d'affaires}} \text{ x } 100$

- Le résultat est nul si la Marge sur coût variable = Coûts fixes ;
- Ou encore si (Seuil de rentabilité x Taux de marge sur coût variable) - Charges fixes = 0 ;
- On en déduit la relation :

Seuil de rentabilité = $\frac{\text{Coûts fixes}}{\text{Taux de marge sur coût variable}}$

CA = seuil de rentabilité = Résultat nul.

CA > seuil de rentabilité = Bénéfice.

CA < Seuil de rentabilité = Perte.

Le seuil de rentabilité peut être exprimé en quantité

$$\frac{\text{Coûts fixes}}{\text{Marge sur coût variable unitaire}}$$

Ou $$\frac{\text{Seuil de rentabilité en valeur}}{\text{Prix de vente hors taxe d'un produit}}$$

Le seuil de rentabilité calculé, l'entreprise est à même d'évaluer le moment précis où elle accédera à ce montant lui permettant de couvrir ses charges et ne pas perdre l'argent. C'est le point mort.

Le point mort

Le point mort représente la date à laquelle le seuil de rentabilité est atteint. Il permet de connaître le temps nécessaire pour atteindre le seuil. Plus ce temps est court, plus la période d'activité rentable est longue.

Point mort = $\frac{\text{Seuil de rentabilité}}{\text{Chiffre d'affaires}} \text{x 12 mois}$

Si l'activité est irrégulière, le point mort se détermine à partir de la série cumulée du chiffre d'affaires par interpolation linéaire:

- Calculer le chiffre d'affaires hors taxe cumulé par période;
- Repérer la période où le seuil de rentabilité est atteint;
- Effectuer le calcul suivant :

$$\frac{(\text{Seuil de rentabilité} - \text{Chiffre d'affaires HT cumulé à la fin de la période précédente})}{\text{Chiffre d'affaires HT de la période}}$$

La connaissance du seuil de rentabilité rend possible de dégager une marge de sécurité.

Calcul de la marge de sécurité

La marge de sécurité représente le montant de chiffre d'affaires dont l'entreprise peut supporter la baisse avant de devenir déficitaire. Lorsque le chiffre d'affaires est supérieur au seuil de rentabilité, l'entreprise peut calculer l'activité rentable encore appelée marge de sécurité.

Marge de Sécurité = Chiffre d'affaires – Seuil de rentabilité

L'indice de sécurité mesure la marge de sécurité en pourcentage du chiffre d'affaires. Il indique la baisse du chiffre d'affaires que l'entreprise peut supporter avant d'être en perte.

Indice de Sécurité = $\frac{\text{Marge de securité}}{\text{Chiffre d'affaires}}$x 100

Exemple

L'entreprise commerciale Ngongo & fils a établi le compte de résultat différentiel suivant :

Eléments	**Montant**	**%**
Chiffre d'affaires net	650 000	100
Coût d'achat des marchandises vendues	-400 000	61,54
Marge sur coût variable	= 250 000	38,46
Coûts fixes	-175 000	11,54
Résultat courant	= 75 000	

T.D : Calculer le seuil de rentabilité, le point mort dans le cas d'une activité régulière, la marge de sécurité et l'indice de sécurité.

Dans l'hypothèse d'une activité saisonnière, le chiffre d'affaires annuel se décompose comme suit :

1er trimestre :	**220 000**	**3e trimestre :**	**120 000**
2e trimestre :	**200 000**	**4e trimestre :**	**110 000**

▶ **Déterminer le point mort**

- Seuil de rentabilité :

Seuil de rentabilité = $\frac{175\,000}{0{,}3846}$= 455 018,20 = 455 000.

- Point mort :

Point mort = $\frac{455\,000}{650\,000}$x360 j = 252 jours ou 8 mois 12 jours

L'entreprise dispose de 3 mois et 28 jours pour dégager un bénéfice.

- Marge de sécurité :

Marge de sécurité = 650 000 - 455 000 = 195 000.

- Indice de sécurité :

Indice de sécurité = $\frac{195\,000}{650\,000}$x 100 = 30 %.

L'entreprise Ngongo & fils peut supporter une baisse de chiffre d'affaires de 30 % avant d'être en perte.

▶ **Point mort** dans l'hypothèse d'une activité saisonnière

En cas d'activité saisonnière, le point mort se calculera de la manière suivante :

Période	CA cumulé
1er trimestre	220 000
2e trimestre	420 000
3e trimestre	540 000
4e trimestre	650 000

Le seuil de rentabilité se situe dans cette tranche de chiffre d'affaires.

Le seuil de rentabilité est inchangé. Cependant, il ne sera pas atteint à la même date : $\frac{455\,000 - 420\,000}{540\,000 - 420\,000}$ = 26e jour du 3e trimestre.

L'évolution des conditions d'exploitation

L'évolution des conditions d'exploitation peut se traduire par :

- Une modification de structure ;
- Une modification de taux de charge sur coût variable ;
- Un choix de structure.

Chacune de ces modifications nécessite la détermination du nouveau seuil de rentabilité.

A. La modification de structure

Lors d'un changement de structure, il est nécessaire d'en mesurer l'impact sur le seuil de rentabilité et d'apprécier la rentabilité de l'opération. Par exemple, l'acquisition d'un nouvel investissement, l'embauche du personnel permanent, engendrent une hausse des coûts fixes donc une augmentation du seuil de rentabilité. La rentabilité sera atteinte plus tardivement.

Exemple

L'entreprise Rubesh envisage un nouvel investissement pour le 1er septembre. Les charges fixes d'un montant actuel de 150.000 augmenteront de 50.000. Le taux de marge sur coût variable restera de 30% et le chiffre d'affaires annuel prévisionnel est de 1 200 000.

Calculer le seuil de rentabilités initiales et le nouveau seuil de rentabilité.

Résolution

Seuil de rentabilité initial : $\frac{150\ 000}{0{,}30}$ = 500 000.

Nouveau Seuil de rentabilité : $\frac{150\ 000 + 50\ 000}{0{,}30}$ = 666 667.

B. La modification du taux de marge sur coût variable

L'évolution du prix d'achat des matières, du prix de vente, l'intégration d'une activité… modifient le taux de marge sur coût variable et par conséquent le seuil de rentabilité.

Exemple

L'entreprise Eureka fabrique un produit A. Sa marge sur coût variable unitaire est de 20 $, les charges fixes s'élèvent à 400.000 $. En fonction du marché, le prix de vente doit rester stable. Une augmentation subite du cours des matières réduit la marge sur coût variable d'un quart, au moment où l'entreprise a déjà produit 10 000 articles.

Calculer les seuils de rentabilité en nombre d'articles avant et après l'augmentation du cours des matières.

Résolution

Seuil de rentabilité en nombre d'articles avant augmentation du cours des matières :

20 x = 400 000

x = 20 000 articles.

Nouveau seuil de rentabilité en nombre d'articles :

- Nouvelle marge : 15 $;
- D'après la relation (MCV = Coûts fixes)

(10 000 x 20) + 15 (x - 10 000) = 400 000

15x + 50 000 = 400 000

15x = 350 000

x = 23 333;

- Le nouveau seuil de rentabilité en nombre d'articles est de 23 333.

C. Le choix de structure

Les charges de structure ne sont indépendantes de l'activité que pour une capacité de production déterminée. Elles augmentent par paliers. Si l'entreprise envisage de changer de structure, il est utile de déterminer le seuil de rentabilité qui lui permettra de couvrir le supplément de charges fixes.

Exemple

L'entreprise Hatari supporte annuellement des charges fixes de 800.000$ lui permettant de réaliser un chiffre d'affaires maximum de 1 800 000 $ avec un taux de marge de 50 %. Pour accroitre son chiffre d'affaires, l'entreprise doit supporter un supplément de 160 000 $ de charges fixes.

Travail demandé

Déterminer les seuils de rentabilité.

Quel est le chiffre d'affaires minimum que l'entreprise doit réaliser pour maintenir un résultat de 100 000 dollars.

Déterminer graphiquement les seuils de rentabilité successifs.

Résolution

Structure initiale : Seuil de rentabilité : $\frac{800\,000}{0{,}50}$=1 600 000.

Structure nouvelle : Seuil de rentabilité : $\frac{960\,000}{0{,}50}$=1 920 000.

On constate qu'une hausse des coûts fixes entraîne une augmentation du seuil de rentabilité.

Le Chiffre d'affaires à réaliser pour maintenir un résultat de 100 000 $: 100 000 = 0,50 x - 960 000.

Chiffre d'affaires = $\frac{1.060.000}{0,50}$ = 2 120 000 $.

Il se dégage de cet exemple que le chiffre d'affaires d'une entreprise connait des fluctuations. Il importe pour un bon gestionnaire de mesurer la sensibilité du résultat d'exploitation aux fluctuations du chiffre d'affaires.

7.4. LE LEVIER D'EXPLOITATION OU OPÉRATIONNEL

Le levier d'exploitation détermine l'élasticité du résultat d'exploitation, avant charges et produits financiers, par rapport au niveau d'activité (ou chiffre d'affaires). C'est une notion qui complète l'indice de sécurité et permet d'apprécier le risque d'exploitation. En effet, un levier opérationnel de 2 traduit qu'une baisse du chiffre d'affaires de 2 % entraînera une baisse du résultat d'exploitation de 2 %.

Le rapport entre les variations du résultat et les variations du chiffre d'affaires exprimé en % donne :

Le Coefficient de levier d'exploitation = $\frac{\frac{\Delta\, Resultat\ d'exploitation}{Resultat\ d'exploitation}}{\frac{\Delta\, Chiffre\ d'affaires}{Chiffre\ d'affaires}}$

Si une variation du chiffre d'affaires de 10% entraîne une variation du résultat de 20%, le levier d'exploitation sera de 2 %. Le levier opérationnel mesure le risque économique que court une entreprise en cas de baisse de son activité. Il correspond donc au risque attribué à la structure des coûts fixes dans les coûts totaux. Généralement, ce levier est proportionnel au poids des coûts fixes d'une entreprise.

Ainsi la variation du résultat opérationnel peut être obtenue par cette formule :

$$\Delta\ \text{Resultat d'exploitation} = \Delta\ \text{Chiffre d'affaires x Taux de marge sur coût variable}$$

Le calcul du coefficient de levier d'exploitation peut être obtenu à partir de la marge sur coût variable et du résultat d'exploitation.

Coefficient de levier d'exploitation = $\frac{\text{Marge sur coût variable}}{\text{Resultat d'exploitation}}$

Ce coefficient exprime :

- La performance économique dans le cas d'un accroissement du chiffre d'affaires ;
- Le risque économique dans le cas d'une diminution du chiffre d'affaires.

Exemple

L'entreprise Babolin réalise un chiffre d'affaires de 500.000 $, le résultat se monte à 50 000 $.

Travail demandé

1. Quelle est la variation du résultat pour une variation de chiffre de 10 000 $ et le taux de marge sur coût variable est de 40 % et le montant des coûts fixes de 150 000 $?
2. Calculer le coefficient de levier d'exploitation.

Résolution

Résultat prévisionnel : (510 000 x 0,40) - 150 000 = 54 000$.
Variation du résultat : 54 000 - 50 000 = 4 000 $.
Ou encore : 10 000 x 0,40 = 4 000 $.
Coefficient de levier d'exploitation :

$$\frac{\frac{4\,000}{50\,000}}{\frac{10\,000}{50\,000}} = 0{,}08 \times \frac{500\,000}{10\,000} = 0{,}08\, x\, 50 = 4.$$

Si le chiffre d'affaires croît de 1 %, cela entraîne une augmentation du résultat d'exploitation de 4 %.

Exercice 1. **VARIATIONS DES STOCKS RELATIVES AUX ACHATS**

L'extrait de la balance, par soldes, après inventaire de l'entreprise Vodacom, fabrique de literie, se présente comme suit :

Comptes	Soldes débiteurs	Soldes créditeurs
Stocks de matières premières	39 858	
Stocks d'emballages	6 395	
Stocks de marchandises	15 945	
Achats stockés de matières premières	868 500	
Achats stockés - Autres approvisionnements	30 800	
Achats de marchandises	72 470	
Variation des stocks de matières premières	17 332	
Variation des stocks des autres approvisionnements		1 043
Variation des stocks de marchandises		10 415

Travail demandé

1. Calculer le coût d'achat des marchandises vendues et le coût d'achat des matières et autres approvisionnements consommés.
2. Évaluer les stocks initiaux.
3. Présenter l'extrait du compte de résultat correspondant en système de base.

Résolution

1- Le calcul du coût d'achat des marchandises vendues et du coût d'achat des matières et autres approvisionnements consommés

a) Coût d'achat des marchandises vendues

Le calcul du coût d'achat des marchandises vendues est égal à :

Achats nets de marchandises ± Variation des stocks de marchandises

Soit :

72 470 - 10 415 = 62 055 $.

La variation est négative puisque le solde est créditeur : l'entreprise a donc sur-stocké, ce qui entraîne un coût d'achat des marchandises vendues inférieur aux achats de marchandises de l'exercice.

b) Coût d'achat des matières et autres approvisionnements consommés

Le calcul s'effectue de la manière suivante :

Achats nets de matières premières et autres approvisionnements	±	Variation des stocks d'approvisionnements

La variation des stocks d'approvisionnements est égale à :

Variation des stocks de matières premières	+	Variation des stocks d'emballages

(17 332)	+	(- 1 043)	= 162 89$.
Solde débiteur, donc variation positive		Solde créditeur, donc variation négative	

La somme des deux variations dégage une variation des stocks d'approvisionnements positive qui traduit une consommation de stocks.

Cette variation s'ajoute aux achats pour calculer le coût d'achat des matières et autres approvisionnements consommés, soit :

(868 500 + 30 800) + 16 289 = 915 589 $.

La consommation des matières et d'approvisionnements durant l'exercice a été supérieure aux achats.

2- L'évaluation des stocks initiaux

Les variations des stocks relatives aux achats se calculent par différence entre :

Stock initial – Stock final

D'où :

Stock initial = Variation des stocks + Stock final

Stock initial de marchandises : -10 415 + 15 945 = 5 530 $.

Stock initial de matières premières : 17 332 + 39 858 = 57 190$.

Stock initial d'emballages : -1 043 + 6 395 = 5 352 $.

3- La présentation du compte de résultat

Seule la partie des charges est concernée. Les achats et les variations des stocks correspondants sont des charges d'exploitation.

Charges (hors taxes)	Exercice N
Charges d'exploitation	
Achats de marchandises	72 470
Variation des stocks	- 10 415
Achats de matières premières et d'autres approvisionnements	899 300
Variation des stocks	16 289

Exercice 2. **VARIATIONS DES STOCKS - ENTREPRISE DE PRODUCTION**

Vous êtes stagiaire au sein du service gestion financière de l'entreprise Ngongo. Votre maître de stage vous pose diverses questions relatives à l'incidence des stocks sur le résultat afin de tester vos connaissances.

Lorsque le stock final de produits finis est supérieur au stock initial :

- o Quel est le signe de la production stockée ?
- o Quelle est l'incidence sur la production de l'exercice et sur le résultat de l'exercice ?

Lorsque la production stockée est négative :

- o S'agit-il d'un sur-stockage ou d'un déstockage de produits ?
- o Les produits augmentent-ils ?

Quelle est l'incidence d'une variation des stocks des matières premières positives sur les charges et le résultat de l'exercice ?

Résolution

1 - Les conséquences d'un stock final des produits finis supérieur au stock initial

La production stockée se calcule par différence entre :

Stock final – Stock initial

Lorsque le stock final est supérieur au stock initial, la production stockée est positive. Elle traduit un sur-stockage.

La production de l'exercice est égale à :

Production vendue	±	Production stockée

Une production stockée positive indique une production de l'exercice supérieure à la production vendue. Elle a pour effet, une augmentation des produits ; elle a un impact positif sur le résultat.

2 - Les conséquences d'une production stockée négative

Une production stockée est négative lorsque le stock final est inférieur au stock initial. L'entreprise ayant procédé à un déstockage pour faire face aux ventes, la production de l'exercice est inférieure à la production vendue, ce qui a pour effet de diminuer les produits de l'exercice. L'impact sur le résultat est négatif.

3 - Les conséquences d'une variation des stocks des matières premières positives

La variation des stocks de matières premières est égale à la différence entre :

Stock initial	-	Stock final

Une variation des stocks positive traduit un déstockage. La variation des stocks est ajoutée aux achats. Ce qui a, pour effet, d'augmenter les charges de l'exercice. Il en résulte une influence négative sur le résultat.

Exercice 3. **COMPTE DE RÉSULTAT EN SYSTÈME DÉVELOPPÉ**

La société NAHAMBA, miroiterie-vitrerie, communique la liste alphabétique des comptes de gestion, par soldes après inventaire, pour l'exercice « N » :

Comptes	**Soldes débiteurs**
Achats de marchandises	56 200
Achats non stockés de matières et fournitures	21 670
Achats stockés - Matières premières (et fournitures)	222 390
Charges d'intérêts	18 800
Charges exceptionnelles sur opérations de gestion	7 875
Charges de sécurité sociale et de prévoyance	82 510
Déplacements, missions et réceptions	10 922
Dotations aux amortissements sur immobilisations incorporelles	70 476

Dotations aux dépréciations des actifs circulants	30 204
Dotations aux dépréciations des éléments financiers	4 621
Dotations aux provisions réglementées	15 100
Entretien et réparations	2 184
Escomptes accordés	3 750
Escomptes obtenus	4 100
Frais postaux et de télécommunications	14 562
Gains de change	1 850
Impôts, taxes et versements assimilés sur rémunérations	28 900
Impôts, taxes et versements sur rémunérations (autres organismes)	1 576
Impôts sur les bénéfices	107 208
Pertes de change	1 386
Pertes sur créances irrécouvrables	1 584
Primes d'assurance	8 738
Production immobilisée	11 520
Produits des activités annexes	18 806
Produits des autres immobilisations financières	12 956
Produits des cessions d'éléments d'actif	14 800
Produits exceptionnels sur opérations de gestion	4 894
Rémunérations d'intermédiaires et honoraires	18 460
Rabais, remises et ristournes accordés par l'entreprise	1 176
Rabais, remises et ristournes obtenus sur achats de marchandises	972
Rémunérations du personnel	192 420
Reprises sur dépréciations des actifs circulants	37 440
Revenus des valeurs mobilières de placement	7 580
Services bancaires et assimilés	2 910
Sous-traitance générale	16 485
Transports de biens et transports collectifs du personnel	8 737
Valeurs comptables des éléments d'actif cédés	19 840
Variation des stocks de marchandises (solde créditeur)	3 192
Variation des stocks de matières premières	5 980
Variation des stocks de produits	3 480
Ventes de marchandises	103 620
Ventes de produits finis	967 760

Présenter le compte de résultat selon le système développé.

Résolution

1 - Les calculs préliminaires

a) Charges

- Achats nets de marchandises :

Achats de marchandises – Rabais obtenu sur achats de marchandises

56 200 - 972 = 55 228 $.

- Autres services extérieurs :

Déplacements, missions et réceptions 10 922
\+ Entretien et réparations 2 184
\+ Frais postaux et de télécommunications 14 562
\+ Primes d'assurances 8 738
\+ Rémunérations d'intermédiaires et honoraires 18 460
\+ Services bancaires et assimilés 2 910
\+ Transports de biens et transports collectifs du personnel 8 737.

Total 66 513 $

- Impôts, taxes et versements assimilés sur rémunérations :

Impôts, taxes et versements assimilés + Impôts, taxes et versements sur rémunérations (administration sur rémunérations (autres des impôts) organismes)

28 900 + 1 576 = 30 476 $.

- Intérêts et charges assimilées :

Charges d'intérêts + Escomptes accordés

18 800 + 3 750 = 22 550 $.

b) Produits

- Ventes nettes de marchandises :

Ventes de marchandises – RRR accordés par l'entreprise

103 620 - 1 176 = 102 444 $.

- Autres intérêts et produits assimilés :

Revenus des VMP + Escomptes obtenus

7 580 + 4 100 = 11 680 $.

2 - Compte de résultat en système développé

CHARGES (hors taxes)	Exercice N		Exercice N - 1
		Totaux partiels	Totaux partiels
Charges d'exploitation (1) :			
Coût d'achat des marchandises vendues dans l'exercice		52 036	
Achats de marchandises (a)	55 228		
Variation des stocks de marchandises (b)	-3 192		
Consommations de l'exercice en provenance des tiers		333 038	
Achats stockés d'approvisionnements (a)			
Matières premières	222 390		
Autres approvisionnements			
Variation des stocks d'approvisionnements(b)	5 980		
Achats de sous-traitance	16 485		
Achats non stockés de matières et fournitures	21 670		
Services extérieurs :			
Personnel extérieur			
Loyers en crédit-bail (c)			
Autres	66 513		
Impôts, taxes et versements assimilés		30 476	
Sur rémunérations	30 476		
Autres			
Charges de personnel		274 930	
Salaires et traitements	192 420		
Charges sociales	82 510		
Dotations aux amortissements et dépréciations		100 680	
Sur immobilisations : dotations aux amortissements (d)	70 476		
Sur immobilisations : dotations aux dépréciations			
Sur actif circulant : dotations aux Dépréciations	30 204		
Dotations aux provisions			
Autres charges		1 584	
TOTAL		792 744	

(1) Dont charges afférentes à des exercices antérieurs. Les conséquences des corrections d'erreurs significatives, calculées après impôt, sont présentées sur une ligne séparée sauf s'il s'agit de corriger une écriture ayant été directement imputée sur les capitaux propres.

(a) Y compris frais accessoires.

(b) Stock initial moins stock final : montant de la variation en moins entre parenthèses ou précédé du signe (-).

(c) À ventiler en « mobilier » et « immobilier ».

(d) Y compris éventuellement dotations aux amortissements des charges à répartir.

CHARGES (hors taxes)	Exercice N		Exercice N - 1
		Totaux partiels	Totaux partiels
Report		792 744	
Quotes-parts de résultat sur opérations faites en commun			
Charges financières		28 557	
Dotations aux amortissements, dépréciations et provisions	4 621		
Intérêts et charges assimilées (2)	22 550		
Différences négatives de change	1 386		
Charges nettes sur cessions de valeurs mobilières de placement			
Charges exceptionnelles		42 815	
Sur opérations de gestion	7 875		
Sur opérations en capital :			
Valeurs comptables des éléments immobilisés et financiers cédés (e)	19 840		
Autres			
Dotations aux amortissements, dépréciations et provisions :			
Dotations aux provisions réglementées	15 100		
Dotations aux amortissements			
Dotations aux dépréciations			
Dotations aux autres provisions			
Participation des salariés aux résultats	107 208	107 208	
Impôts sur les bénéfices			
Solde créditeur = bénéfice		216 306	
TOTAL GÉNÉRAL		**1 187 630**	

(2) Dont intérêts concernant les entités liées.

(e) À l'exception des valeurs mobilières de placement.

PRODUITS (hors taxes)	Exercice N		Exercice N - 1
		Totaux partiels	Totaux partiels
Produits d'exploitation (1) :			
Ventes de marchandises	102 444	102 444	
Production vendue		986 566	
Ventes	967 760		
Travaux			
Prestations de services	18 806		
Montant net du chiffre d'affaires		1 089 010	
dont à l'exportation			
Production stockée (a)		3 480	
En-cours de production de biens (a)			
En-cours de production de services (a)			
Produits (a)	3 480		
Production immobilisée		11 520	
Subventions d'exploitation			

Reprises sur dépréciations, provisions (et amortissements)...		37 440	
Transferts de charges..			
Autres produits...			
TOTAL..		1 141 450	

(1) Dont charges afférentes à des exercices antérieurs. Les conséquences des corrections d'erreurs significatives, calculées après impôt, sont présentées sur une ligne séparée sauf s'il s'agit de corriger une écriture ayant été directement imputée sur les capitaux propres.

(a) Stock final moins stock initial : montant de la variation en moins entre parenthèses ou précédé du signe (-) dans le cas de déstockage de production.

PRODUITS (hors taxes)	**Exercice N**		**Exercice N - 1**
		Totaux partiels	**Totaux partiels**
Report...		1 141 450	
Quotes-parts de résultat sur opérations faites en commun..			
Produits financiers..		26 486	
De participation (2)..			
D'autres valeurs mobilières et créances de l'actif immobilisé (2)...	12 956		
Autres intérêts et produits assimilés (2)...........	11 680		
Reprises sur dépréciations et provisions, transferts de charges financières......................			
Différences positives de change.........................	1 850		
Produits nets sur cessions de valeurs mobilières de lacement..			
Produits exceptionnels..		19 694	
Sur opérations de gestion.....................................	4 894		
Sur opérations en capital :			
- produits des cessions d'éléments d'actif(c)	14 800		
- subventions d'investissement virées au résultat de l'exercice....................................			
- autres..			
Reprises sur dépréciations et provisions, transferts de charges exceptionnelles..............			
Solde débiteur = perte..................................			
TOTAL GÉNÉRAL..		1 187 630	

(2) Dont produits concernant les entités liées.

(c) À l'exception des valeurs mobilières de placement.

Exercice 4. **ÉTUDE D'UN COMPTE DE RÉSULTAT**

Le gérant de la société SHAY qui distribue du fioul domestique et assure l'installation et le nettoyage des cuves, souhaite poser quelques questions sur le contenu du compte de résultat de l'exercice « N ».

Annexe : compte de résultat

Compte de résultat (en tableau) (système de base)

CHARGES (hors taxes)	Exercice N	Exercice N - 1
Charges d'exploitation (1) :		
Achats de marchandises (a)..	11 236 800	13 905 000
Variation des stocks (b)...	37 860	-7 450
Achats de matières premières et autres approvisionnements (a)..		
Variation des stocks (b)...		
Autres achats et charges externes *...........................	1 733 850	2 009 115
Impôts, taxes et versements assimilés.......................	109 172	134 105
Salaires et traitements..	825 057	907 560
Charges sociales..	358 840	380 600
Dotations aux amortissements et dépréciations :		
Sur immobilisations : dotations aux amortissements (c)...	51 740	74 980
Sur immobilisations : dotations aux dépréciations		
Sur actif circulant : dotations aux dépréciations..	114 206	22 109
Dotations aux provisions..		
Autres charges..	102 149	
TOTAL I..	14 569 674	17 426 019
Quotes-parts de résultat sur opérations faites en commun (II)..		
Charges financières :		
Dotations aux amortissements, dépréciations et provisions..		
Intérêts et charges assimilées (2)...............................	21 167	19 060
Différences négatives de change................................		
Charges nettes sur cessions de valeurs mobilières de placement..		
TOTAL III...	21 167	19 060
Charges exceptionnelles :		
Sur opérations de gestion..	34 450	21 595
Sur opérations en capital..		
Dotations aux amortissements, dépréciations et provisions..	50 820	23 278
TOTAL IV...	85 270	44 873
Participation des salariés aux résultats(V).................		
Impôts sur les bénéfices (VI)...	104 979	203 995
Total des charges (I + II + III + IV + V + VI)............	14 781 090	17 693 947
Solde créditeur = bénéfice (3).................................	229 578	361 916
TOTAL GÉNÉRAL..	15 010 668	18 055 863

* Y compris : - redevances de crédit-bail mobilier.. - redevances de crédit-bail immobilier..		

(1) Dont charges afférentes à des exercices antérieurs. Les conséquences des corrections d'erreurs significatives, calculées après impôt, sont présentées sur une ligne séparée sauf s'il s'agit de corriger une écriture ayant été directement imputée sur les capitaux propres (2) Dont intérêts concernant les entités liées (3) Compte tenu d'un résultat exceptionnel avant impôts de

(a) Y compris droits de douane.

(b) Stock initial moins stock final : montant de la variation en moins entre parenthèses ou précédé du signe (-).

(c) Y compris éventuellement dotations aux amortissements des charges à répartir.

PRODUITS (hors taxes)	**Exercice N**	**Exercice N - 1**
Produits d'exploitation (1) :		
Ventes de marchandises..	13 038 436	15 978 915
Production vendue [biens et services] **(a)**..................	1 464 720	1 574 606
Sous-total A - Montant net du chiffre d'affaires.	14 503 156	17 553 521
dont à l'exportation..		
Production stockée **(b)**..		
Production immobilisée..		
Subventions d'exploitation...		
Reprises sur dépréciations, provisions (et amortissements), transferts de charges.........................	129 912	75 837
Autres produits..	4 530	4 443
Sous total B..	134 442	80 280
TOTAL I...	14 637 598	17 633 801
Quotes-parts de résultat sur opérations faites en commun (II)..		
Produits financiers :		
De participation (2)..		
D'autres valeurs mobilières et créances de l'actif immobilisé (2)..		
Autres intérêts et produits assimilés (2)......................	311 381	360 963
Reprises sur dépréciations et provisions, transferts de charges..		
Différences positives de change....................................		
Produits nets sur cessions de valeurs mobilières de Placement...		
TOTAL III...	311 381	360 963
Produits exceptionnels :		
Sur opérations de gestion..	28 812	13 678
Sur opérations en capital...	7 622	18 295
Reprises sur dépréciations et provisions, transferts de charges...	25 255	29 126
TOTAL IV..	61 689	61 099
Total des produits (I + II + III + IV)..............................	15 010 668	18 055 863
Solde débiteur = perte (3)..		

TOTAL GÉNÉRAL..	15 010 668	18 055 863

(1) Dont produits afférents à des exercices antérieurs. Les conséquences des corrections d'erreurs significatives, calculées après impôt, sont présentées sur une ligne séparée sauf s'il s'agit de corriger une écriture ayant été directement imputée sur les capitaux propres
(2) Dont produits concernant les entités liées
(3) Compte tenu d'un résultat exceptionnel avant impôts de

(a) À inscrire, le cas échéant, sur des lignes distinctes.
(b) Stock final moins stock initial : montant de la variation en moins entre parenthèses ou précédé du signe (-).

Travail demandé

a. Quel est le taux de croissance du chiffre d'affaires ?
b. Quel est le coût d'achat des marchandises vendues en « N » et « N - 1 » ?
c. Comment interpréter la variation des stocks ?
d. Que représente l'évolution du poste « Dotations aux dépréciations sur actif circulant » ?
e. Quel est le taux de variation du résultat d'exploitation ? Comment l'interpréter ?

Résolution

A - Le taux de croissance du chiffre d'affaires

Le taux de croissance du chiffre d'affaires (CA) est égal à :

$$\frac{CA\ n - CA\ n-1}{CA\ n-1}$$

Soit : $\frac{14\ 503\ 156 - 17\ 553\ 521}{17\ 553\ 521} = -17\%.$

Le chiffre d'affaires a baissé de 17 %. Ce qui traduit une situation défavorable.

B - Le coût d'achat des marchandises vendues

Le coût d'achat des marchandises vendues se calcule de la manière suivante :

Achats de marchandises	±	Variation des stocks de marchandises

- En « N » : 11 236 800 + 37 860 = 11 274 660 $.
- En « N - 1 » : 13 905 000 - 7 450 = 13 897 550 $.

On constate une diminution du coût d'achat des marchandises vendues due à une baisse des achats.

C - L'interprétation de la variation des stocks

En « N », la variation des stocks est positive, l'entreprise a donc consommé du stock des marchandises.

En « N - 1 », la variation des stocks est négative, l'entreprise a donc sur-stocké.

D - L'évolution du poste « Dotations aux dépréciations sur actif circulant »

Le poste « Dotations aux dépréciations sur actif circulant » représente essentiellement les risques de perte sur les comptes clients constatés lors de chaque inventaire.

On remarque une augmentation sensible de ce poste qui provient certainement d'un accroissement des créances douteuses dû à une défaillance accrue des clients.

E - Le taux de variation du résultat d'exploitation

Le résultat d'exploitation s'obtient par différence entre le total des produits d'exploitation et le total des charges d'exploitation, soit :

- En « N » : 14 637 598 - 14 569 674 = 67 924 $.
- En « N - 1 » : 17 633 801 - 17 426 019 = 207 782 $.

La baisse du chiffre d'affaires et l'augmentation des « Dotations aux dépréciations sur actif circulant » entraîne une forte détérioration du résultat d'exploitation.

Le taux de variation du résultat d'exploitation est égal à :

$$\frac{RE\,n - RE\,n-1}{RE\,n-1}$$

Soit : $\frac{67\,924 - 207\,782}{207\,782} = -67\%.$

La conjugaison de ces facteurs confirme la phase de récession dans laquelle se trouve l'entreprise.

Exercice 5. **ÉTABLISSEMENT DU COMPTE DE RÉSULTAT DIFFÉRENTIEL ET CALCUL DU SEUIL DE RENTABILITÉ**

La société MUKALA & KANKU fabrique et commercialise des machines à crêpes pour les professionnels.

Au début de l'exercice « N », la société a mis sur le marché un modèle destiné aux particuliers muni d'une plaque maxi-crêpes 34 cm et d'une plaque quatre crêpes (11 cm chacune) avec revêtement antiadhésif (référence du produit : 174H).

Annexe 1 : données de l'exercice « N ».

Quantité de modèles vendus	16 000 u
Prix de vente unitaire hors taxes	79,00 USD
Charges variables proportionnelles au chiffre d'affaires :	
- matières et fournitures consommées	467 800,00 USD
- main-d'œuvre	202 000,00 USD
- coût de distribution	8 % du prix de vente
Charges fixes	341 400,00 USD

Annexe 2 : prévisions pour l'exercice « N + 1 ».

Augmentation des quantités vendues : 10 %. Baisse du prix de vente : 5 %. Diminution de 3 % des prix unitaires des matières et fournitures consommées. Les autres coûts unitaires restent identiques. Les charges fixes sont évaluées à 307.000 $.

Travail demandé

1. Présenter pour l'exercice « N » le compte de résultat différentiel de ce produit.
2. Calculer le seuil de rentabilité en valeur et en quantité.
3. Indiquer le point mort, sachant que l'activité est régulière sur douze mois.
4. Effectuer une étude identique pour les prévisions de l'exercice « N + 1 ».
5. Commenter brièvement les indicateurs obtenus.
6. Calculer le nombre de modèles que l'entreprise devrait vendre pour réaliser un résultat global de 220 000 USD, dans les conditions d'exploitation identiques aux prévisions de l'exercice « N + 1 ».

1 - Le compte de résultat différentiel du produit 174H pour l'exercice « N »

Le compte de résultat différentiel du produit 174H se présente ainsi :

Éléments	Quantité	Valeur unitaire	Montant total	%
Chiffre d'affaires	16 000	79,00	1 264 000	100
- Charges variables				
• Matières et fournitures consommées	16 000	29,24	- 467 800	
• Main-d'œuvre	16 000	12,63	- 202 000	
• Coût de distribution	16 000	79 x 8 % = 6,32	- 101 120	
= **Marge sur coût variable**	16 000		= **493 080**	39
- Charges fixes			- 341 400	
= **Résultat**			= **151 680**	12

2 - Le calcul du seuil de rentabilité en valeur et en quantité

Le montant du seuil de rentabilité se calcule à l'aide de la formule suivante :

$$\frac{\text{Coûts fixes}}{\text{Taux de marge sur coût variable}}$$

Soit : $\frac{341\,400}{0,39} \approx 875\,385$ $.

Pour couvrir l'intégralité de ses charges, la société MUKALA & KANKU doit réaliser un chiffre d'affaires hors taxes de 875 385$.

Le seuil de rentabilité en quantité permet de déterminer le nombre de produits qu'il faut vendre pour couvrir les charges.

Le calcul est le suivant :

$$\frac{\text{Coûts fixes}}{\text{Marge sur coût variable unitaire}}$$

Ou

$$\frac{\text{Seuil de rentabilité}}{\text{Prix de vente hors taxes unitaire}}$$

Soit : $\frac{341\,400}{30,82} \approx 11\,081$ modèles.

Ou : $\frac{875\,385}{79} \approx$ 11 081 modèles.

3 - Le calcul du point mort

Pour une activité régulière, le point mort s'obtient à l'aide de la formule suivante :

$$\frac{\text{Seuil de rentabilité}}{\text{Chiffre d'affaires}} \times 360 \text{ j}$$

Soit : $\frac{875\,385}{1\,264\,000} \times 360 \text{ j} \approx 249 \text{ j}.$

Le seuil de rentabilité est atteint au bout de 249 jours d'activité. La date correspondante est le 9 septembre.

4 - et - 5 Les prévisions de l'exercice « N + 1 » et commentaires des indicateurs

a) Compte de résultat différentiel

Éléments	Quantité(1)	Valeur unitaire	Montant total	%
Chiffre d'affaires	17 600	79 - 5% = 75,05	1 320 880	100
- Charges variables :				
• Matières et fournitures consommées	17 600	(467 800 / 16 000) - 3 % = 28,36	- 499 136	
• Main-d'œuvre	17 600	202 000 / 16 000 = 12,63	- 222 288	
• Coût de distribution	17 600	75,05 x 8 % = 6,00	- 105 600	
= Marge sur coût variable	17 600		= 493 856	37,38
- Charges fixes			- 307 000	
= Résultat			= 186 856	14,14

(1) 16 000 + 10 % = 17 600.

On observe une baisse de la marge sur coût variable unitaire de 2,76 $. Cela s'explique par la baisse du prix de vente unitaire (- 5%), plus forte que celle du coût variable unitaire (- 2,6 %). Par contre, le résultat prévisionnel est meilleur du fait de la réduction des charges fixes.

b) Seuil de rentabilité en valeur et en quantité

Le seuil de rentabilité en valeur est égal à :

$\frac{307\ 000}{0,3738} \approx 821\ 295$ \$.

Le seuil de rentabilité en quantité est égal à :

$\frac{307\ 000}{28,06} \approx 10\ 941$ modèles. Ou $\frac{821\ 295}{75,05} \approx 10\ 941$ modèles.

c) Point mort

$\frac{821\ 295}{1\ 320\ 880} \times 360$ j ≈ 224 j.

Le nouveau seuil de rentabilité est atteint au bout de 224 jours d'activité. La date correspondante est le 15 août.

Les prévisions pour l'exercice « N + 1 » permettent de réduire le seuil de rentabilité en valeur et en quantité et d'augmenter la période d'activité bénéficiaire de trois semaines.

6 - Calcul du nombre de modèles

L'entreprise se fixe comme objectif un résultat de 220 000 \$.
Or de par la formule :
MCV-CF = R.
MCV=R+CF.
MCV= 220 000 + 307 000.
MCV = 527 000 \$.
En décomposant la MCV, il se déduit:
CA-CV= 527 000.
CA = 527 000 + 827 024.
CA = 1 354 024 \$.
Le nombre de modèles à produire = 1 354 024/28,36
= 47 744 modèles.

Exercice 6. **ANALYSE DU SEUIL DE RENTABILITÉ ET CALCUL DU LEVIER D'EXPLOITATION**

La société TATA JOJO commercialise des tenues destinées aux professions médicales. Elle fournit en annexe, certaines données de l'exercice « N » en vue d'une analyse de son exploitation.

Annexe 1 : données comptables.

Ventes de marchandises :	2 112 760	$
Achats de marchandises :	940 800	$
Stock initial de marchandises :	109 000	$
Stock final de marchandises :	132 720	$

Annexe 2 : reclassement des charges d'exploitation et financières autres que les achats de marchandises.

Charges variables d'approvisionnement :	181 555	$
Charges variables de distribution :	313 760	$
Charges fixes :	408 600	$

Annexe 3 : renseignements complémentaires.

L'activité est régulière sur toute l'année.
L'entreprise est fermée au mois d'août.
Les charges variables sont proportionnelles au chiffre d'affaires.
Les charges fixes comprennent 81 720 $ de charges financières.

Travail demandé

1. Présenter le compte de résultat différentiel en faisant apparaître la marge sur coût variable d'achat.
2. Déterminer le seuil de rentabilité par le calcul, par le graphique d'après la relation : Marge sur coût variable = Charges fixes et la date à laquelle il est atteint.
3. Calculer la marge de sécurité et l'indice de sécurité.
4. Calculer le levier d'exploitation de l'entreprise en fonction de l'hypothèse suivante : augmentation de 15 % du chiffre d'affaires hors taxes avec un taux de marge sur coût variable et des charges fixes constants.

Résolution

1 - Le compte de résultat différentiel pour l'exercice «N»

Le compte de résultat différentiel d'une entreprise commerciale se présente comme suit :

N°	Éléments	Montant	%
1	Chiffre d'affaires	2 112 760	100
2	Coût d'achat variable des marchandises vendues (940 800 + 109 000 - 132 720)	917 080	
3	Autres charges variables d'approvisionnements	181 555	
4	Coût variable des marchandises vendues	- 1 098 635	52
5	Marge sur coût variable d'achat (1 - 4)	= 1 014 125	48
6	Charges variables de distribution	- 313 760	
7	Marge sur coût variable (5 - 6)	= 700 365	33
8	Charges fixes	- 408 600	
9	Résultat courant (7 - 8)	= 291 765	

2 - Le seuil de rentabilité

a) Calcul

Le seuil de rentabilité s'obtient à l'aide de la formule suivante :

$$\frac{\text{Charges fixes}}{\text{Taux de marge sur coût variable}}$$

Soit : $\frac{408\ 600}{0{,}33} \approx 1\ 238\ 182$ \$.

L'activité de la société TATA JOJO ne dégage des bénéfices qu'au-delà d'un chiffre d'affaires de 1 238 182 $.

b) Graphique

D'après la relation : Marge sur coût variable = Charges fixes, le seuil de rentabilité correspond au point d'intersection de la droite des coûts fixes (y2) et de celle de la marge sur coût variable (y1 = ax).

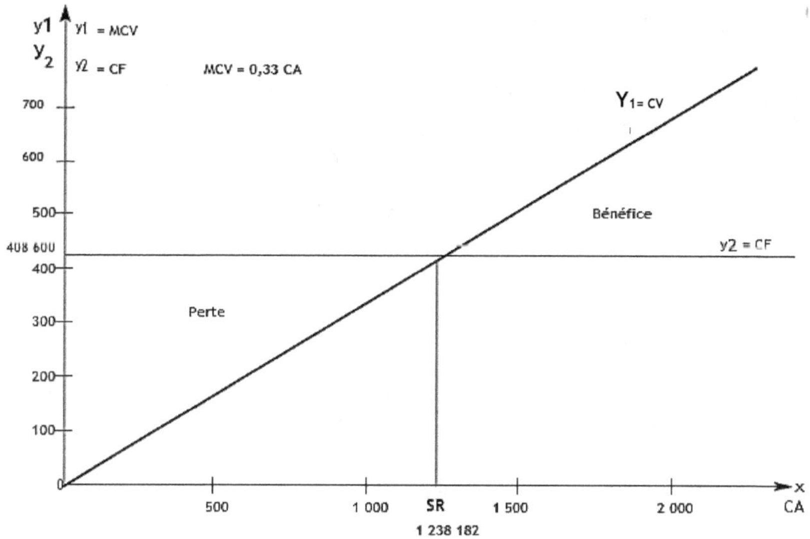

c) Date à laquelle le seuil de rentabilité est atteint

L'entreprise TATA JOJO est en activité pendant 330 jours (360 - 30). Le point mort est égal à :

$$\frac{\text{Seuil de rentabilité}}{\text{Chiffre d'affaires}} \times \text{Nombre de jours d'activité}$$

Soit : $\frac{1\,238\,182}{2\,112\,760} \times 330 \text{ j} \approx 193 \text{ j}$, soit 6 mois et 13 jours.

La date correspondante est le 13 juillet. Il reste quatre mois et 17 jours d'activité pour réaliser des bénéfices.

3 - La marge de sécurité et l'indice de sécurité

a) Marge de sécurité

La marge de sécurité correspond à la tranche de chiffre d'affaires qui permet de réaliser des bénéfices.

Elle s'obtient par différence entre le chiffre d'affaires et le seuil de rentabilité :

2 112 760 - 1 238 182 = 874 578 $.

b) Indice de sécurité

Il correspond au taux de baisse maximum du chiffre d'affaires évitant de générer des pertes.

Il est égal à :

$$\frac{\text{Marge de sécurité}}{\text{Chiffre d'affaires x 100}}$$

Soit : $\frac{874\ 578}{2\ 112\ 760 \times 100} = 41{,}40\ \%.$

Toute baisse de chiffre d'affaires supérieure à 41,40 % entraînerait des pertes pour l'entreprise.

4 - Le levier d'exploitation

a) Calcul des résultats d'exploitation

Éléments	**Exercice « N »**	**Augmentation de 15 % du chiffre d'affaires**
Chiffre d'affaires	2 112 760	2 112 760 x 1,15 = 2 429 674
Marge sur coût variable	700 365	2 429 674 x 0,33 = 801 792
- Charges fixes d'exploitation	408 600 - 81 720 = 326 880	408 600 - 81 720 = 326 880
= Résultat d'exploitation	373 485	474 912

b) Calcul du levier d'exploitation

Le levier d'exploitation est égal à :

$$\frac{\frac{\Delta\text{Résultat d'exploitation}}{\text{Résultat d'exploitation}}}{\frac{\Delta\text{Chiffre d'affaires}}{\text{Chiffre d'affaires}}}$$

Soit : $\frac{\frac{474\ 912 - 373\ 485}{373\ 485}}{\frac{2\ 429\ 674 - 2\ 112\ 760}{2\ 112\ 760}} = 0{,}272 \times \frac{2\ 112\ 760}{316\ 914} = 1{,}81.$

Ou : $\frac{27{,}20}{15} = 1{,}81.$

Une augmentation de 15 % du chiffre d'affaires entraîne une augmentation de 27,15 % (15 % x 1,81) du résultat d'exploitation.

Exercice 7. QUESTIONNAIRE SUR L'ANALYSE DE L'EXPLOITATION

Deux sociétés « UPAK » et « VICTOIRE » exercent la même activité de production. Elles réalisent le même chiffre d'affaires et dégagent le même résultat. Cependant, leur politique de production est différente.

La société « UPAK » confie l'ensemble de sa production à des sous-traitants à l'étranger alors que la société « VICTOIRE » fabrique elle-même ses produits dans plusieurs usines implantées en RD Congo et dont elle est propriétaire. Les frais du personnel sont réduits du fait d'une automatisation systématique de l'outil de production.

À partir des informations suivantes :

	Société « UPAK »	Société « VICTOIRE »
* TMCV ⟶	15 %	48 %
Coûts fixes ⟶	120 000 $	824 000 $

* Taux de Marge sur Coût Variable

Répondre aux questions ci-dessous en argumentant chaque choix.

1. Quelle est la société qui supporte le plus de coûts variables ?
2. Pour quelle société le seuil de rentabilité est-il le plus bas ?
3. Quelle est l'incidence sur l'indice de sécurité ?
4. Pour quelle société le levier d'exploitation est-il le plus fort ?

Résolution

1 - La société qui supporte le plus de coûts variables

La société « UPAK » supporte plus de coûts variables que la société « VICTOIRE » car son taux de marge sur coût variable est le plus bas. En effet, les coûts variables de la société « UPAK » représentent 85 % (100 - 15) du chiffre d'affaires alors que ceux de la société « VICTOIRE » ne représentent que 52 % (100 - 48).

La part importante de coûts variables pour la société « UPAK » s'explique par son recours à la sous-traitance.

2 - Le seuil de rentabilité le plus bas et 3 - l'incidence sur l'indice de sécurité

La société « UPAK » supporte beaucoup moins de frais fixes que la société « VICTOIRE » du fait de l'externalisation de sa production.

En conséquence, le seuil de rentabilité (Charges fixes / Taux de marge sur coût variable) est plus faible que celui de la société « VICTOIRE ».

Ainsi, la marge de sécurité (Chiffre d'affaires - Seuil de rentabilité) et l'indice de sécurité [(Marge de sécurité / Chiffre d'affaires) x 100] sont plus importants pour la société « UPAK » ce qui la rend moins fragile que la société « VICTOIRE » en cas de récession.

4 - Le levier d'exploitation le plus fort

Le levier d'exploitation (élasticité du résultat par rapport au chiffre d'affaires) est plus élevé pour la société « VICTOIRE » que pour la société « UPAK » du fait de sa plus faible marge de sécurité et du poids de ses charges fixes.

Cela signifie qu'une faible variation du chiffre d'affaires entraînera une variation plus importante du résultat pour la société « VICTOIRE » que pour la société « UPAK ». En période de croissance, la société « VICTOIRE » sera plus performante que la société « UPAK » ; par contre, en période de récession le risque économique sera plus grand.

Exercice 8. **QUESTIONS AUX CHOIX MULTIPLES**

1 - Les soldes intermédiaires de gestion permettent d'analyser :

❒ a. la structure financière de l'entreprise.

❒ b. la solvabilité de l'entreprise.

❒ c. l'activité de l'entreprise.

❒ d. la rentabilité de l'entreprise.

2 - Les ressources internes générées par l'activité de l'entreprise proviennent :

❒ a. de la différence entre les recettes et les dépenses.

❒ b. de la différence entre les produits encaissables et les charges décaissables.

❒ c. des subventions d'investissement, d'emprunts...

❒ d. de la différence entre les produits calculés et les charges calculées.

❒ e. d'une augmentation de capital en numéraire.

3 - Le seuil de rentabilité est :

❒ a. une somme de charges.

❒ b. un résultat.

❒ c. une marge.

❒ d. un niveau d'activité.

4 - L'excédent brut d'exploitation est la part de valeur ajoutée :

❒ a. attribuée aux salariés.

❒ b. attribuée à l'État.

❒ c. revenant à l'entreprise.

❒ d. revenant aux apporteurs de capitaux.

5 - L'autofinancement permet à l'entreprise de financer par elle-même :

❒ a. des investissements.

❒ b. le remboursement des emprunts.

❒ c. l'augmentation du fonds de roulement.

❒ d. la rémunération des associés.

6 - La marge commerciale est :

❒ a. un indicateur de rentabilité.

❒ b. souvent proportionnelle aux ventes de marchandises.

❒ c. la ressource essentielle d'exploitation des entreprises de négoce.

7 - Le montant de l'impôt sur les bénéfices a une incidence sur la capacité d'autofinancement :

❒ vrai.

❒ faux.

8 - Lorsque le seuil de rentabilité est atteint, on constate les relations suivantes :

❒ a. Marge sur coût variable > Coûts fixes.

❒ b. Total des charges = Chiffre d'affaires.

❒ c. Marge sur coût variable = Coûts fixes.

❒ d. Résultat = 0.

9 - Une entreprise embauche un commercial supplémentaire :

- Salaire annuel : 25 000 $.
- Charges sociales : 12 500 $.
- Frais de déplacement : 2 500 $.

Cette opération se traduit par :

❒ a. une diminution de la valeur ajoutée de 2 500 $.

❒ b. aucune modification de la valeur ajoutée.

❒ c. une diminution de la valeur ajoutée de 25 000 $.

❒ d. une diminution de l'excédent brut d'exploitation de 37 500 $.

❒ e. une diminution de l'excédent brut d'exploitation de 40 000 $.

10 - Les consommations de l'exercice en provenance des tiers se composent :

❒ a. des achats de marchandises.

❒ b. des achats de matières premières et autres approvisionnements.

❒ c. de la variation des stocks de marchandises.

❒ d. de la variation des stocks de matières premières et autres approvisionnements.

❒ e. des autres achats et charges externes.

11 - Cochez la structure exacte du compte de résultat différentiel :

❐ a.

1. Chiffre d'affaires.
2. Charges variables.
3. Marge sur coût variable (1 - 2).
4. Charges fixes.
5. Résultat (3 - 4).

❐ b.

1. Chiffre d'affaires.
2. Charges fixes.
3. Marge sur coût variable (1 - 2).
4. Charges variables.
5. Résultat (3 - 4).

❐ c.

1. Chiffre d'affaires.
2. Charges variables.
3. Charges fixes.
4. Marge sur coût total (1 - 2).
5. Résultat (4 - 3).

12 - Le résultat d'exploitation :

❐ a. représente la ressource nette dégagée par l'activité normale de l'entreprise.

❐ b. est égal à :

Excédent brut d'exploitation
+ Reprises et transferts sur charges d'exploitation
+ Autres produits de gestion
- Dotations aux amortissements, dépréciations et provisions d'exploitation
- Autres charges de gestion

❐ c. mesure la performance industrielle et/ou commerciale, indépendamment de sa politique financière.

❐ d. son solde peut être positif ou négatif.

13 - Cochez les modifications qui nécessitent la détermination d'un nouveau seuil de rentabilité :

❐ a. développement du chiffre d'affaires et des coûts variables dans des proportions identiques.

❐ b. changement de structure.

❒ c. évolution du taux de marge.

❒ d. choix de structure.

14 - L'excédent brut d'exploitation est indépendant de la politique d'amortissement et du mode de financement :

❒ a. vrai.

❒ b. faux.

15 - Une augmentation des charges variables, pour une structure et un chiffre d'affaires hors taxes identiques, a pour effet :

❒ a. d'élever le seuil de rentabilité.

❒ b. d'abaisser le seuil de rentabilité.

16 - La situation de certains clients douteux s'est dégradée, l'entreprise décide d'augmenter les dépréciations des comptes clients de 30 000 $. Elle est soumise à l'impôt sur les sociétés (taux 33 1/3 %).

Cette opération :

❒ a. ne modifie pas la capacité d'autofinancement.

❒ b. augmente la capacité d'autofinancement de 30 000$.

❒ c. diminue la capacité d'autofinancement de 30 000 $.

❒ d. augmente la capacité d'autofinancement de 10 000$.

❒ e. diminue le résultat net de 30 000 $.

❒ f. diminue le résultat net de 10 000 $.

❒ g. diminue le résultat net de 20 000 $.

Réponse

1 - bonnes réponses : ❒ c ❒ d.

Les soldes intermédiaires de gestion sont calculés à partir du compte de résultat qui est la synthèse de l'activité de l'entreprise pour un exercice. Ils permettent d'apprécier la croissance, la performance de l'entreprise et de comprendre la formation du résultat net de l'exercice.

Chaque solde intermédiaire de gestion est calculé par différence entre une somme de produits et une somme de charges, excepté pour la production de l'exercice.

2 - bonne réponse : ❒ b.

Les produits encaissables sont des produits qui entraînent des flux de trésorerie encaissés ou encaisser. Les charges décaissables sont des charges qui entraînent des flux de trésorerie décaissés ou à décaisser.

La capacité d'autofinancement, ressource interne, correspond à un flux de trésorerie représentant l'excédent des produits encaissables sur les charges décaissables de l'exercice.

Les subventions d'investissement, les emprunts et les augmentations de capital en numéraire, représentent des ressources externes.

3 - bonne réponse : ❒ d.

Le seuil de rentabilité est le niveau d'activité (chiffre d'affaires, nombre de produits à vendre...) minimum que l'entreprise doit atteindre pour couvrir l'ensemble de ses charges.

4 - bonnes réponses : ❒ c ❒ d.

L'excédent brut d'exploitation est la part de la valeur ajoutée destinée à développer l'outil de production de l'entreprise et à rémunérer les apporteurs de capitaux, tant associés que prêteurs.

5 - bonnes réponses : ❒ a ❒ b ❒ c.

Autofinancement = Capacité d'autofinancement – Dividendes versés en « N »

Le rôle de l'autofinancement est de permettre à l'entreprise :

- D'assurer sa croissance en investissant et en augmentant son fonds de roulement ;
- De maintenir un niveau d'indépendance financière correcte en remboursant ses dettes.

6 - bonnes réponses : ❒ b ❒ c.

La marge commerciale s'exprime souvent en pourcentage des ventes des marchandises hors taxes :

$$\text{Taux de marge} = \frac{\text{Marge commerciale}}{\text{Ventes de marchandises hors taxes}} \times 100$$

Ce ratio permet d'analyser l'évolution de la politique commerciale de l'entreprise dans le temps et par rapport aux entreprises du même secteur d'activité. Toutefois, une évolution positive de ce ratio ne signifie pas systématiquement une évolution dans le même sens de la rentabilité. La marge commerciale représente le supplément de valeur apportée par l'entreprise dans l'exercice de son activité de négoce.

7 - bonne réponse : ❒ a.

L'impôt sur les bénéfices représente une charge décaissable ; son montant influence donc la capacité d'autofinancement.

8 - bonnes réponses : ❒ b ❒ c ❒ d.

Le seuil de rentabilité est le niveau d'activité pour lequel le résultat est nul. D'après la méthode du coût variable, le résultat s'obtient par le calcul :

Résultat = Marge sur coût variable – Coûts fixes

Donc, si le résultat est nul :

Marge sur coût variable	=	Coûts fixes
Chiffre d'affaires	=	Total des charges

9 - bonnes réponses : ❒ a ❒ d.

Les frais de déplacement d'un montant de 2 500 $ augmentent les consommations en provenance des tiers et diminuent donc la valeur ajoutée du même montant.

Le salaire annuel et les charges sociales d'un montant global de 37 500 $ augmentent les « Charges de personnel » et viennent donc diminuer d'autant l'excédent brut d'exploitation.

10 - bonnes réponses : ❒ b ❒ d ❒ e.

Les consommations de l'exercice en provenance des tiers ne comprennent pas le coût d'achat des marchandises vendues qui est un élément de la marge commerciale.

Les consommations de l'exercice en provenance des tiers sont soustraites de la production de l'exercice, majorée de la marge commerciale, pour déterminer la valeur ajoutée.

11 - bonne réponse : ❒ a.

Le compte de résultat différentiel fait apparaître 5 masses distinctes à partir d'un reclassement qui distingue les charges variables des charges fixes. L'entreprise peut l'établir par produit ou famille de produits.

Éléments	Produit ou Activité *A*		Produit ou Activité *B*		Produit ou Activité *C*		Pour l'entreprise	
	Montant	%	Montant	%	Montant	%	Montant	%
Chiffre d'affaires								
-								
Coût variable								
=								
Marge sur coût variable								
-								
Coûts fixes								
=								
Résultat courant								

Le compte de résultat différentiel permet de calculer l'indicateur de gestion : marge sur coût variable (MCV).

13 - bonnes réponses : ❒ a ❒ b ❒ c ❒ d.

Contrairement à l'excédent brut d'exploitation, le résultat d'exploitation tient compte, entre autres, de la politique d'amortissement de l'entreprise ainsi que des risques de pertes correspondant à l'activité normale de l'entreprise.

14 - bonnes réponses : ❒ b ❒ c ❒ d.

Chacune des modifications suivantes nécessite la détermination d'un nouveau seuil de rentabilité :

○ **Modification de structure** : l'acquisition d'un nouvel investissement, l'embauche de personnel permanent, par exemple, engendrent une augmentation des coûts fixes et donc du seuil de rentabilité ;

○ **Modification du taux de marge** : l'évolution du prix d'achat et/ou du prix de vente, par exemple, modifie le taux de marge sur coût variable et par conséquent le seuil de rentabilité ;

○ **Choix de structure** : les charges de structure ne sont indépendantes de l'activité que pour une capacité de production déterminée. Elles augmentent par paliers. Si l'entreprise envisage de changer de structure, il est utile de déterminer le seuil de rentabilité qui lui permettra de couvrir le supplément de charges fixes.

Par contre, une évolution du chiffre d'affaires et des coûts variables dans les mêmes proportions ne change ni le taux de marge sur coût variable, ni le seuil de rentabilité.

15 - bonne réponse : ❒ a.

L'excédent brut d'exploitation représente la ressource fondamentale de l'entreprise issue de son cycle d'exploitation. Il ne dépend que des flux de production et de commercialisation.

16 - bonne réponse : ❒ a.

La marge sur coût variable est égale au chiffre d'affaires diminué du coût variable. Donc, si les charges variables augmentent, la marge sur coût variable et son taux diminuent ce qui a pour effet d'augmenter le seuil de rentabilité pour une structure identique.

$$\text{Seuil de rentabilité} = \frac{\text{Coûts fixes}}{\text{Taux de marge sur coût variable}}$$

17 - bonne réponse : ❒ d ❒ g.

La capacité d'autofinancement augmente du montant de l'économie d'impôt relative à l'augmentation des dotations : 30 000 x 33,33 % = 10 000 $.

Le résultat diminue du montant des dotations moins l'économie d'impôt : 30 000 - 10 000 = 20 000 $.

TROISIÈME PARTIE : L'ANALYSE FONCTIONNELLE DE LA STRUCTURE FINANCIÈRE

L'analyse de la structure financière d'une entreprise repose sur l'évaluation du bilan. Cependant, quoique riche en information sur l'état de santé de l'entreprise, le retraitement de certains de ses postes permet une analyse économique et débouche sur un bilan fonctionnel.

Chapitre 8 : LE BILAN FONCTIONNEL

8.1. DÉFINITION DU BILAN FONCTIONNEL

Le bilan fonctionnel est une représentation particulière d'un bilan comptable. Les postes y sont réorganisés et assemblés selon leur fonction et leur degré de liquidité. L'actif et le passif du bilan comptable deviennent des ressources et des emplois dans le bilan fonctionnel. Ces ressources et emplois sont classés selon leur appartenance au cycle d'exploitation, financement ou investissement. Ce classement fait apparaître des liens significatifs entre les comptes en autres comment les dettes financent les emplois et permet de dégager des indicateurs d'analyse clés de la santé financière de l'entreprise.

8.2. RÔLE DU BILAN FONCTIONNEL

Le rôle du bilan fonctionnel est de (d') :

- Apprécier la structure financière fonctionnelle de l'entreprise, dans une optique de continuité de l'activité ;
- Évaluer les besoins financiers et le type de ressources dont dispose l'entreprise ;
- Déterminer l'équilibre financier en comparant les différentes masses du bilan classées par fonctions et en observant le degré de couverture des emplois par les ressources ;
- Calculer la marge de sécurité financière de l'entreprise ;
- Apprécier le risque de défaillance et de permettre la prise de décision.

8.3. PRÉSENTATION DU BILAN FONCTIONNEL

Le bilan fonctionnel réorganise les postes du bilan de l'entreprise pour mieux comprendre la structure financière, évaluer la politique d'investissement et mesure l'équilibre financier. Il reprend ainsi les valeurs brutes de chaque poste mettant en évidence les différents cycles.

Les principales rubriques du bilan fonctionnel sont :

A. Ressources stables (financements durables)

▶ Capitaux propres :

o Capital social, réserves, résultat avant répartition, +/- report à nouveau ... après déduction éventuelle du poste "Capital souscrit non appelé" ;

o Provisions réglementées ;

o Subventions d'investissement cumulées des biens en Crédit-Bail.

B. Dettes financières

▶ Emprunts :

o « Emprunts obligataires » ;

o « Autres emprunts obligataires » ;

o « Emprunts et dettes auprès des établissements de crédit » ;

o « Emprunts et dettes financières divers » sauf :

- Soldes créditeurs de banque (SCC) ;
- Concours bancaires courants (CBC) ;
- Intérêts courus non échus (ICNE) sur emprunts ;
- Primes de remboursement des obligations ;
- Valeur nette des biens en Crédit-Bail = Valeur d'origine – Cumul des amortissements.

C. Passif circulant d'exploitation

▶ Dettes fournisseurs et comptes rattachés (Effets à Payer):

o + écarts de conversion Passif (diminution de dettes) ;

o - écarts de conversion Actif (augmentation de dettes).

▶ Clients créditeurs : Clients dettes pour emballages consignés, Clients avances et acomptes reçus sur commandes d'ABS, ... ;

▶ Autres dettes d'exploitation (selon informations fournies en annexe) ;

▶ Dettes fiscales et sociales (sauf impôts/bénéfice ou Impôts sur les Sociétés) ;

- TVA à décaisser ;
- Provisions pour risques et charges justifiées à caractère d'exploitation ;
- Produits constatés d'avance d'exploitation.

D. Passif circulant hors exploitation

- Dettes fiscales relatives à l'Impôts / Bénéfice ou Impôt sur les Sociétés ;
- Dettes sur immobilisations et comptes rattachés (effets à payer) ;
- Dettes diverses hors exploitation ;
- Dividendes à payer ;
- Intérêts Courus Non Echus sur emprunts ;
- Produits constatés d'avance hors exploitation ;
- Provisions pour risques et charges justifiées et hors exploitation.

E. Trésorerie passive

- Soldes Créditeurs de Banque ;
- Concours Bancaires Courants ;
- Effets Escomptés Non Echus.

F. Emplois stables (investissements durables)

- Immobilisations en valeurs BRUTES :
  - Incorporelles ;
  - Corporelles ;
  - Financières.
- Valeur d'origine des biens en Crédit-Bail ;
- Charges à répartir sur plusieurs exercices.

G. Actif circulant d'exploitation (en valeurs brutes)

- Stocks et en cours ;
- Créances clients et comptes rattachés ;
- Fournisseurs débiteurs : Fournisseurs, créances pour Emballages à rendre, Fournisseurs Avances et acomptes versés sur commandes d'ABS, etc. ;

▶ Autres créances d'exploitation (TVA déductible, Crédit de TVA, ...) ;
▶ Charges constatées d'avance d'exploitation ;
▶ Effets escomptés non échus.

H. Actif circulant hors exploitation (en valeurs brutes).

▶ Créances diverses hors exploitation : créances sur cessions d'immobilisations, etc. ;
▶ Valeurs Mobilières de Placement ;
▶ Charges constatées d'avance hors exploitation ;
▶ Actionnaires, Capital souscrit et appelé, non versé.

I. Trésorerie active

▶ Disponibilités : Le bilan fonctionnel est une reformulation du bilan comptable retraité. Les principaux retraitements peuvent se résumer ainsi :

- Les éléments d'actif (immobilisations, titres, stocks, créances) sont pris en compte pour leur **valeur brute ;**
- Les amortissements et les provisions sont considérés comme des ressources stables, car ils participent au renouvellement des immobilisations. A ce titre, ils sont incorporés dans les **ressources propres**, qui regroupent capitaux propres, amortissements, provisions ;
- Les découverts bancaires « concours bancaires courants, soldes créditeurs de banques » ne sont pas à prendre en compte dans les dettes financières. Ils constituent la trésorerie de passif.

Les détails des postes à retraiter en vue d'une vision fonctionnelle ainsi que les postes à éliminer, sont repris ci-dessous :

A l'actif :

▶ Amortissements, dépréciations et Provisions pour dépréciation :

- Total à éliminer de l'actif (immobilisations en valeurs brutes) ;
- À reporter dans les capitaux propres au passif (autofinancement).

▶ Charges à répartir sur plusieurs exercices :

- o À faire disparaître des régularisations d'actif ;
- o À transférer en emplois stables immobilisés.

▶ Primes de remboursement des obligations :

- o À éliminer des régularisations d'actif ;
- o À déduire des dettes financières (emprunts obligataires).

▶ Écarts de conversion ACTIF (cas de diminution de créances) :

- o À faire disparaître de l'actif ;
- o À ajouter à l'actif d'exploitation (afin de neutraliser les pertes latentes de change sur créances et de revenir à la situation initiale).

▶ Écarts de conversion ACTIF (cas d'augmentation de dettes) :

- o À faire disparaître de l'actif ;
- o À déduire des dettes d'exploitation (afin de neutraliser les pertes latentes de change sur dettes et de revenir à la situation initiale).

▶ Intérêts courus sur prêts (non échus) :

- o À déduire des immobilisations financières ;
- o À ajouter à l'actif hors exploitation.

Au passif :

▶ Concours Bancaires Courants :

- o Déduire des « Emprunts et dettes auprès des établissements de crédit » ;
- o À transférer en trésorerie passive.

▶ Soldes Créditeurs de banque :

- o À déduire des « Emprunts et dettes auprès des établissements de crédit » ;
- o À transférer en trésorerie passive.

▶ Écarts de conversion PASSIF (cas d'augmentation de créances) :

- o À faire disparaître du passif ;
- o À déduire de l'actif d'exploitation (afin de neutraliser les gains latents de change sur créances et de revenir à la situation initiale).

▶ Écarts de conversion PASSIF (cas de diminution de dettes):

- o À faire disparaître du passif ;

- À ajouter aux dettes d'exploitation (afin de neutraliser les gains latents de change sur les dettes et de revenir à la situation initiale).

▶ Provisions pour Risques et Charges :

- Si elles ne sont pas justifiées : => à transférer dans les ressources stables car elles sont considérées comme des réserves occultes ;
- Si elles sont justifiées : => à transférer selon leur nature: dans les dettes d'exploitation, ou les dettes hors exploitation.

▶ Intérêts courus non échus (ICNE) sur emprunts :

- À déduire des « emprunts et dettes ... » ;
- À ajouter aux dettes hors exploitation.

▶ Comptes courants d'associés : Ils doivent être placés selon leur degré d'exigibilité :

- Soit dans les capitaux propres (ressources stables) ;
- Soit dans les dettes hors exploitation ;
- Soit dans la trésorerie passive.

Éléments ou engagements hors bilan :

▶ Effets Escomptés Non Echus (E.E.N.E.) :

- À ajouter aux créances dans l'actif d'exploitation ;
- À ajouter à la trésorerie passive.

▶ Cession de créances professionnelles (cession dans le cadre de la loi Dailly) :

- À ajouter aux créances dans l'actif d'exploitation ;
- À ajouter à la trésorerie passive.

Engagements hors bilan en matière de Crédit-Bail (mobilier et immobilier) :

▶ Valeurs d'origine des biens en crédit-bail : => à ajouter aux emplois stables immobilisés :

- Cumuls des amortissements des biens en crédit-bail : => à ajouter aux capitaux propres en ressources stables ;
- Valeurs nettes ou résiduelles des biens en crédit-bail (partie financière) : => à ajouter aux dettes financières en ressources stables.

Condensé des retraitements

ACTIF **(Besoins de financement)**	PASSIF **(Ressources de financement)**
Emplois stables	Ressources stables
Actif immobilisé brut Valeur d'origine des équipements financés par crédit-bail Charges à repartir brut : - Ecart de conversion - actif - Ecart de conversion - passif - Intérêts connus sur prêts Poste à éliminer : Capital non appelé Primes de remboursement des obligations	+ capitaux propres + amortissements et dépréciations + amortissements du crédit-bail + provisions - Capital non appelé **Dettes financières** + valeur nette des équipements financés par crédit-bail - Primes de remboursement des obligations - Intérêts connus sur emprunts + écart de conversion - passif - Ecart conversion actif - Concours bancaires et soldes créditeurs banques
Actif circulant brut	Dettes circulantes
Exploitation Stocks + avance et acomptes versés sur commandes + créances d'exploitation + Effets escompte non échus + charges constatées d'avance d'exploitation + écart de conversion - actif - Ecart de conversion - passif ***Hors exploitation** Créances hors exploitation + charges constatées d'avance hors exploitation + capacité souscrit appelée - non versée + intérêts courus sur prêts *Trésorerie **active** Valeurs mobilières de placement + disponibilités	**Exploitation** Avances et acomptes reçus sur commandes + dettes d'exploitation + produits constatés d'avance d'exploitation + dettes sociales et fiscales d'exploitation + écart de conversion - passif -écart de conversion - actif ***Hors exploitation** Dettes hors exploitation + dettes fiscales (impôts sur les sociétés) + produits constatés d'avance hors exploitation + intérêts courus sur emprunts *Trésorerie **passive** Concours bancaires courants et solde créditeurs banques + effets escomptes non échus

8.4. LA STRUCTURE DU BILAN FONCTIONNEL

Le bilan fonctionnel s'établit à partir du bilan comptable avant répartition du résultat. Les corrections ou retraitement ont pour but de classer les masses du bilan selon le cycle normal d'exploitation, d'investissement et de financement. Ainsi l'entreprise dispose des ressources :

- **RESSOURCES STABLES** → Cycle long de financement
- **PASSIF CIRCULANT** → **Dettes liées au Cycle d'exploitation**

Ces ressources servent à financer des emplois :

- Actif stable → Cycle long d'investissement
- Actif circulant → Biens et créances liés au cycle d'exploitation

Rôle dans le cycle d'investissement	EMPLOIS STABLES bruts : -Immobilisations incorporelles -Immobilisations corporelles -Immobilisations financières	RESSOURCES STABLES: -Capitaux propres Total (I) -Provisions R et C Total (II) -Amortissements et Provisions Total colonne 2 de l'actif -Emprunts et dettes financières (sauf *CBC)	Rôle dans le cycle de financement
Rôle dans le cycle d'exploitation	ACTIF CIRCULANT BRUT <u>d'exploitation</u> : -Stocks -Créances clients -Autres créances -CCA d'exploitation <u>hors exploitation</u> : -VMP -Créances diverses -CCA hors exploitation	<u>DETTES CIRCULANTES d'exploitation</u> : -Dettes fournisseurs -Autres dettes -Dettes fiscales et sociales (sauf IS) -PCA d'exploitation <u>hors exploitation</u> : -Dettes fournisseurs d'immob. -Dettes diverses -Dettes fiscales IS -PCA hors exploitation	Rôle dans le cycle d'exploitation

*CBC : Concours Bancaires Courants

8.5. LES CYCLES FONCTIONNELS DU BILAN

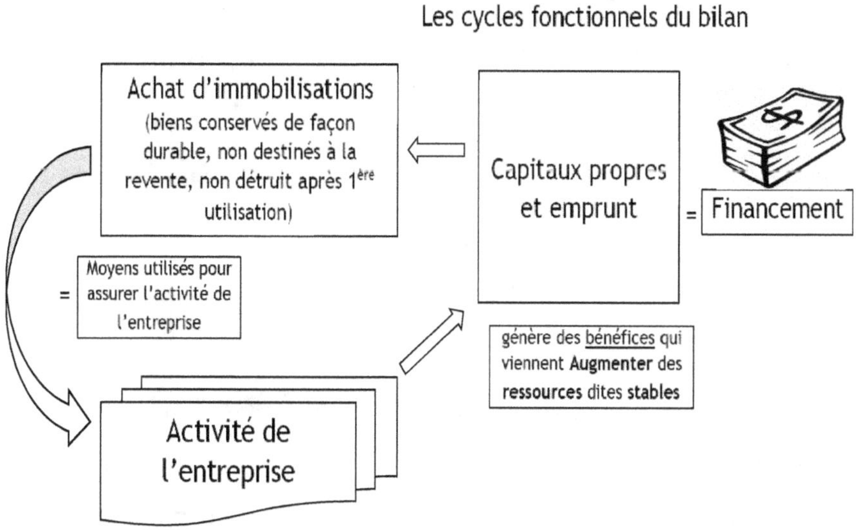

8.6. LE CYCLE FINANCEMENT / INVESTISSEMENT DU BILAN

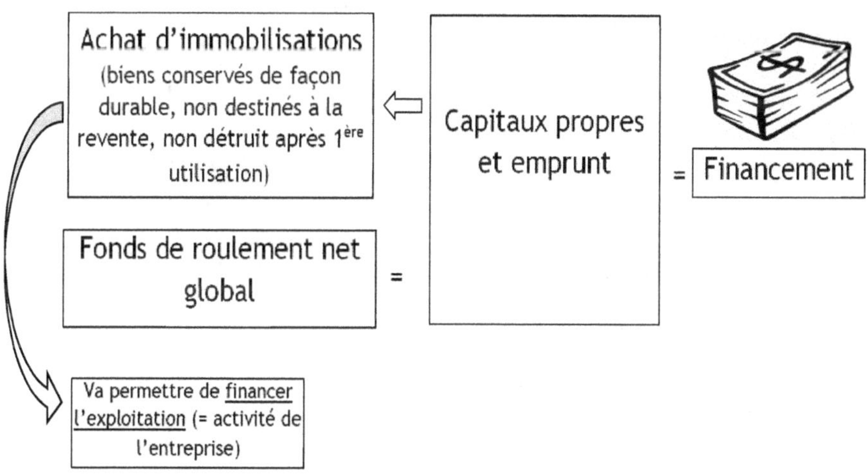

8.7. LE CYCLE D'EXPLOITATION DU BILAN

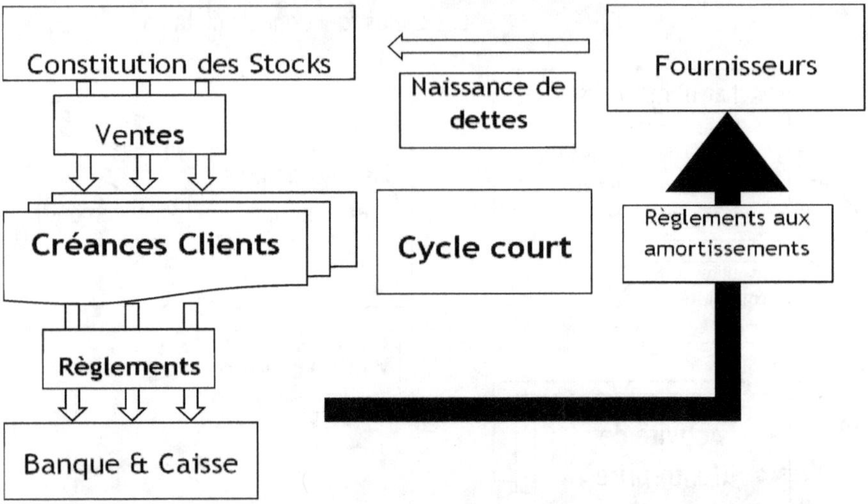

Le bilan fonctionnel nous permet de calculer de nombreux ratios financiers que nous aborderons dans la section suivante. Néanmoins, il est intéressant de noter la pertinence des informations à exploiter à travers les deux ratios ci-dessous :

LE FINANCEMENT DES EMPLOIS STABLES	L'AUTONOMIE FINANCIÈRE
Ce ratio mesure la couverture des emplois stables par les ressources stables $\frac{Ressources\ stables}{Emplois\ stables}$	Ce ratio mesure la capacité d'endettement de l'entreprise. Il ne doit pas être inférieur à 1 $\frac{Ressources\ propres}{Endettement\ financier}$

Endettement financier = dettes financières + passif de trésorerie.

Exercice 1

Le bilan résumé de la société 3Js SARL se présente comme suit :

ACTIF	Brut	Amort./prov.	Net	PASSIF	Net
Actif immobilisé	15 000	8 000	7 000	Capitaux propres	5 820
Actif circulant				Provisions	700
Créances (1)	9 000	900	8 100	Dettes	
Disponibilités	80		80	Dettes financières (2)	3 600
Charges constatées d'avance	260		260	Dettes d'exploitation	4 800
				Dettes diverses	900
Charges à repartir sur plusieurs exercices	500		500	Produits constatés d'avance	120
Total	24 840	8 900	15 940	Total Général	15940

(1) Dont créances hors exploitation 2000 k$

(2) Dont concours bancaires : 450 k$

Les effets escomptés non échus s'élèvent à 200 k$. Établir le bilan fonctionnel après avoir effectué les retraitements nécessaires.

Les ressources stables

Capitaux propres	5 820
Amortissements et dépréciations	8 900
Provisions	700
Dettes financières	3 150
	18 570

Passif d'exploitation

Dettes d'exploitation	4 800
Produits constatés d'avance	120
	4 920

Passif hors exploitation

Dettes diverses	900

Passif de trésorerie

Découvert bancaire	450
Effets escomptés non échus	200
	650

Le bilan fonctionnel se présente comme suit :

ACTIF	N	PASSIF	N
Actif stable	15 500	Ressources stables	18 570
Actif circulant d'exploitation	7 460	Passif d'exploitation	4 920
Actif circulant hors exploitation	2 000	Passif hors exploitation	900
Actif de trésorerie	80	Passif de trésorerie	650
Total	**25040**		**25040**

Exercice 2

La balance par solde après inventaire (exercice N) de l'entreprise LOLA se présente comme suit (voir tableau).

N°	Intitulé des comptes	Soldes	
		Débit	Crédit
101	Capital		3 000 000,00
111	Réserves		2 800 000,00
12	Report à Nouveau		25 000,00
13	Résultat de l'exercice	?	?
15	Provisions pour risques		42 000,00
162	Emprunts auprès des établissements de crédit (1)	42860	1 200 000,00
	Frais d'établissement	90 000,00	
215	Fonds commercial	430 000,00	
	Constitution	2 970 000,00	
245	Matériel de transport	148 000,00	
244	Matériel de bureau et matériel informatique	195 000,00	
24	Mobilier	184 000,00	
271	Prêts	15 000,00	
275	Dépôts et cautionnement versés	6 000,00	
28	Amortissements des frais d'établissement		60 000,00
283	Amortissement des constitutions		788 000,00
2845	Amortissement du matériel de transport		22 200,00
284	Amortissement du matériel de bureau et informatique		58 500,00
2844	Amortissement du mobilier		83 600,00
31	Stock de marchandises	482 000,00	
40	Fournisseurs		1 984 000,00
4022	Fournisseurs-effets à payer		1 163 000,00
404	Fournisseurs d'immobilisations	?	73 500,00
4023	Fournisseurs-factures non parvenues		9 270,00
41	Clients	3 109 800,00	

4121	Client-effets à recevoir	845000	
413	Clients-factures à établir	6340	
441	Etat-impôts sur les bénéfices	554 000,00	526 340,00
443	TVA à décaisser		
476	Charges constatées d'avance (2)	16 920,00	
477	Produits constatés d'avance		4 040,00
491	Dépréciation des comptes clients		62 500,00
502	Actions	80 470,00	
52	Banques	3 134 680,00	
54	Caisse	2 178,00	
	TOTAL	?	?

(1) Solde créditeur ou découvert bancaire
(2) Concernent l'exploitation

Vous disposez, en outre, des informations complémentaires suivantes :

- Les valeurs mobilières de placement constituent un élément de l'actif circulant hors exploitation ;
- Effets escomptés non échus : 282 000 $;
- L'entreprise Lola exploite depuis deux ans du matériel informatique financé par un contrat de bail :
  - Valeur à neuf du matériel 245 000 ;
  - Durée du contrat 5 ans ;
  - Valeur du matériel informatique en fin de contrat : 100 000 $;
  - Cession de créances professionnelles : 58 200 $.

Travail demandé

1. Déterminer le résultat de l'exercice.
2. Effectuer les retraitements.
3. Présenter le bilan fonctionnel condensé.
4. Représenter le bilan fonctionnel à l'aide d'un diagramme à barres.
5. Calculer le ratio de financement des emplois stables et celui de l'autonomie financière.

Résolution

1- Détermination du résultat de l'exercice :

Total soldes débiteurs - Total soldes créditeurs = Résultat
12 269 388 - 11 901 950 = 367 438.

2- Les résultats suivants sont à effectuer :

Actif stable : 4 038 000 + 245 000 = 4 283 000

- Immobilisations brutes : (90 000 + 430 000 + 2 970 000 + 148 000 + 195 000 + 184 000 + 15 000 + 6 000) = 4 038 000 ;
- Crédit-bail : 245 000.

Actif circulant d'exploitation : 482 000 + 3 978 060 + 282 000 + 58 200 = 4 800 260

- Stock bruts : 482 000 ;
- Créances et comptes rattachés d'exploitation bruts : (3 109 800 + 845 000 + 6 340 + 16 920) = 3 978 060 ;
- Effets escomptés non échus : 282 000 ;
- Cession de créances professionnelles : 58 200.

Actif circulant hors exploitation : 554 000 + 80 470 = 634 470

- Etats- Impôts sur le bénéfice : 554 000 ;
- Velours mobiliers de placement : 80 470.

Actif de trésorerie : 3 136 858

- Disponibilités : 3 134 680 + 2 178 = 3 136 858.

Ressources stables : 6 192 438 + 1 174 800 + 1 344 140 = 8 711 378

- Capitaux propres : 3 000 000 + 2 800 000 + 25 000 + 367 438 = 6 192 438 ;
- Amortissements et dépréciations, amortissement du crédit-bail, provisions : (60 000 + 788 000 + 22 200 + 58 500 + 83 600 + 62 500 + 42 000) = 1 174 800 ;
- Dettes financières : (1 200 000 - 42 860) + (245 000 - 58 000) = 1 344 140 ;

$$\frac{(245\,000 - 100\,000) \times 2}{5} = 58\,000.$$

Dettes d'exploitation : (3 156 270 + 526 340 + 4 040) = 3 686 650

- Fournisseur et comptes rattachés : 3 156 270 ;
- Dettes fiscales et sociales : 526 340 ;
- Produits constatés d'avance : 4 040.

Dettes hors exploitation : 73 500

- Dettes sur immobilisations : 73 500.

Passif de trésorerie : 282 000 + 42 860 + 58 200 = 383 060

- Effets escomptés non échus : 282 000 ;
- Découverts bancaires : 42 860 ;
- Cession de créances professionnelles : 58 200.

3- Le bilan condensé se présente comme suit :

Actif stable	4 283 000	Ressources stables	8 711 378,00
		Capitaux propres	
		Amortissements, dépréciations et provisions	1 174 800,00
		Dettes financières	1 344 140,00
Actif circulant brut	8 571 588,00	Passif circulant	4 143 210,00
Actif circulant d'exploitation	4 800 260,00	Dettes d'exploitation	3 686 650,00
Actif circulant hors exploitation	634 470,00	Dettes hors exploitation	73 500,00
Actif de trésorerie	3 136 858,00	Passif de trésorerie	383 060,00
Totaux	12 854 588,00	Totaux	12 854 588,00

Ratio de financement des emplois stables : $\frac{8711378}{4283000} = 2{,}03.$

Les ressources stables couvrent largement les emplois stables.

Ratio d'autonomie financière : $\frac{6192438+1174800}{1344140+383060} = 4{,}27$

L'entreprise a une forte capacité d'endettement.

Le Bilan fonctionnel rend possible le calcul de trois indicateurs permettant d'apprécier la santé financière de l'entreprise. Il s'agit du Fonds de Roulement Net global, du Besoin en Fonds de Roulement et de la Trésorerie nette. Ces indicateurs évaluent l'équilibre financier de la structure d'une entreprise.

8.7.1. Le fonds de roulement net global (FRNG)

Le FRNG représente une ressource durable ou structurelle mise à la disposition de l'entreprise pour financer des besoins du cycle d'exploitation ayant un caractère permanent. Il constitue pour l'entreprise une marge de sécurité financière destinée à financer une partie de l'actif circulant. Son augmentation accroit les disponibilités de l'entreprise.

Il est calculé par la différence entre deux masses du bilan fonctionnel :

- Les ressources stables et les emplois stables par le haut du bilan : le cycle long ; Cette méthode permet de mesurer la part de ressources durables consacrée au financement de l'actif circulant ;
- Actif circulant et Passif circulant par le bas du bilan: le cycle court ; Cette méthode permet de calculer la part de l'actif circulant qui n'est pas financée par le passif circulant.

Le fonds de roulement net global représente l'excédent des ressources stables sur les emplois stables. Il doit être positif.

Un FRNG négatif est un indicateur des ressources à long terme insuffisantes pour financer les emplois. L'entreprise devrait donc recourir à d'autres sources de financement telles :

- Une augmentation du capital de l'entreprise ;
- Le recours à un emprunt à long terme ;
- Un apport en compte courant d'associé ou ;
- Une cession d'investissements (immobilisations).

Notons, cependant, qu'un FRNG positif n'est toujours pas le signe d'une bonne gestion ; elle peut traduire un manque d'investissement. Ainsi, son interprétation devrait toujours tenir compte du contexte de l'entreprise : sa taille, son secteur ou son activité.

$$\boxed{\text{FRNG} = \text{Ressources stables} - \text{Emplois stables}}$$

Le fonds de roulement net global peut aussi être exprimé en nombre de jours de chiffres d'affaires d'après le ratio suivant :

$$\frac{\text{fond de rourelement net global}}{\text{chiffre d'affaires hors taxes}} \text{X } 360\text{j}$$

L'analyse du FRNG détermine l'équilibre à long terme. Son excédent va servir à financer en tout ou partie, le besoin en fonds de roulement.

8.7.2. Le besoin en fonds de roulement (BFR)

Le cycle d'exploitation d'une entreprise est constitué par les opérations :

- D'achat ;
- De fabrication ;
- De ventes.

Et ces opérations créent des flux réels des matières premières, des marchandises et des produits ainsi que des flux financiers de décaissements et d'encaissement. Les délais qui s'écoulent entre les achats, la production et les ventes, entraînent la constitution des stocks. Ainsi, le BFR naît du décalage entre l'encaissement des créances clients et le paiement des dettes fournisseurs.

Le besoin en fonds de roulement est donc la différence entre l'actif circulant et le passif circulant généré par l'exploitation.

$$\text{BFR} = \text{Emplois circulants} - \text{Ressources circulantes}$$

Un BFR positif indique que l'entreprise a besoin d'un financement pour son exploitation. Dans ce cas, elle peut recourir à :

- L'augmentation de la rotation des stocks ;
- Une meilleure négociation des délais de paiement avec les clients pour les réduire ou encore ;
- Une meilleure négociation des délais de paiement avec les fournisseurs pour les allonger ou les prolonger.

Un BFR négatif traduit la disponibilité de ressource que l'entreprise peut utiliser pour financer son exploitation.

Point n'est besoin dans cette situation, de recourir à l'excédent du fonds de roulement net global.

L'analyse du BFR détermine l'équilibre à court terme.

8.7.3. La trésorerie nette

La trésorerie exprime le surplus ou l'insuffisance de marge de sécurité financière après le financement du besoin en fonds de roulement. La trésorerie permet d'établir l'équilibre financier entre le fonds de roulement net global et le besoin en fonds de roulement d'après la relation fondamentale:

Trésorerie = Fonds de roulement net global – Besoin en fonds de roulement

La trésorerie nette peut également se calculer par la différence de la trésorerie active et la trésorerie passive :

Trésorerie nette = Trésorerie active – Trésorerie passive = FRNG – BFR

De ces relations, peut être déduit : **FRNG = BFR + Trésorerie.** Alors, l'analyse de la trésorerie détermine ainsi l'équilibre global.

Par ailleurs, la trésorerie se compose des éléments suivants :

- Valeurs mobilières de placement - Disponibilités	- Concours bancaires courants des banques et organismes financiers « soldes créditeurs » - Effets escomptés non échus (hors bilan)

Les valeurs mobilières de placement peuvent faire partie de l'actif circulant hors exploitation.

La trésorerie est également calculée comme suit :

Trésorerie + Actif de trésorerie – Passif de trésorerie

On distingue trois situations de trésorerie possible :

o **Trésorerie positive :** Fonds de roulement net global > Besoin en fonds de roulement : l'équilibre financier fonctionnel est respecté. L'entreprise possède des excédents de trésorerie.

o **Trésorerie négative :** Fonds de roulement net global < Besoin en fonds de roulement ; l'équilibre financier fonctionnel n'est pas respecté. L'entreprise a recours notamment aux crédits de trésorerie pour financer le besoin en fonds de roulement. Elle est dépendante des banques.

o **Trésorerie proche de zéro** : Fonds de roulement net global = Besoin en fonds de roulement ; l'équilibre financier fonctionnel est respecté. Cette situation peut être considérée comme la meilleure du point de vue de l'analyse fonctionnelle.

N.B. La dégradation de la situation de la trésorerie provient soit de la diminution du fonds de roulement, soit de l'augmentation du besoin en fonds de roulement.

Le bilan fonctionnel comportera ainsi 6 masses au lieu de 4 pour le bilan comptable.

ACTIF	PASSIF
Actifs immobilisés	**Capitaux propres**
Immobilisations incorporelles Immobilisations corporelles Immobilisations financières	Capitaux propres Dettes financières et Ressources assimilées
Actifs circulants	**Passifs circulants**
Actif circulant H.A.O Actif circulant d'exploitation	Passif circulant H.A.O Passif circulant d'exploitation
Trésorerie - Actif	**Trésorerie - Passif**
Écart de conversion - actif	Écart de conversion - Passif

Exemple

Bilan comptable au 31 décembre

ACTIF	Brut	Amort. et prov.	Net	PASSIF	Net
Actif immobilisé				Capitaux propres	
Immo incorporelles	20 000	10 000	10 000	Capital	50 000
Immo corporelles	90 000	50 000	40 000	Résultat	8 000
Immo financières	4 000	1 000	3 000		
Total 1	**114 000**	**61 000**	**53 000**	**Total 1**	**58 000**
Actif circulant				Dettes	
Stocks	30 000	2 500	27 500	Dettes financières	34 500
Créances clients	28 000	1 000	27 000	Dettes d'exploitation	21 500
Créances diverses	2 000		2 000	Dettes diverses	1 500
Disponibilités	6 000		6 000		
Total 2	**66 000**	**3 500**	**62 500**	**Total 2**	**57 500**
TOTAL GENERAL	**180 000**	**64 500**	**115 500**	**TOTAL GENERAL**	**115 500**

Bilan fonctionnel au 31 décembre

ACTIF		PASSIF	
Actif stable (brut) :		**Passifs stables :**	
Immo incorporelles	20 000	Capital	50 000
Immo corporelles	90 000	Résultat de l'exercice	8 000
Immo financières	4 000	Amortissement/provisions	64 500
		Dettes financières	32 500
Actifs circulants		**Passif circulants**	
Stock	30 000	Dettes fournisseurs	21 500

Créances clients	28 000	Autres dettes (sécu, TVA)	1 500
Créances diverses	2 000		
Trésorerie active Disponibilité (banque)	6 000	Trésorerie passive	2 000
TOTAL ACTIF	**180 000**	**TOTAL PASSIF**	**180 000**

Masse du bilan fonctionnel au 31 décembre

Actifs stable	114 000	Passifs stables	155 000
Actifs circulants	60 000	Passif circulants	23 000
Trésorerie	6 000	Trésorerie passive	2 000
TOTAL ACTIF	180 000	TOTAL PASSIF	180 000

Du bilan fonctionnel aux indicateurs

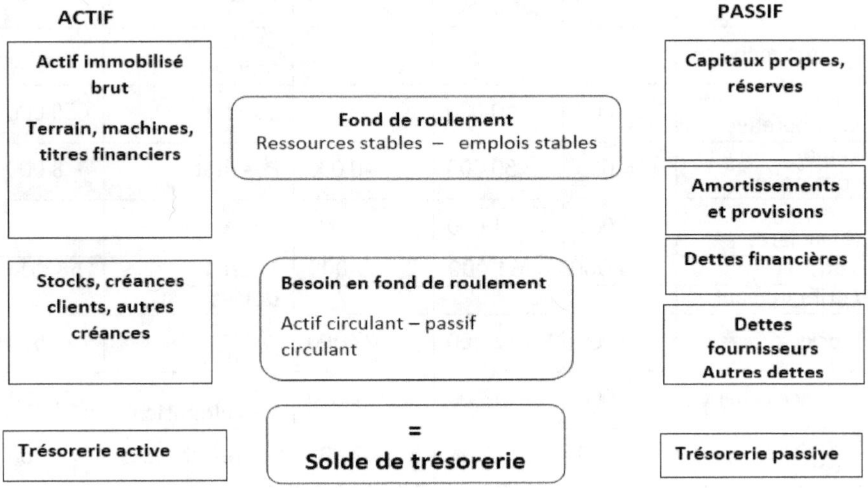

Calcul FNRG - BFR - Trésorerie Nette

Actifs stables	114 000	Passifs stables	155 000
Actif circulant	60 000	Passif circulants	23 000
Trésorerie active	60 000	Trésorerie passive	2 000
FRNG = 155 000 - 114000		Soit	41 000
BFR = 60 000 - 23 000		Soit	37 000
Trésorerie Nette = FRNG - BFR		Soit	4 000

Exercice

La société RUBY STYLE confie l'analyse des bilans fonctionnels N-1 et N ci-après :

Bilan fonctionnel N-1

Actif immobilisé brut			**405 000,00**		**Ressources stables**			**407 000,00**
Immobilisations incorporelles		45 000,00			Capitaux propres		290 000,00	
fonds commercial	45 000,00				Amortissement, dépréciation et provision		82 000,00	
Immobilisations corporelles		350 000,00			Dettes financières		35 000,00	
Installations techniques	160 000,00							
Autres	190 000,00							
Immobilisations financières		10 000,00						
Actif circulant brut			**235 200,00**		**Passif circulant**			**233 200,00**
Actif d'exploitation		186 000,00			Dettes d'exploitation		155 000,00	
Stock	100 000,00				Fournisseurs et comptes rattachés	125 000,00		
Créances	82 000,00				Dettes fiscales et sociales	28 000,00		
Charges constatées d'avance	3 000,00				Produits comptabilisés d'avance	2 000,00		
Effets escomptés non échus	1 000,00							
Actif hors exploitation		22 000,00			Dettes hors exploitation		60 000,00	

Actif de trésorerie		27 200,00			Passif de trésorerie		18 200,00	
Valeurs mobilières de placement	3 000,00				Solde créditeur de banque	17 200,00		
Disponibilités	24 200,00				Effets escomptés non échus	1 000,00		
			640 200,00					640 200,00

Bilan fonctionnel N

Actif immobilisé brut			**448 000,00**		**Ressources stables**			**530 000,00**
Immobilisations incorporelles		45 000,00			Capitaux propres		410 000,00	
fonds commercial	45 000,00				Amortissement, dépréciation et provision		95 000,00	
Immobilisations corporelles		385 000,00			Dettes financières		25 000,00	
Installations techniques	170 000,00							
Autres	215 000,00							
Immobilisations financières		18 000,00						
Actif circulant brut			**191 500,00**		**Passif circulant**			**109 500,00**
Actif d'exploitation		115 500,00			Dettes d'exploitation		83 000,00	
Stock	23 500,00				Fournisseurs et comptes rattachés	68 000,00		
Créances	84 000,00				Dettes fiscales et sociales	14 000,00		

Créances	84 000,00				Dettes fiscales et sociales	14 000,00		
Charges constatées d'avance	6 500,00				Produits comptabilisés d'avance	1 000,00		
Effets escomptés non échus	1 500,00							
Actif hors exploitation		57 000,00			Dettes hors exploitation		24 000,00	
Actif de trésorerie		**19 000,00**			Passif de trésorerie		2 500,00	
Valeurs mobilières de placement	3 000,00				Solde créditeur de banque	1 000,00		
Disponibilités	16 000,00				Effets escomptés non échus	1 500,00		
			639 500,00					**639 500,00**

Au vu des tableaux ci-haut reprenant les bilans fonctionnels N-1 et N, il est demandé de calculer pour chaque exercice :

1. Le fonds de roulement net global.
2. Le besoin en fonds de roulement d'exploitation.
3. Le besoin en fonds de roulement hors exploitation.
4. La trésorerie nette.

Ensuite, il est demandé de commenter l'évolution de l'ensemble de ces indicateurs.

Résolution

Eléments de calcul	**Exercice**	
	N-1	**N**
Fonds de roulement net global		
Ressources stables	407 000,00	530 000,00
Actif immobilisé	405 000,00	448 000,00
	2 000,00	82 000,00
Contrôle		
Actif circulant	235 200,00	191 500,00
Dettes cycliques	233 200,00	109 500,00
	2 000,00	82 000,00
Besoin en fonds de roulement d'exploitation		
Actif d'exploitation	186 000,00	115 500,00
Dettes d'exploitation	155 000,00	83 000,00
	31 000,00	32 500,00
Besoin en fonds de roulement hors exploitation		
Actif hors exploitation	22 000,00	57 000,00
Dettes hors exploitation	60 000,00	24 000,00
	- 38 000,00	33 000,00
Besoin en fonds de roulement		
Besoin en fonds de roulement d'exploitation	31 000,00	32 500,00
Besoin en fonds de roulement hors exploitation	- 38 000,00	33 000,00
	- 7 000,00	65 500,00
Trésorerie nette		
Actif de trésorerie	27 200,00	19 200,00
Passif de trésorerie	18 200,00	2 500,00
	9 000,00	16 500,00
Vérification		
Fonds de roulement net global	2 000,00	82 000,00
Besoin en fonds de roulement	- 7 000,00	65 500,00
	9 000,00	16 500,00

L'exercice N-1 se caractérise par un fonds de roulement très faible qui ne couvre pas le besoin en fonds de roulement d'exploitation. Cependant, la trésorerie est positive grâce à une ressource en fonds de roulement hors exploitation. La situation est amenée à se dégrader dès le paiement des dettes hors exploitation.

La situation en N s'est largement améliorée, grâce à une augmentation sensible du fonds de roulement net global due à une augmentation des capitaux propres.

Les dettes cycliques ont augmenté, l'actif circulant d'exploitation a diminué. Cette diminution est due à une forte baisse du stock. On constate un besoin en fonds de roulement mais l'équilibre est respecté puisque la trésorerie nette est positive.

8.8. LE BILAN FONCTIONNEL ET LES RATIOS FINANCIERS

La conversion du bilan comptable en bilan fonctionnel, permet d'approfondir l'analyse financière à travers certains ratios qui permettent de comprendre en profondeur, ce bilan fonctionnel et d'identifier les potentiels leviers pour l'amélioration des postes clés garantissant l'équilibre financier.

8.8.1. Les ratios financiers issus du FRNG

1. Le ratio de couverture des emplois stables =

$$\frac{ressources\ stables}{emplois\ stables}$$

Si ce ratio est supérieur à 1, les emplois stables sont couverts par les ressources stables.

2. Le ratio de couverture des capitaux investis =

$$\frac{\text{ressources stables}}{\text{emplois stables} + \text{BFRE}}$$

Le ratio de couverture des capitaux investis est un indicateur qui évalue la capacité des ressources à long terme à financer l'actif stable et le besoin en fonds de roulement d'exploitation. Il est exprimé en pourcentage. Il va sans dire qu'un ratio de couverture des capitaux investis élevé, constitue un bon indicateur.

3. Le ratio d'indépendance financière = $\frac{\text{capitaux propres}}{\text{ressources stables}}$

Cet indicateur mesure la dépendance de l'entreprise vis-à-vis des banques et autres institutions de crédit. Plus le taux est élevé, moins l'entreprise est dépendante de ses créanciers.

8.8.2. Les ratios financiers issus du BFR

1. Days Sales Outstanding(DSO) =

$$\frac{\text{Créance client retraitée}}{\text{chiffre d'affaires TTC}} \times \text{nombre de jours de la période examinée}$$

C'est un indicateur qui mesure le délai moyen de paiement que l'entreprise accorde à ses clients (délai moyen de paiement des clients), qui se dit aussi Nombre de Jours de Crédit clients (NJC).

2. Days Payable Outstanding(DPO) =

$$\frac{\text{dettes fournisseurs et comptes rattachés}}{\text{achat de biens et services TTC}} \times \text{nbre de jours de la période}$$

C'est le délai moyen de paiement fournisseur. Cet indicateur permet d'apprécier le nombre de jours écoulés entre le moment où un fournisseur facture et le moment où l'entreprise paye cette facture.

3. Days Inventory Outstanding(DPO)

Il peut être calculé de deux manières :

$$\frac{\text{Stock moyen de marchandises}}{\text{coût d'achat des marchandises vendues hors taxes}} \times \text{nbre de jours de la période}$$

Ou :

$$\frac{\text{Stock moyen de produits finis}}{\text{coût de production de produits finis vendues hors taxes}} \times \text{nbre de jours de la période}$$

C'est le délai de rotation des stocks. Ce ratio mesure le délai nécessaire pour convertir un stock en vente effective.

QUATRIÈME PARTIE : ANALYSE PATRIMONIALE DE LA STRUCTURE FINANCIÈRE

L'analyse financière ou patrimoniale de l'entreprise repose sur l'étude de sa solvabilité, c'est-à-dire sa capacité à couvrir ses dettes exigibles à l'aide de ses actifs liquides. Ainsi cette partie aborde la notion de :

- *Bilan financier ;*
- *Fonds de roulement financier et les ratios.*

Chapitre 9 : LE BILAN FINANCIER

9.1. DÉFINITION

Le bilan comptable est l'outil de base pour analyser la structure financière de l'entreprise. Cependant, il est nécessaire de retraiter les éléments constitutifs du bilan comptable pour permettre une analyse de la liquidité du bilan et de la solvabilité de l'entreprise

Le bilan financier met en relief le niveau de liquidité de l'actif et de l'exigibilité du passif en reclassant les différents postes suivant un horizon temporel.

9.2. OBJECTIFS

En ce qui concerne les objectifs, ils consistent à :

- o Évaluer le patrimoine, autrement dit la valeur de l'entreprise, aussi désigné sous le terme de bilan patrimonial ;
- o Mesurer sa capacité à rembourser ses dettes, c'est-à-dire apprécier sa solvabilité et, inversement, évaluer son risque d'insolvabilité, de faillite, etc.

Les postes du bilan sont classés en masses homogènes d'après leur degré de liquidité et d'exigibilité.

ACTIF	PASSIF
Actif immobilisé > 1an	Capitaux propres
Actif circulant < 1an	Dettes > 1an
	Dettes < 1an
Critère d'appréciation : la liquidité	**Critère d'appréciation : l'exigibilité**

9.3. LE RÔLE DU BILAN FINANCIER

Le rôle est de (d') :

- o Présenter le patrimoine réel de l'entreprise: les postes du bilan financier sont évalués, si possible, à leur vénale ;
- o Déterminer l'équilibre financier en comparant les différentes masses du bilan selon leur degré de liquidité ou

d'exigibilité et en observant le degré de couverture du passif exigible par les actifs liquides ;

- Évaluer la liquidité du bilan: capacité de l'entreprise à faire face à ses dettes à moins d'un an à l'aide de son actif circulant à moins d'un an ;
- Estimer la solvabilité de l'entreprise: l'actif est- il suffisant pour couvrir les dettes ;
- Permettre la prise de décision.

Les postes de l'actif sont évalués à leur valeur nette.

Le passif à plus d'un an comprend :

- Les capitaux propres représentant la valeur patrimoniale de l'entreprise ou l'actif net ;
- Les dettes exigibles à plus d'un an.

Classement par ordre de liquidité croissante :

Actif ou Emplois	Passif ou Ressources
Actif réel net à plus d'un an • Actif immobilisé net • Actif circulant à plus d'un an • Charges constatées d'avance à plus d'un an	**Passif réel à plus d'un an** • Capitaux propres • Provisions à plus d'un an • Dettes à plus d'un an • Produits constatés d'avance à plus d'un an
Actif réel net à moins d'un an • Stock et en-cours • Créances à moins d'un an • Disponibilités. + • Valeurs mobilières de placement	**Passif réel à moins d'un an** • Dettes financières à moins d'un an • Dettes non financières à moins d'un an • Provisions à moins d'un an.

9.4. LES RETRAITEMENTS

Pour ce qui est du reclassement, il faut :

1. Reclasser les créances et les dettes selon leur échéance
2. Intégrer des éléments hors bilan :

- Les plus ou moins-values latentes pour déterminer la valeur vénale des postes concernés ;
- Les effets escomptés non- échus : effets de commerce remis en banque avant la date d'échéance ;
- Les impôts latents relatifs aux subventions d'investissement et aux provisions règlementées.

3. Éliminer certains postes du bilan comptable dont la valeur vénale est nulle et considérés comme de l'actif fictif :

- Frais de développement ;
- Fonds commercial ;
- Primes de remboursement des emprunts ;
- Charges à repartir sur plusieurs exercices.

Certains analystes considèrent le fonds commercial comme un actif fictif.

Actif (degré de liquidité)	**Passif (degré d'exigibilité)**
Actif à plus d'un an	Passif à plus d'un an
Actif immobilisé net (total 1 au bilan) + plus-values latentes + part de l'actif circulant net à plus d'un an (stock, outil, créances...) + charges constatées d'avance à plus d'un an - moins-values latentes - part de l'actif immobilisé net à moins d'un an - capital souscrit-non appelé	Capitaux propres (total 1 au bilan) + plus-values latentes + comptes courants bloqués + Ecart de conversion - passif - part d'écart de conversion actif non couverte par une provision - impôt latent sur subventions d'investissement et provisions réglementées - actif net moins-values latentes
Postes constituant l'actif fictif net à l'éliminer : Frais d'établissement Primes de remboursement des obligations Charges à répartir	Dettes à plus d'un an + provisions à plus d'un an + impôt latent à plus d'un an sur subventions d'investissement et provisions réglementées + produits constatés d'avance à plus d'un an
Actif à moins d'un an	**Passif à moins d'un an**
Actif circulant net - part de l'actif circulant net à plus d'un an + charges constatées d'avance à moins d'un an + part de l'actif immobilisé à moins d'un an + effets escomptés non échus + capital souscrit - non appelé + part d'écart de conversion actif couverte par une provision	Dettes fournisseurs, sociales, fiscales, diverses + dettes financières à moins d'un an + provisions à moins d'un an + impôt latent à moins d'un an sur subventions d'investissement et provisions réglementées + effets escomptés non échus + produits constatés d'avance à moins d'un an

Exemple

La balance par solde après inventaire (exercice) N de l'entreprise NABINTU se présente comme suit :

Comptes	Soldes	
	Débit	Crédit
Capital		3 000 000,00 $
Réserve		2 800 000,00 $
Report à nouveau		25 000,00 $
Résultat de l'exercice	?	?
Provisions pour risques		42 000,00 $
Emprunts auprès des établissements de crédit		1 200 000,00 $
Frais d'établissement	90 000,00 $	
Terrains	430 000,00 $	
Constructions	2 970 000,00 $	
Matériel de transport	148 000,00 $	
Matériel de bureau et matériel informatique	195 000,00 $	
Mobilier	184 000,00 $	
Prêts	15 000,00 $	
Dépôts et cautionnements versés	6 000,00 $	
Amortissement des frais d'établissement		60 000,00 $
Amortissement des constructions		788 000,00 $
Amortissement du matériel de transport		22 200,00 $
Amortissement du matériel de bureau et informatique		58 500,00 $
Amortissement du mobilier		83 600,00 $
stocks de marchandises	482 000,00 $	
Fournisseurs		1 984 000 $
Fournisseurs - Effets à payer		1 163 000 $
Fournisseurs d'immobilisation		73 500 $
Fournisseurs - factures non parvenues		9 270 $
Clients	3 109 800,00 $	
Clients- Effets à recevoir	845 000,00 $	
Clients- facture à établir	6 340,00 $	
Etat- impôt sur les bénéfices	554 000,00 $	
TVA à décaisser		526340 $
Charges constatées d'avance	16 920,00 $	
Produits constatés d'avance		4 040 $
Dépréciations des comptes clients		62 500 $
Actions	80 470,00 $	
Banques	3 134 680,00 $	
Caisse	2 178,00 $	
Total	?	?

Vous disposez en outre des informations complémentaires suivantes :

- Les effets escomptés non échus : 282 000 ;
- Le terrais à une valeur réelle nette : 520 000 ;
- Les constructions ont une valeur réelle nette de : 2 810 000 ;
- Les résultats à distribuer aux associés sont estimés à : 220 000.

Travail demandé

1. Déterminer le résultat d'exercice.
2. Effectuer les retraitements.
3. Présenter le bilan financier condensé.
4. Représenter le bilan financier à l'aide d'un diagramme à barres.

Résolution

1 - Détermination du résultat de l'exercice

Total soldes débiteurs - total soldes créditeurs = Résultat
12 269 388 - 11 901 950 = 367 438.

2 - Le calcul des retraitements est le suivant

Actif immobilisé réel net à plus d'un an : 3 703 700 + 48 900 = 3 752 600

- Actif immobilisé réel net diminué de l'actif fictif et des immobilisations financières à moins d'un an : 520 000 + 2 810 000 + (148 000 - 22 200) + (195 000 - 58 500) + (184 000 - 83 600) + (15 000 - 10 000) + 6 000 = 3 703 700;
- Actif circulant à plus d'un an : 48 900.

Actif immobilisé réel net à moins d'un an : 482 000 + 4 403 740 + 282 000 + 1 000 + 16 920 + 3 217 328 = 8 411 988

- Stock et en cours nets : 482 000 ;
- Créances nettes à moins d'un an : (3 109 800 - 62 500 - 48 900) + 845 000 + 6 340 + 554 000 = 4 403 740 ;

- Effets escomptés non échus : 282 000 ;
- Immobilisations financières à moins d'un an : 10 000 ;
- Charges constatées d'avance à moins d'un an : 16 920 ;
- Disponibilités + valeurs mobilières de placement :

3 134 680 + 2 178 + 80 470 = 3 217 328.

Passif réel à plus d'un an : 6 660 438 + 1 127 020 + 42 000 = 7 829 458

- Capitaux propres diminués de l'actif fictif ± valeurs latentes : 3 000 000 + 2 800 000 + 25 000 + (367 438 - 220 000) - (90 000 - 60 000) * + (90 000 + 628 000) ** =
6 660 438 ;
- Dettes à plus d'un an : (1 200 000 - 72 980) = 1 127 020 ;
- Provisions pour risques : 42 000.

*Frais d'établissement.
** Plus-values latentes.

Dettes à moins d'un an : 72 980 + 220 000 + 3 756 110 + 4 040 + 282 000 = 4 335 130

- Dettes financières à moins d'un an : 72 980 ;
- Résultat distribué : 220 000.

Dettes à moins d'un an : 1 984 000 + 1 163 000 + 73 500 + 9 270 + 526 340 = 3 756 110

- Produits constatés d'avance : 4 040 ;
- Effets escomptés non échus : 282 000.

3 - Le bilan condensé se présente comme suit

Actif réel à plus d'un an	**3 752 600**	**Passif réel à plus d'un an**	**7 829 458**
Actif immobilisé net	3 703 700	Capitaux propres	6 660 438
Actif circulant à plus d'un an	48 900	Dettes à plus d'un an	1 127 020
		Provision	42 000
Actif réel net à moins d'un an	**8 411 988**	**Passif réel à moins d'un an**	**4 335 130**
Stock et en cours	482 000	Dettes financières	72 980
Créances à moins d'un an	4 695 740	Dettes non financières	4 258 110
Disponibilités + VMP	3 217 328	Comptes de régularisation	4 040

Compte de régularisation	16 920		
Totaux	**12 164 588**		**12 164 588**

4 - La présentation du diagramme en barres est la suivante

Actif réel net à plus d'un an 30,8 %	Passif réel à plus d'un an 64,4 %
Actif réel net à moins d'un an 69,2 %	Passif réel à moins d'un an 35,6 %

Chapitre 10 : LE FONDS DE ROULEMENT FINANCIER ET LES RATIOS

10.1. FONDS DE ROULEMENT FINANCIER

10.1.1. Définition

Le fonds de roulement permet d'apprécier l'équilibre financier de l'entreprise ; il est un indicateur de sa solvabilité et de son risque de cessation de paiements. Il représente une marge de sécurité financière pour l'entreprise et une garantie de remboursement des dettes à moins d'un an pour les créanciers.

10.1.2. Calcul du fonds de roulement financier

Le fonds de roulement financier s'obtient par différence entre deux masses du bilan financier.

- Par le haut du bilan : **Passif réel à plus d'un an - Actif réel net à plus d'un an.** Cette méthode permet d'apprécier le mode de financement des actifs à plus d'un an ;
- Par le bas du bilan : **Actif réel net à moins d'un an - Passif réel à moins d'un an.** Cette méthode permet de calculer la capacité de l'entreprise à couvrir ses dettes à court terme.

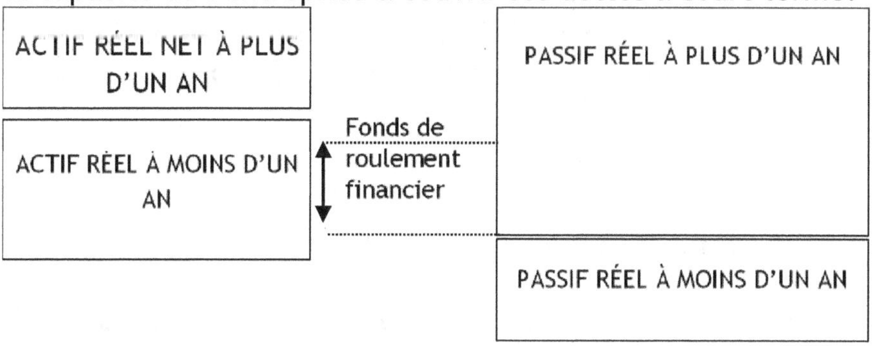

Il faut noter qu'il est possible de se retrouver dans la situation où :

- o Le fonds de roulement financier est positif c'est-à-dire que l'équilibre financier est respecté, l'entreprise est en principe : solvable ;
- o Le fonds de roulement financier est négatif c'est-à-dire que l'équilibre financier n'est pas respecté, les risques d'insolvabilité sont probables.

10.1.3. Les ratios

L'étude de la liquidité et de la solvabilité est complétée par plusieurs ratios calculés à partir du bilan financier. Ces ratios doivent être calculés sur plusieurs exercices afin d'apprécier leur évolution dans le temps et dans l'espace.

Le ratio de liquidité

Le ratio de liquidité permet de savoir dans quelle mesure la vente des stocks et l'encaissement des créances à moins d'un an permettent de payer les dettes à moins d'un an :

- o Le ratio de liquidité générale ;
- o Le ratio de liquidité restreinte ;
- o Le ratio de liquidité immédiate.

A. Le ratio de liquidité générale

Ce ratio de liquidité générale rejoint la notion de fonds de roulement financier ; il doit être supérieur à 1 pour traduire un fonds de roulement financier positif :

$$\frac{\text{Actif réel net à moins d'un an}}{\text{Dettes à moins d'un an}} = >1$$

B. Le ratio de liquidité restreinte

Ce ratio mesure la capacité de l'entreprise à payer ses dettes à court terme à l'aide de l'encaissement des créances et de la trésorerie disponible. Il doit être proche de 1 :

$$\frac{\text{Créances à moins d'un an + Disponibiltés}}{\text{Dettes à moins d'un an}}$$

Lorsque ce ratio est sensiblement inférieur à 1, il peut traduire non pas des difficultés financières mais au contraire, une gestion de trésorerie proche de zéro.

C. Le ratio de liquidité immédiate

Ce ratio mesure la capacité de l'entreprise à payer ses dettes `court terme en utilisant ses disponibilités :

$$\frac{\text{Disponibiltés}}{\text{Dettes à moins d'un an}}$$

Le ratio de solvabilité

En cas de liquidation par manque de liquidité, l'entreprise reste solvable dans la mesure où l'actif réel net ne permet de couvrir l'ensemble des dettes. Deux ratios permettent d'analyser la solvabilité :

- Le ratio d'autonomie financière ;
- Le ratio de solvabilité générale.

A. Le ratio d'autonomie financière

Ce ratio mesure la capacité de l'entreprise à s'endetter :

$$\frac{\text{Capitaux propres}}{\text{Total des dettes}}$$

Plus ce ratio est élevé, moins l'entreprise est endettée. En principe, les capitaux propres doivent couvrir au minimum un tiers des dettes.

B. Le ratio de solvabilité générale

Mesure la capacité de l'entreprise à payer ses dettes en utilisant des actifs :

$$\frac{\text{Total actif}}{\text{Total des dettes}}$$

Il doit être supérieur à 1.

Exemple

Les masses du bilan financier de l'entreprise Rubesh sont les suivantes :

Actif à plus d'un an	6 480	Passif à plus d'un an (1)	7 220
Actif à moins d'un an	5 320	Passif à moins d'un an	4 580
	11 800		11 800

(1) Dont capitaux propres : 4 332 $.

Les ratios de liquidité, d'autonomie financière et de solvabilité générale de deux exercices sont les suivants :

Ratio	N-2	N-1
Ratio de liquidité générale	1,86	1,35
Ratio d'autonomie financière	0,6	0,48
Ratio de solvabilité générale	2,37	1,95

1. Déterminer le fonds de roulement financier.
2. Calculer les ratios de liquidité générale, d'autonomie financière et de solvabilité générale.
3. Commenter l'évolution des ratios.

Résolution

Fonds de roulement financier : 7 220 - 6 480 = 740
5 320 - 4 580 = 740.

Ratio de liquidité générale : $\frac{5.320}{4.580}$ = 1,16.

Ratio d'autonomie financière : Ratio $\frac{4.332}{(11.800-4.332)}$ = 0,58.

Ratio de solvabilité générale : $\frac{11.800}{(11.800-4.332)}$ = 1,58.

On constate une dégradation de la situation financière de l'entreprise. D'où la capacité d'endettement de l'entreprise se restreint sensiblement. Mais, le fonds de roulement financier reste positif.

Le fonds de roulement net global et le fonds de roulement financier

Le fonds de roulement net global et le fonds de roulement financier répondent à des préoccupations différentes ; leurs analyses peuvent même être contradictoires. Il ne faut surtout pas les confondre.

Par exemple une diminution du crédit clients a un effet positif sur le fonds de roulement net global puisqu'il entraîne une diminution du besoin en fonds de roulement ; alors que l'effet sera négatif sur le fonds de roulement financier.

Exemple

Le bilan de l'entreprise Ngofils des bois se résume ainsi pour le dernier exercice :

ACTIF	Exercice N		
	Brut	**Amort. /Dépréc. à réduire**	**Net**
ACTIF IMMOBILISE			
Immobilisations incorporelles(1)	20 000	4 000	16 000
Immobilisation corporelles	180 000	52 000	128 000
Total II	200 000	56 000	144 000
ACTIF CIRCULANT			
Stocks	92 000	4 000	88 000
Créances clients et comptes rattachés	66 000	2 000	64 000
Autres créances(2)	8 000		8 000
Disponibilités	36 000		36 000
Total II	202 000	6 000	196 000
TOTAL GENERAL	402 000	62 000	340 000

(1) Frais d'établissement.
(2) Dont à plus d'un an: 14 000 $.

Les effets escomptés non échus s'élèvent à 9 400 $.

PASSIF	Exercice N
CAPITAUX PROPRES	
Capital	100 000
Réserves	44 000
Résultat de l'exercice (a)	46 000
Total I	190 000
DETTES (1)	
Emprunts et dettes auprès des établissements de crédit (2) (b)	84 000
Dettes fournisseurs et comptes rattachés (c)	46 000
Dettes fiscales et sociales	14 000
Dettes sur immobilisations	4 200
Autres dettes	1 800
Total II	150 000
TOTAL GENERAL	**340 000**

(1) dont à plus d'un an 65 000

dont à moins d'un an 85 000

(2) dont concours bancaires courants et soldes créditeurs de banques 8 000

(a) Distribution de dividendes : 20 000 $ le reste est porté en réserve.

(b) 16 000$ à -1 an d'après l'état des échéances.

(c) 5 000 $ à + 1 an d'après l'état des échéances.

Travail demandé

1. Présenter le bilan financier.
2. Calculer le fonds de roulement financier.
3. Calculer les ratios de liquidité générale, restreinte et de solvabilité.

Révision sur l'analyse de la structure financière

1 - Le bilan fonctionnel permet :

❒ a. d'étudier l'équilibre financier de l'entreprise.

❒ b. d'étudier la solvabilité de l'entreprise.

❒ c. une analyse statique de la structure financière.

❒ d. une analyse dynamique de la structure financière.

2 - Parmi les éléments suivants, cochez ceux qui sont hors bilan et qui doivent être réintégrés dans le bilan fonctionnel :

❒ a. les soldes créditeurs de banque.

❒ b. les effets escomptés non échus.

❒ c. les cessions de créances professionnelles.

❒ d. les effets à recevoir.

❒ e. les biens financés par crédit-bail.

3 - Cochez l'indication qui paraît la plus pertinente pour apprécier l'équilibre financier de l'entreprise :

❒ a. les rubriques du bilan fonctionnel.

❒ b. le niveau du fonds de roulement net global et son évolution.

❒ c. le niveau du besoin en fonds de roulement net global et son évolution.

❒ d. le niveau de la trésorerie nette et son évolution.

❒ e. la relation entre le fonds de roulement net global, le besoin en fonds de roulement, la trésorerie nette et son évolution.

4 - Le bilan financier permet :

❒ a. de présenter le patrimoine réel de l'entreprise.

❒ b. de classer les ressources et les emplois selon leur fonction.

❒ c. de mesurer les équilibres entre les différentes masses.

❒ d. de calculer la marge de sécurité financière du bilan.

❒ e. d'évaluer la liquidité du bilan.

❒ f. de calculer la solvabilité de l'entreprise.

5 - La constatation d'une ressource en fonds de roulement d'exploitation correspond à une situation :

❒ a. exceptionnelle pour une entreprise de distribution.

❒ b. courante, voire normale, pour une entreprise de distribution.

6 - La répartition du résultat en réserves et en dividendes a pour effet :

❒ a. d'augmenter les capitaux propres du montant du résultat.

❒ b. d'augmenter les capitaux propres du montant des réserves.

❒ c. d'augmenter les dettes à plus d'un an du montant des dividendes.

❒ d. d'augmenter les dettes à moins d'un an du montant des dividendes.

7 - Parmi les postes suivants, quels sont ceux qui doivent être éliminés du bilan fonctionnel :

❒ a. actionnaires-capital non appelé.

❒ b. primes de remboursement des obligations.

❒ c. écarts de conversion.

8 - Parmi les équilibres suivants, cochez ceux qui paraissent sains pour une entreprise industrielle :

❒ a.

<table>
<tr><td>BFR</td><td rowspan="2">FR</td></tr>
<tr><td>T+</td></tr>
</table>

❒ b.

<table>
<tr><td rowspan="2">BFR</td><td>FR</td></tr>
<tr><td>T-</td></tr>
</table>

❒ c.

BFR	FR
T +	

❒ d.

BFR	FR
	T-

9 - Veuillez sélectionner parmi les mots suivants ceux qui semblent être des termes clés du bilan financier :

❒ a. cycle d'investissement.

❒ b. liquidité.

❒ c. cycle de financement.

❒ d. solvabilité.

❒ e. exigibilité.

10 - Quelles sont les opérations qui contribuent à augmenter le fonds de roulement net global :

❒ a. le remboursement d'un emprunt à long terme.

❒ b. l'acquisition d'une immobilisation.

❒ c. l'augmentation de capital en numéraire.

❒ d. l'augmentation de capital par incorporation de réserves.

❒ e. la cession d'immobilisation dont la valeur nette est supérieure à zéro.

11 - Les capitaux propres doivent couvrir au minimum 10 % des dettes pour que l'entreprise soit jugée autonome :

❒ vrai.

❒ faux.

12 - La banque Laurent doit prendre une décision sur la demande de prêt faite par la société Piaget et relative à un investissement d'un montant de 400 000 $:

Éléments	«N-2»	«N-1»	« N »
Fonds de roulement financier	680 000	830 000	540 000
Ratio de solvabilité générale	1,80	1,78	1,79
Ratio de liquidité générale	2,48	2,80	1,70
Ratio d'autonomie financière	0,41	0,30	0,40
Ratio d'endettement à terme	0,90	0,84	0,80

La banque Laurent :

❐ a. refusera l'emprunt.

❐ b. acceptera l'emprunt.

Réponse

1 - bonnes réponses : ❐ a ❐ c.

Le bilan fonctionnel est un bilan comptable retraité en masses homogènes, d'après les fonctions des postes. Il permet d'apprécier l'équilibre financier entre les ressources de financement et les besoins de financement.

Le bilan fonctionnel est une image de la structure financière à un moment donné.

2 - bonnes réponses : ❐ b ❐ c ❐ e.

Les effets escomptés non échus et les cessions de créances professionnelles sont réintégrés dans le bilan fonctionnel en les ajoutant à l'actif circulant et au passif circulant. Le but est de connaître la situation des créances d'exploitation et des dettes circulantes sans tenir compte de ces différents procédés de financement. Les biens financés par crédit-bail sont réintégrés dans le bilan fonctionnel comme s'il s'agissait d'immobilisations acquises et financées par emprunt.

3 - bonne réponse : ❐ e

L'étude de chaque grandeur (fonds de roulement net global, besoin en fonds de roulement et trésorerie nette) prise isolément est insuffisante. C'est l'analyse de la relation fondamentale entre ces trois indicateurs et de son évolution qui permet de juger de l'équilibre financier plus ou moins sain de l'entreprise.

4 - bonnes réponses : ❐ a ❐ c ❐ d ❐ e ❐ f

Le bilan financier s'établit à partir des valeurs vénales des postes. L'objectif est de mesurer la capacité de l'entreprise à faire face à ses dettes.

Le bilan financier présente quatre grandes masses :

Actif réel net à plus d'un an	Passif réel à plus d'un an
Actif réel net à moins d'un an	Passif réel à moins d'un an

La comparaison de ces masses permet de calculer un fonds de roulement financier.

5 - bonne réponse : ❒ b.

Lorsque le besoin en fonds de roulement d'exploitation est négatif, il s'agit d'une ressource en fonds de roulement ; les ressources de financement du cycle d'exploitation excèdent les besoins de financement du cycle d'exploitation. Cette situation est classique pour une entreprise de grande distribution car les créances clients sont faibles, voire nulles ; les stocks sont peu importants du fait de leur rotation rapide ; en revanche, les dettes fournisseurs sont élevées.

6 - bonnes réponses : ❒ b ❒ d.

Les réserves, part de bénéfice restant à la disposition de l'entreprise, font partie des capitaux propres.

Les dividendes à payer, part de bénéfices revenant aux associés, constituent des dettes à moins d'un an.

7 - bonnes réponses : ❒ a ❒ b ❒ c.

C'est le capital appelé qui doit figurer dans les ressources propres.

Les primes de remboursement des obligations représentent un actif fictif. Elles sont éliminées à l'actif et retranchées des dettes financières au passif pour que l'emprunt obligataire figure en ressources stables à sa valeur d'émission.

Les postes écarts de conversion actif et passif sont éliminés, les créances et les dettes relatives à ces écarts sont ramenées à leur valeur initiale.

8 - bonnes réponses : ❒ a ❒ c ❒ d.

Une entreprise industrielle a en général des emplois stables importants et de gros besoins en fonds de roulement.

- **La situation « a » est idéale** pour les entreprises industrielles à condition qu'elle perdure. Le fonds de roulement net global est supérieur au besoin en fonds de roulement, la trésorerie est positive sans être excessive.
- **La situation « b » est très préoccupante** car le besoin en fonds de roulement est financé en grande partie par la trésorerie passive. L'entreprise risque un dépôt de bilan si les banques lui retirent leur confiance. Il est nécessaire d'augmenter le fonds de roulement net global.
- **La situation « c », bien que saine**, présente un défaut : la trésorerie positive est excessive ce qui nuit à la rentabilité des capitaux. Il est nécessaire d'envisager un placement.

○ **La situation « d » est courante** pour une entreprise industrielle. Il faudra maîtriser l'évolution du besoin en fonds de roulement afin d'éviter une dégradation de la trésorerie.

9 - bonnes réponses : ❒ b ❒ d ❒ e.

La notion de liquidité du bilan permet de répondre à la question: l'entreprise est-elle capable de faire face à ses dettes à moins d'un an grâce à ses actifs à moins d'un an ?

La notion de solvabilité permet de répondre à la question : en cas de liquidation, l'entreprise peut-elle faire face à la totalité de ses dettes grâce à la totalité de ses actifs réels ?

L'exigibilité mesure le délai plus ou moins long dont bénéficie l'entreprise pour rembourser ses dettes.

10 - bonnes réponses : ❒ c ❒ e.

L'augmentation de capital en numéraire a pour effet d'augmenter les ressources propres, donc le fonds de roulement net global, ce qui n'est pas le cas pour l'augmentation de capital par incorporation de réserves.

La cession d'immobilisation entraîne une diminution des emplois stables du montant de la valeur brute et une diminution des ressources propres du montant des amortissements cumulés, donc une augmentation du fonds de roulement net global du montant de la valeur nette comptable.

11 - bonne réponse : ❒ b.

Les capitaux propres doivent couvrir au minimum un tiers des dettes. Plus le ratio est élevé, plus l'autonomie financière est grande.

12 - bonne réponse : ❒ a.

La demande de prêt sera refusée car le ratio d'endettement à terme :

$$\frac{\text{Capitaux propres}}{\text{Dettes à long terme}}$$ est inférieur à 1.

Les banques considèrent, qu'en principe, l'endettement à long terme ne peut être supérieur au montant des capitaux propres.

En outre, nous constatons une baisse sensible du fonds de roulement financier et du ratio de liquidité générale.

10.2. IMPLICATIONS STRATEGIQUES ET OPÉRATIONNELLES DU FONDS DE ROULEMENT FINANCIER

Le fonds de roulement financier en analyse financière dépasse largement le cadre de sa définition comptable pour englober des aspects stratégiques et opérationnels cruciaux pour la gestion et le développement de l'entreprise.

Au-delà de sa définition usuelle qui, le présente comme la différence entre les ressources stables (capitaux propres et dettes à moyen et long terme) et les emplois stables (actifs immobilisés), le fonds de roulement financier (FRF) en analyse financière revêt plusieurs dimensions et implications importantes :

- Mesure de la liquidité à long terme

Le FRF est souvent interprété comme un indicateur de la liquidité à long terme et de la solidité financière d'une entreprise. Un FRF positif signifie que l'entreprise dispose de suffisamment de ressources stables pour couvrir non seulement ses investissements à long terme mais aussi pour financer une partie de ses besoins en fonds de roulement opérationnel.

- Capacité d'investissement et de croissance

Un FRF positif et conséquent offre à l'entreprise une marge de manœuvre pour réaliser des investissements stratégiques sans recourir à des financements externes supplémentaires. Cela peut être crucial pour saisir des opportunités de croissance, d'expansion ou d'innovation.

- Stratégie de financement

Le FRF peut refléter la stratégie de financement de l'entreprise, montrant dans quelle mesure elle privilégie le financement par capitaux propres ou par endettement à long terme. Une entreprise avec un FRF élevé pourrait être perçue comme prudente ou conservatrice dans sa gestion financière.

- Flexibilité opérationnelle

Un FRF important procure à l'entreprise une plus grande flexibilité pour faire face aux fluctuations des cycles économiques, aux changements soudains du marché, ou à des crises imprévues. Cette flexibilité peut être décisive pour la survie et la compétitivité de l'entreprise dans des environnements volatils.

▶ Impact sur la structure de coût

Le choix entre le financement par capitaux propres ou par dettes, qui influence le FRF, a un impact direct sur la structure de coûts de l'entreprise, notamment en termes de charges d'intérêts. Un FRF élevé, suggérant un recours limité à l'endettement, peut conduire à une réduction des charges financières et à une amélioration du résultat net.

▶ Perception par les parties prenantes

La taille et l'évolution du FRF peuvent influencer la perception des investisseurs, des créanciers et des autres parties prenantes en ce qui concerne la stabilité financière et la capacité de gestion de l'entreprise. Un FRF robuste peut améliorer la note de crédit de l'entreprise et réduire le coût du capital.

▶ Soutien à la politique de distribution

Un FRF sain permet à l'entreprise de soutenir une politique de distribution des dividendes attrayante sans compromettre ses capacités d'investissement ou sa solvabilité. Cela peut être particulièrement important pour les entreprises cotées cherchant à maintenir la confiance des investisseurs.

▶ Durabilité financière

À long terme, un FRF positif et durable est souvent associé à une gestion financière équilibrée et à une approche stratégique de la croissance, favorisant ainsi la durabilité financière de l'entreprise.

CINQUIÈME PARTIE : L'ANALYSE FINANCIÈRE PAR LES RATIOS

L'analyse financière par les ratios se fait au travers :

- *Les Ratios ;*
- *L'analyse de la trésorerie ;*
- *Le levier financier.*

Chapitre 11 : LES RATIOS

11.1. DÉFINITION

Un ratio est un rapport entre deux grandeurs significatives (masses du bilan, du compte de résultat, indicateur de gestion) ayant pour objectif, de fournir des informations utiles et complémentaires aux données utilisées pour son calcul.

Les ratios sont des outils de mesure et de contrôle de l'évolution dans le temps et dans l'espace d'un phénomène étudié en analyse financière. L'étude des ratios permet :

- De suivre et mesurer l'évolution des performances économiques et financières ainsi que des structures de l'entreprise dans le temps ; le risque de défaillance ;
- D'effectuer des comparaisons interentreprises de secteurs d'activités identiques ; par rapport aux usages de la profession ;
- De se référer à des ratios standards.

11.2. CLASSIFICATION

Les ratios sont classés en 3 groupes, à savoir :

- **Les ratios de structure** : mettent en rapport les données du bilan afin d'apprécier les équilibres financiers ;
- **Les ratios d'activité** : mettent en rapport des postes du bilan et des postes du compte de résultat pour analyser l'évolution de l'activité de l'entreprise ;
- **Les ratios de rentabilité** : mettent en rapport les résultats, le chiffre d'affaires, les capitaux afin de mesurer les rentabilités économique et financière de l'entreprise.

Ainsi, pour bien mener l'analyse des ratios, il faut tenir compte de :

- La nature juridique de l'entreprise ;
- Sa taille ;
- Son vécu ;
- Ses ressources humaines (dirigeants, associés, personnel).

11.3. LES RATIOS DE STRUCTURE

NATURE	FORMULE	INTERPRÉTATIONS
FINANCEMENT DES EMPLOIS STABLES	$\frac{Ressources\ stables}{Emplois\ stables}$	Mesure la couverture des emplois stables par les ressources stables
AUTONOMIE FINANCIÈRE	$\frac{Capitaux\ propres}{Total\ des\ dettes}$	Mesure la capacité de l'entreprise à s'endetter
CAPACITÉ D'ENDETTEMENT	$\frac{Dettes\ financières}{Capacité\ d'autofinancement}$	L'endettement ne doit pas dépasser 3 ou 4 fois la capacité d'autofinancement
AUTOFINANCEMENT	$\frac{Autofinancement}{Valeur\ ajoutée}$	Mesure la part de la valeur ajoutée consacrée à l'autofinancement
COUVERTURE DE L'ACTIF CIRCULANT PAR LE FRNG	$\frac{FRNG}{Actif\ circulant}$	Indique la part du FRNG qui finance l'' actif circulant.
ÉVOLUTION DU FRNG	$\frac{FRNG}{Chiffre\ d'affaires\ hors\ taxes} x\ 360\ j$	Indique la bonne gestion de liquidité d'une entreprise.
ÉVOLUTION DU BFRE	$\frac{BFR\ d'exploitation}{CA\ hors\ taxes}\ x\ 360\ j$	Mesure l'importance du BFRE en nombre de jours de CA.
SOLVABILITÉ GÉNÉRALE	$\frac{Total\ actif}{(Dettes\ à\ plus\ d'un\ an) + (Dettes\ à\ moins\ d'un\ an)}$	Mesure la capacité de l'entreprise à payer l'ensemble de ses dettes en utilisant l'ensemble de l'actif.

LIQUIDITÉ GÉNERALÉ	$\frac{Actif\ réel\ à\ moins\ d'un\ an}{Passif\ réel\ à\ moins\ d'un\ an}$	Mesure la capacité de l'entreprise à payer ses dettes à CT en utilisant ses actifs à court terme.
LIQUIDITÉ RESTREINTE	$\frac{Creances\ à\ moins\ d'un\ an + Disponibilités}{Passif\ réel\ à\ moins\ d'un\ an}$	Mesure la capacité de l'entreprise à payer des dettes à CT en utilisant les créances et les disponibilités.
LIQUIDITÉ IMMEDIATE	$\frac{Disponibilités}{Passif\ réel\ à\ moins\ d'un\ an}$	Mesure la capacité de l'entreprise à payer des dettes à CT en utilisant les disponibilités.
ENDETTEMENT	$\frac{Dettes\ financieres}{Capitaux\ propres}$	Mesure le niveau d'endettement par rapport aux fonds propres. Il doit se situer entre 50% et 66%
STRUCTURE FINANCIÈRE	$\frac{Caoital\ engagé\ par\ l'exploitation}{Capitaux\ propres}$	Mesure le niveau d'endettement de l'entreprise.

11.4. RATIOS D'ACTIVITÉ

NATURE	**FORMULE**	**INTÉRPRETATIONS**
TAUX DE CROISSANCE DU CA HT	$\frac{CA_n - CA_{n-1}}{CA_{n-1}}$	L'évolution du CA permet de mesurer le taux de croissance de l'entreprise.
TAUX DE MARGE COMMERCIALE	$\frac{Marge\ commerciale}{Ventes\ de\ marchandises\ hors\ taxes}$	Mesure l'évolution de la performance de l'activité commerciale de l'entreprise
TAUX DE CROISSANCE DE LA VA	$\frac{VA_n - VA_{n-1}}{VA_{n-1}}$	L'évolution de la VA est un indicateur de croissance
TAUX D'INTÉGRATION	$\frac{Valeur\ ajoutée}{CA\ hors\ taxes}$	Mesure le taux d'intégration de l'entreprise dans le processus de production ainsi

		que le poids des charges externes
PRODUCTIVITÉ DU PERSONNEL	$\frac{Valeur\ ajoutée}{effectif}$	Mesure la part de richesse crée par chaque salarié ; permet d'apprécier le niveau de compétitivité de l'entreprise
RENDEMENT DE L'ÉQUIPEMENT	$\frac{Valeur\ ajoutée}{Equipement\ de\ production}$	Mesure la part de richesse crée par dollar investi ; indique le degré de performance de l'équipement
PART DE VA REVENANT AU PERSONNEL (FACTEUR TRAVAIL)	$\frac{Charges\ de\ personnel}{Valeur\ ajoutée}$	Mesure la part de richesse qui sert à rémunérer le travail des salariés. Il permet d'apprécier la politique salariale de l'entreprise
PART DE VA REVENANT AUX PRETEURS	$\frac{Charges\ financieres\ (interets)}{Valeur\ ajoutée}$	Mesure la part de la VA consacrée à la rémunération des préteurs. Indique le degré d'endettement de l'entreprise
PART DE VA REVENANT AUX ASSOCIÉS	$\frac{Dividendes + interets\ des\ comptes\ courants}{Valeur\ ajoutée}$	Mesure la part de la VA consacrée à la rémunération des apporteurs des capitaux
PART DE VA REVENANT A L'ENTREPRISE	$\frac{Autofinancement}{Valeur\ ajoutée}$	Mesure la part de la VA qui reste à l'entreprise pour renouveler ou accroitre ses investissements, rembourser ses emprunts et s'assurer une sécurité financière
PART DE LA VA CONSACRÉE AU FACTEUR CAPITAL	$\frac{Excedent\ brut\ d'exploitation}{Valeur\ ajoutée}$	Mesure la part de richesse qui sert à rémunérer les apporteurs de capitaux et à renouveler le capital investi

POIDS DE L'ENDETTEMENT	$\frac{Charges\ d'interets}{Excedent\ brut\ d'exploitation}$	Mesure le poids de l'endettement de l'entreprise et donc de sa vulnérabilité
ROTATION DES STOCKS (ENTREPRISE COMMERCIALE)	$\frac{stocks\ moyen\ des\ marchandises}{cout\ d'achat\ des\ marchandises\ vendues}$ x 360j	Mesure la durée d'écoulement des stocks. Une augmentation de cette durée entraine une augmentation du BFRE
ROTATION DES STOCKS (ENTREPRISE INDUSTRIELLE)	$\frac{stocks\ moyen\ de\ matieres\ premieres}{cout\ de\ production\ des\ produits\ vendus}$ x 360j	Mesure la durée d'écoulement des stocks. Une augmentation de cette durée entraine une augmentation du BFRE
DUREE MOYENNE DE CRÉDIT CLIENT	$\frac{Creances\ clients\ et\ comptes\ rattachés + en-cours\ d'escompte}{Chiffre\ d'affaires\ TTC}$ x 360j	Mesure la durée moyenne en jours du crédit consenti par l'entreprise à ses clients. Si ce ratio est > à la norme du secteur, il peut traduire une inefficacité dans les recouvrements des créances. Si ce ratio est < à la norme du secteur, il peut signifier que l'entreprise mène une politique de crédit clients restrictive par rapport à ses concurrents au risque de perdre des clients.

DUREE MOYENNE DU CREDIT FOURNISSEUR	$\frac{Dettes\ fsseurs\ et\ comptes\ rattachés+en-cours\ d'escompte}{Consommations\ en\ provenance\ des\ tiers\ TTC} \times 360j$	Mesure la durée moyenne en jours du crédit obtenu par l'entreprise de la part ses fournisseurs. Si ce ratio est > à la norme du secteur, cela peut provenir d'une difficulté de l'entreprise à honorer ses échéances. Si ce ratio est < à la norme du secteur, l'entreprise doit revoir sa politique de négociation avec ses fsseurs.

11.5. LES RATIOS DE RENTABILITÉ

NATURE	FORMULE	INTERPRÉTATIONS
Taux de marge brute d'exploitation	$\frac{Excedent\ brut\ d'exploitation}{Chiffre\ d'affaires\ hors\ taxes}$	Mesure la capacité de l'entreprise à générer une rentabilité à partir du CA indépendamment de sa politique d'investissement et de son mode de financement.
Taux de marge nette d'exploitation	$\frac{Resultat\ d'exploitation}{Chiffre\ d'affaires\ hors\ taxes}$	Mesure la capacité de l'entreprise à générer une rentabilité à partir du CA compte tenu de son activité d'exploitation.
Taux de marge nette	$\frac{Resultat\ de\ l'exercice}{Chiffre\ d'affaires\ hors\ taxes}$	Mesure la capacité de l'entreprise à générer un bénéfice net à partir du CA.
Taux de rotation du	$\frac{Chiffre\ d'affaires\ hors\ taxes}{Capital\ engagé\ pour\ l'exploitation}$	Mesure la capacité de l'entreprise à générer un CA à

capital investi		partir du capital engagé pour l'exploitation.
Taux de rentabilité économique	$\frac{\text{Excedent brut d'exploitation}}{\text{Capital engagé pour l'exploitation}}$ $\frac{\text{Resultat d'exploitationnet d'IS}}{\text{Capital engagé pour l'exploitation}}$ *ou* *Taux de marge nette x taux de rotation du capiatl engagé d'exploitation*	Mesure la performance économique de l'entreprise dans l'utilisation de son actif financé des ressources stables.
Taux de rentabilité financière	$\frac{\text{Resultat net}}{\text{Capitaux propres}}$ Ou *Taux de marge nette d'exploitation x Taux de rotation du capital engagé x Niveau d'endettement*	Mesure l'aptitude de l'entreprise à rentabiliser les fonds apportés par les associés.

Exemple

Le directeur financier de la société Eureka fournit les documents suivants exprimés en $:

Le taux normal de TVA est appliqué pour l'ensemble de ces opérations, soit 20 %. La société est soumise au délai de paiement légal (fournisseurs, clients) de 60 jours à compter de la date d'émission de la facture.

ÉLÉMENTS ISSUS DES BILANS	**EXERCICE**		
	N-2	**N-1**	**N**
Actif immobilisé brut	8 497,00 $	10 958,00 $	14 685,00 $
Actif circulant brut			
- stock et en cours			
• matières premières	1 381,00 $	2 494,00 $	1 602,00 $
• produits finis	1 377,00 $	3 450,00 $	4 570,00 $
- créances clients	1 330,00 $	2 601,00 $	2 351,00 $
- disponibilités	395,00 $	54,00 $	95,00 $
capitaux propres (après retraitement)	4 521,00 $	6 670,00 $	10 281,00 $
à plus d'un an	1 657,00 $	1 865,00 $	1 900,00 $
Dettes cycliques(1)	6 502,00 $	10 647,00 $	10 672,00 $
Concours bancaires courants	300,00 $	375,00 $	450,00 $
(1) dont « comptes fsseurs » 3 647 $; 6 297 $; 5 038 $			

ÉLÉMENTS ISSUS DES COMPTES DE RÉSULTAT	EXERCICE		
	N-2	N-1	N
Achats de matières premières	9 835,00 $	16 579,00 $	15 457,00 $
Variation des stocks	-412,00 $	-1 113,00 $	892,00 $
Autres achats et charges externes	674,00 $	4 779,00 $	2 466,00 $
Valeur ajoutée	7 510,00 $	14 441,00 $	17 627,00 $
Charge personnel	4 117,00 $	10 500,00 $	11 167,00 $
Excédent brut d'exploitation	2 571,00 $	2 258,00 $	5 845,00 $
Charges financières	248,00 $	280,00 $	395,00 $
Chiffres d'affaires	17 480,00 $	32 613,00 $	35 322,00 $
Production stockée	127,00 $	2 073,00 $	1 120,00 $
Charges de production	3 496,00 $	6 522,00 $	7 064,00 $
Résultat d'exploitation net d'impôt sur les sociétés	1 620,00 $	1 310,00 $	3 091,00 $
Bénéfice net	718,00 $	579,00 $	1 690,00 $

Étudier l'évolution de la situation de l'entreprise en calculant et comparant :

1. les ratios d'activité: rotation des stocks, crédits clients, crédits fournisseurs, productivité, partage de la valeur ajoutée.
2. les ratios de structure du bilan: autonomie financière et financement des emplois stables.
3. les rations de rentabilité: rentabilité financière, rentabilité économique.

Résolutions

▶ Les ratios d'activité

Rotation des stocks de matières premières

$$\frac{\text{stocks moyen de matieres premieres}}{\text{cout de production des produits vendus}} \text{ x 360j}$$

Sachant que le Stock initial = stock final ± Variation des stocks et Stock moyen = [stock moyen+(Stock initial+Stock final) /2].

Exercice N-2	Exercice N-1	Exercice N
$\frac{(969+1381)/2}{9835-412)}$x 360j= 45j	$\frac{(1181+2494)/2}{16579-1113)}$x 360j= 45j	$\frac{(2494+1602)/2}{15457+892)}$x 360j= 45j

La durée d'écoulement des stocks de matières premières est stable sur les trois exercices.

Rotation des stocks de produits finis

$$\frac{\textit{stocks moyen de produits finis}}{\textit{cout de production des produits vendus}}\ x\ 360j$$

Sachant que :

Stock initial = stock final ± Production stockée et Stock moyen

= [stock moyen+(Stock initial + Stock final) /2]

et que coût de production des produits vendus

= coût d'achat des matières consommées + charges de production.

Exercice N-2	Exercice N-1	Exercice N
$\frac{(1250+1377)/2}{9423+3496412)}$ x 360j= 37j	$\frac{(1377+3450)/2}{15466-6522)}$ x 360j= 40j	$\frac{(3450+4570)/2}{16349+7064)}$ x 360j= 62j

La durée d'écoulement des stocks des produits a presque doublé entre N-1 et N. Cela traduit une mauvaise gestion des stocks des produits.

Crédit Clients

$$\frac{\text{Creances clients + en-cours d'escompte}}{\text{Chiffre d'affaires TTC}} \text{ x } 360j$$

Sachant que :

Chiffre d'affaires toutes taxes comprises – Chiffre d'affaires hors taxes x 1,20

Exercice N-2	Exercice N-1	Exercice N
$\frac{1330}{20976}$ x 360j= 23j	$\frac{2601}{39136}$ x 360j= 24j	$\frac{2351}{42386}$ x 360j= 22j

La durée du crédit clients est stable. Ce qui est positif à condition que le ratio ne soit pas inférieur à la norme du secteur.

Crédit fournisseurs

$$\frac{\text{Fournisseurs et comptes rattachés}}{\text{Consommations en provenance des tiers TTC}} \text{ x } 360j$$

Sachant que :

Consommation en provenance des tiers TTC = Coût d'achat x 1.20 des matières consommées + Autres achats x 1.20 Et charges externes.

Exercice N-2	Exercice N-1	Exercice N
$\frac{3647}{11308+808}$ x 360j= 108j	$\frac{6297}{(18559+5735)}$ x 360j= 93j	$\frac{5038}{18548+2959}$ x 360j= 84j

La durée du crédit fournisseur se réduit chaque année, mais reste très supérieure au délai de paiement légal. Cela traduit pour l'entreprise, des difficultés importantes pour régler ses fournisseurs, donc une situation risquée. On constate, par ailleurs, une trésorerie nette négative pour les exercices N-1 et N.

Productivité

$$\frac{\text{Valeur ajoutée}}{\text{CA hors taxes}} \times 100$$

Exercice N-2	Exercice N-1	Exercice N
$\frac{7510}{17480} \times 100 = 42{,}96\%$	$\frac{14441}{32613} \times 100 = 44{,}28\%$	$\frac{17627}{35322} \times 100 = 49{,}90\%$

Le ratio de productivité est en progression ; ceci est dû à une augmentation simultanée de la valeur ajoutée et du chiffre d'affaires.

Facteur Travail

$$\frac{\text{Charges de personnel}}{\text{Valeur ajoutée}}$$

Exercice N-2	Exercice N-1	Exercice N
$\frac{4117}{7510} \times 100 = 54{,}82\%$	$\frac{10500}{14441} \times 100 = 72{,}71\%$	$\frac{11167}{17627} \times 100 = 63{,}35\%$

La part de la valeur ajoutée consacrée à la rémunération des salariés a subi une forte hausse entre N-2 et N-1

Facteur Capital

$$\frac{\text{Excédent brut d'exploitation}}{\text{Valeur ajoutée}} \times 100$$

Exercice N-2	Exercice N-1	Exercice N
$\frac{2571}{7510} \times 100 = 34{,}23\%$	$\frac{1258}{14441} \times 100 = 15{,}64\%$	$\frac{5845}{17627} \times 100 = 33{,}16\%$

La part de la valeur ajoutée qui sert à renouveler les investissements et à rémunérer les prêteurs et les associés a diminué de plus de la moitié entre N-2 et N-1. Ceci s'explique par l'analyse du ratio précédent.

On assiste à un redressement de la situation sur l'exercice N bien que la contribution du facteur travail reste prédominante par rapport à la contribution du facteur capital.

▶ **Les ratios de structure**

Sachant que le Total du passif est la somme des Capitaux propres, des Dettes financières à plus d'un an et des dettes cycliques, il se dégage quelques ratios de structure qui sont des indicateurs qui permettent d'évaluer la composition et la stabilité financière d'une entreprise. Ils fournissent des informations sur la manière dont l'entreprise est financée et sur la répartition de ses ressources entre capitaux propres et dettes. Les plus courants sont:

Autonomie financière

$$\frac{\text{Capitaux propres}}{\text{Total des dettes}} \text{ x } 100$$

Exercice N-2	Exercice N-1	Exercice N
$\frac{4521}{8459}$x 100= 3,40%	$\frac{6670}{12887}$x 100= 51,80%	$\frac{10281}{13022}$x 100= 79%

Le ratio d'autonomie financière est correct puisque les capitaux propres représentent plus de la moitié des dettes. On constate une forte amélioration en N due à une augmentation sensible des fonds propres.

Financement des emplois stables

$$\frac{\text{Ressources stables}}{\text{Emplois stables}} \text{ x } 100$$

Exercice N-2	Exercice N-1	Exercice N
$\frac{4521+1657}{8497}$x100= 72,70%	$\frac{6670+1865}{10958}$x 100= 77,90%	$\frac{10281+1900}{14685}$x 100= 82,90%

Les ressources stables ne couvrent pas les investissements. Ce qui amène à constater un fonds de roulement net global négatif et un financement d'une partie des emplois stables par des crédits de trésorerie. Toutefois, la situation s'améliore d'une année à l'autre. L'entreprise doit veiller à renforcer ses ressources stables soit par une augmentation du capital soit par un emprunt.

▶ Les ratios de rentabilité

Les ratios de rentabilité en analyse financière sont des indicateurs clés qui évaluent la capacité d'une entreprise à générer des bénéfices par rapport à ses ventes, ses actifs totaux, ou ses capitaux propres. Ils sont cruciaux pour les investisseurs, les créanciers et la direction, car ils fournissent des insights sur la performance financière globale de l'entreprise, sa capacité à croître et à distribuer des dividendes à ses actionnaires. Les plus courants sont :

Rentabilité économique

$$\frac{\textit{Excédent brut d'exploitation}}{\textit{Capital engagé}} \times 100$$

Exercice N-2	Exercice N-1	Exercice N
$\frac{2571}{4521+1657} \times 100 = 41{,}60\%$	$\frac{2258}{6670+1865} \times 100 = 26{,}50\%$	$\frac{5845}{10281+1900} \times 100 = 48\%$

Ou $$\frac{\text{Résultat d'exploitation net d'impot sur les sociétés}}{\text{Capital engagé}} \times 100$$

Exercice N-2	Exercice N-1	Exercice N
$\frac{1620}{4521+1657} \times 100 = 26{,}20\%$	$\frac{1310}{6670+1865} \times 100 = 15{,}30\%$	$\frac{3091}{10281+1900} \times 100 = 25.40\%$

La rentabilité économique a fortement baissé entre N-2 et N-1 du fait d'une augmentation des charges d'exploitation plus importante que celle du chiffre d'affaires. La situation s'améliore en N grâce à une meilleure maîtrise des charges d'exploitation.

Rentabilité financière

$$\frac{\text{Résultat net}}{\text{capitaux propres}} \times 100$$

Exercice N-2	Exercice N-1	Exercice N
$\frac{718}{4521} \times 100 = 15{,}90\%$	$\frac{579}{6670} \times 100 = 8{,}70\%$	$\frac{1690}{10281} \times 100 = 16{,}40\%$

La rentabilité des apports baisse sensiblement entre N-2 et N-1, puis on assiste à une nette amélioration entre N-1 et N. La rentabilité financière est moins élevée que la rentabilité économique. Le faible endettement de l'entreprise et l'augmentation régulière des capitaux propres n'ont pas eu un effet favorable sur la rentabilité financière de l'entreprise.

Chapitre 12 : ANALYSE DYNAMIQUE DE LA TRÉSORERIE

Ce chapitre nous conduit à l'analyse dynamique des flux financiers d'une entreprise.

L'analyse dynamique est une approche essentielle en analyse financière qui permet d'évaluer la performance et la santé financière d'une entreprise au fil du temps. Contrairement à l'analyse statique, qui se concentre sur une image instantanée des états financiers d'une entreprise, l'analyse dynamique prend en compte les tendances, les fluctuations et les évolutions sur plusieurs périodes.

L'objectif principal de l'analyse dynamique est de comprendre comment une entreprise se comporte dans un environnement en constante évolution. Elle permet d'identifier les forces et les faiblesses d'une entreprise, de prendre en compte les facteurs économiques, sectoriels et concurrentiels qui influencent ses performances, et d'évaluer sa capacité à maintenir une croissance durable.

Dans le cadre de l'analyse dynamique, plusieurs outils et indicateurs sont utilisés pour analyser les états financiers d'une entreprise sur plusieurs périodes, tels que les ratios financiers, les tendances de croissance, les flux de trésorerie, les mouvements des actifs et passifs, et les variations des marges bénéficiaires. Ces données sont souvent représentées sous forme de tableaux, de graphiques ou de rapports comparatifs, ce qui permet une analyse plus approfondie et une meilleure visualisation des performances financières d'une entreprise au fil du temps. Ce chapitre va essentiellement aborder la notion des flux de trésorerie.

12.1. LA TRÉSORERIE

L'approche des ratios nous permet de parvenir à une analyse statique. L'analyse par les flux repose sur une conception de l'entreprise perçue comme une structure vivante parcourue par un ensemble de flux d'entrée et de sortie qu'il convient de décrire pour comprendre la dynamique de son évolution. Le tableau de financement et le tableau des flux de trésorerie nous permettent d'appréhender cet aspect des choses. Cependant, clarifions d'abord la notion de flux dans un sens purement de trésorerie.

12.1.1. Notions de flux et de non flux

La vie de l'entreprise est caractérisée par une succession d'opérations (achats, ventes règlements, etc.) qui font l'objet d'une classification plus ou moins normalisée, permettant ainsi de disposer d'une information synthétique sur la vie de l'entreprise.

Or, le bilan est une représentation statique de la structure de l'entreprise à un moment donné et le compte de résultat, un descriptif dynamique de l'activité de l'entreprise pendant une période. Le tableau de flux permet d'expliquer comment on est passé d'une structure initiale (bilan d'ouverture) à une structure finale (bilan de clôture) en intégrant les données du compte de résultat. Or, il existe des mouvements des comptes qui ne peuvent pas être considérés comme des flux puisqu'ils n'ont aucune conséquence sur la trésorerie. Ce sont des « non flux ». Il s'agit des opérations constatées au moment de l'inventaire.

Un flux, en effet, fait référence à des données financières qui représentent des mouvements monétaires réels au sein de l'entreprise sur une période spécifique. Ces mouvements monétaires peuvent inclure les revenus provenant des ventes, les dépenses liées aux coûts de production, les investissements en immobilisations, les paiements des dividendes aux actionnaires, les remboursements des dettes, les flux de trésorerie nets, etc. Les flux sont généralement mesurés sur une base périodique, telle que mensuelle, trimestrielle ou annuelle.

En revanche, un non-flux, également appelé "solde" ou "position", représente des données financières qui reflètent l'état ou la situation financière d'une entreprise à un moment précis. Cela peut inclure des éléments tels que les actifs totaux, les passifs totaux, les capitaux propres, les dettes à long terme, les stocks, les créances clients, les fonds de roulement, etc. Les non-flux sont généralement exprimés à une date donnée, comme la fin de l'exercice fiscal.

La distinction entre les flux et les non-flux est importante lors de l'analyse dynamique d'une entreprise, car elle permet de comprendre, à la fois, les performances opérationnelles de l'entreprise au fil du temps (via les flux) et sa situation financière globale à un moment précis (via les non-flux). Les flux sont particulièrement utiles pour évaluer la rentabilité, la génération de trésorerie et la croissance de l'entreprise, tandis que les non-flux fournissent des informations sur sa structure financière, sa solvabilité et son potentiel de croissance à long terme. En analyse dynamique d'une entreprise, la différence entre un flux et un non-flux réside donc dans la nature des données financières prises en compte.

Les principaux non-flux

La constatation des dépréciations et des risques	Les dotations aux amortissements Les dotations aux provisions
L'activation de charges	La production immobilisée.
Les virements de compte à compte	La mise en réserve du résultat. L'augmentation de capital par incorporation des réserves. La quote-part de subvention d'équipement versée au compte de résultat.
Les réévaluations	Le changement de la valeur des postes de bilan. L'adoption d'une méthode différente La dévalorisation des stocks (CMP, LIFO, etc.) La constatation des écarts de conversion active et passive. Le capital souscrit non appelé
Les variations de stocks	La constatation du stock initial et du stock final.
Les opérations de césure (cut off)	Les charges et les produits constatés d'avance.

	Les factures non établies et à recevoir

12.1.2. Notions de trésorerie

La trésorerie comprend :

- Les Liquidités comprennent les fonds en caisse et les dépôts à vue y compris les découverts bancaires remboursables à la demande et les facilités de caisse ;
- Quasi liquidité ou équivalent de trésorerie sont des placements à court terme, très liquides facilement convertibles en montant connu de trésorerie et qui sont soumis à un risque négligeable de changement de valeur.

12.1.3. Le calcul de la trésorerie

Trésorerie active
-Trésorerie passive
= Trésorerie nette

Compte de caisse
Compte à vue
Compte à terme et intérêts courus non échus qui s'y rattachent venant à échéances dans délai maximum de 3 mois à compter de leur ouverture
SICAV et FCP
Obligations acquises moins de trois mois avant leur échéance.

Soldes créditeurs de banque correspondant à des découverts temporaires et intérêts courus, non échus qui s'y rattachent
Comptes courants avec des entreprises liées lorsqu'ils en résultent d'opérations de trésorerie

Ce calcul se réalise sur base des flux de trésorerie suivants :

- Flux **de trésorerie lié à l'activité** : Encaissements et décaissements liés au cycle d'exploitation, aux charges et produits financiers et exceptionnels, à la participation des salariés et à l'impôt sur les sociétés ;
- **Flux de trésorerie lié à l'investissement** : Encaissements et décaissements destinés à acquérir ou à céder des biens ou des créances en immobilisations, une part du capital d'autres entreprises ; à consentir ou à obtenir le remboursement de prêts ou d'avances ;
- **Flux de trésorerie lié au financement** : Encaissements et décaissements liés au financement externe de l'entreprise

(augmentation de capital, nouveaux emprunts, subventions d'investissement, remboursements d'emprunts, dividendes ...).

12.2. LES TABLEAUX DE FLUX

En ce qui concerne les tableaux de flux de trésorerie, nous distinguons :

- o Le tableau de financement et
- o Le tableau des flux de trésorerie.

12.2.1. Le tableau de financement

Le tableau de financement, encore appelé tableau de fonds, permet une analyse fonctionnelle dynamique de la situation financière de l'entreprise. Il fait apparaître les mouvements, les flux monétaires ou variations d'emplois et des ressources survenus pendant un exercice afin d'expliquer l'origine de la variation du fonds de roulement net global et d'analyser l'utilisation de cette variation.

Le tableau de financement permet de connaître :

- o Les opérations qui ont contribué à l'évolution du patrimoine au cours d'un exercice;
- o Les réalisations d'investissements et de désinvestissements;
- o Les moyens de financement utilisés;
- o Les dividendes distribués ;
- o L'évolution des éléments du cycle d'exploitation.

Le tableau de financement permet d'analyser la variation du patrimoine sur la base de la variation du fonds de roulement et du besoin en fonds de roulement. La trésorerie y est interprétée comme une variable d'ajustement.

12.2.2. Le tableau des flux de trésorerie

La trésorerie est un indicateur de gestion fondamental pour l'entreprise. L'analyse de son état et de son évolution permet d'apprécier la santé financière de l'entreprise.

Le Tableau des Flux de Trésorerie présente la variation annuelle de trésorerie et en permet l'analyse. Le TFT est un outil phare de l'analyse dynamique des flux financiers d'une entreprise ; il permet d'analyser les encaissements et les décaissements réalisés par l'entreprise au cours d'une période et d'en déduire son degré de solvabilité ainsi que ses besoins de financement.

Selon Christian Hoarau « Un tableau des flux de trésorerie regroupe les encaissements et les décaissements liés aux activités courantes de l'entreprise, à ses investissements et à son financement. Il constitue un état de synthèse à part entière dont la finalité première est d'expliquer la variation de trésorerie. »

À la différence du tableau de financement ou tableau Emplois-Ressources qui présente la variation du fonds de roulement, le tableau des flux de trésorerie présente la variation de trésorerie et a une vision moins patrimoniale.

Le tableau de flux de trésorerie est un document financier qui hiérarchise tous les mouvements d'argent réalisés et à venir. L'objectif de ce tableau est, à la fois, de visualiser les flux de trésorerie passés mais également d'établir des prévisions de trésorerie qui peuvent ensuite être ajustées au fil de temps.

Objectif

Nous notons que le TFT a pour objectifs de (d') :

- Analyser l'origine de l'excédent ou du déficit de trésorerie ;
- Étudier l'utilisation des ressources de trésorerie ;
- Mesurer le besoin de financement externe ;
- Effectuer des prévisions.

Méthode d'élaboration du tableau de flux de trésorerie

Flux de trésorerie lié à l'activité	Calculé à partir de la CAF. Cependant, comme la CAF n'est qu'une trésorerie potentielle qui ne tient pas compte des décalages de trésorerie, issus des délais de paiement (BFR). CAF - Variation du BFR
Flux de trésorerie lié à l'investissement	Acquisitions d'immobilisations Cessions d'immobilisations nettes d'impôts Réductions d'immobilisations financières Variation des autres postes (dettes et créances) relatifs aux immobilisations
Flux de trésorerie lié au financement	Augmentation du capital en numéraire Réduction du capital Dividendes versés Émissions d'emprunts Remboursements d'emprunts Subventions d'investissement reçues

La variation de trésorerie

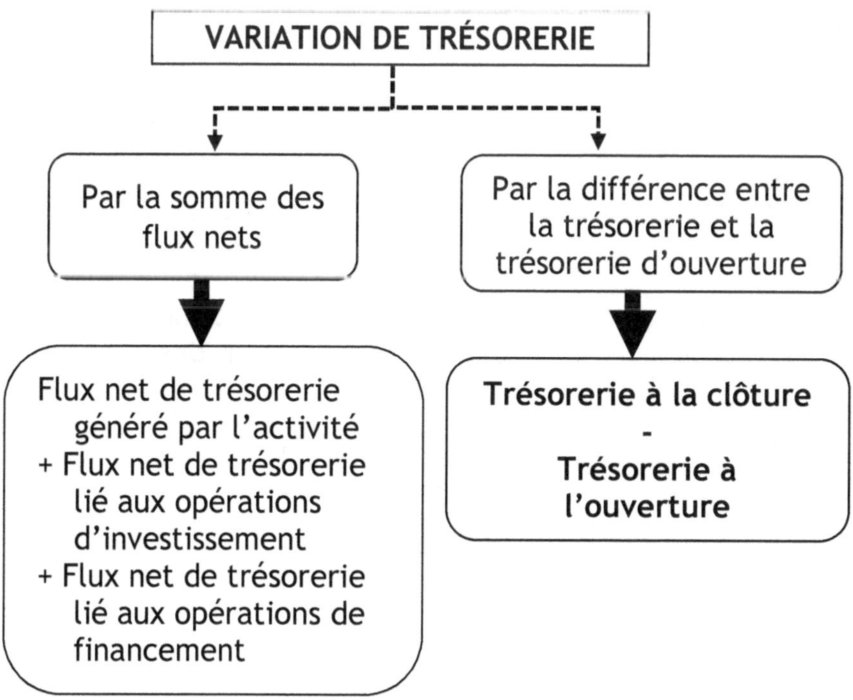

FLUX DE TRÉSORERIE LIÉS À L'ACTIVITÉ	Montants
Résultat Net *Elimination des charges et des produits sans incidence sur la trésorerie ou non liés à l'activité :* + Dotations aux amortissements et aux provisions nettes des reprises (sauf celles portant sur l'actif circulant) - Transferts de charges au compte de charges à répartir - Plus values de cession, nettes d'impôts - Quotes-parts de subventions d'investissements virées au résultat	
= Marge brute d'autofinancement - Variation des stocks - Variation des créances d'exploitation + Variations des dettes d'exploitation - Variations des autres créances liées à l'activité + Variations des autres dettes liées à l'activité (y compris les intérêts courus) ➔ Moins : Variation du besoin en fonds de roulement lié à l'activité	
*= **Flux net de trésorerie généré par l'activité (A)***	
FLUX DE TRESORERIE LIES A L'INVESTISSEMENT - Acquisitions d'immobilisations + Cessions d'immobilisations nettes d'impôts + Réductions d'immobilisations financières +- Variation des autres postes (dettes et créances) relatifs aux immobilisations	
*= **Flux net de trésorerie lié aux opérations d'investissement (B)***	
FLUX DE TRESORERIE LIES AU FINANCEMENT + Augmentation de capital en numéraire - Réduction de capital - Dividendes versés + Emissions d'emprunts - Remboursements d'emprunts + Subventions d'investissements reçues	
*= **Flux net de trésorerie lié aux opérations de financement (C)***	
VARIATION DE TRESORERIE (A + B + C)	
Trésorerie d'ouverture **Trésorerie de clôture**	

Sur ce format du tableau du flux de trésorerie, le calcul se fait en partant du résultat net puis les retraitements se font pour ne retenir que les opérations représentant des flux.

FLUX DE TRESORERIE LIES A L'ACTIVITE	Montants
Résultat d'exploitation *Elimination des charges et des produits sans incidence sur la trésorerie ou non liés à l'activité :* + Dotations aux amortissements et aux provisions nettes des reprises (sauf celles portant sur l'actif circulant) - Transferts de charges au compte de charges à répartir	
= **Résultat brut d'exploitation** Moins : Variation du besoin en fonds de roulement d'exploitation (Δ BFRE) - Variation des stocks - Variation des créances d'exploitation + Variations des dettes d'exploitation	
= Flux net de trésorerie d'exploitation *Autres encaissements et décaissements liés à l'activité :* - Frais financiers + Produits financiers - Impôt sur les sociétés, hors impôt sur les plus-values de cession - Charges exceptionnelles liées à l'activité + Produits exceptionnels liés à l'activité - Autres créances liées à l'activité + Autres dettes liées à l'activité (y compris intérêts courus)	
= Flux net de trésorerie généré par l'activité (A)	
FLUX DE TRESORERIE LIES A L'INVESTISSEMENT - Acquisitions d'immobilisations + Cessions d'immobilisations nettes d'impôts + Réductions d'immobilisations financières +- Variation des autres postes (dettes et créances) relatifs aux immobilisations	
= Flux net de trésorerie lié aux opérations d'investissement (B)	
FLUX DE TRESORERIE LIES AU FINANCEMENT + Augmentation de capital en numéraire - Réduction de capital - Dividendes versés + Emissions d'emprunts - Remboursements d'emprunts + Subventions d'investissement reçues	
= Flux net de trésorerie lié aux opérations de financement (C)	
VARIATION DE TRESORERIE (A + B + C)	
Trésorerie d'ouverture **Trésorerie de clôture**	

Sur ce format du tableau du flux de trésorerie, le calcul se fait en partant du résultat d'exploitation pour dégager l'EBE puis, les retraitements se font pour ne retenir que les opérations représentant des flux qui au final nous aide à recenser tous les mouvements ayant engendres des encaissements et décaissements.

En OHADA, le format est quelque peu identique avec de modification mineure ; la trésorerie d'ouverture est mentionnée dès le début, puis tous les mouvements d'argent réalisés et à venir, sont répertoriés afin de constater les mouvements de trésorerie liés à l'exercice.

Ci-dessous un modèle du format OHADA

Sur ce format de tableau de flux de trésorerie, le calcul se fait en partant de la trésorerie nette au 1er janvier, c'est-à-dire la trésorerie disponible au début de l'année, le 1er janvier, pour ensuite examiner les flux de trésorerie générés ou utilisés par les opérations courantes, les investissements et les activités de financement, ajustés par les retraitements nécessaires pour exclure les transactions non monétaires. En d'autres termes, il est indiqué d'abord le solde initial de trésorerie, puis les mouvements de fonds sont tracés, tant effectués que prévus, pour refléter les variations de trésorerie sur la période concernée.

Principales composantes du tableau de flux de trésorerie en SYSCOHADA

REF	LIBELLÉS		NOTE	Exercice N	Exercice N-1
ZA	**Trésorerie nette au 1er janvier** (Trésorerie actif N-1 - Trésorerie passif N-1)	**A**			
	Flux de trésorerie provenant des activités opérationnelles				
FA	**Capacité d'Autofinancement Globale (CAFG)**				
FB	-Actif circulant HAO (1)				
FC	-Variation de stocks				
FD	-Variation de créances				
FE	+Variation du passif circulant(1)				
	Variation du BF lié aux activités opérationnelles (FB+FC+FD+FE) :				
ZB	**Flux de trésorerie provenant des activités opérationnelles (Somme FA à FE)**	**B**			

	Flux de trésorerie provenant des activités d'investissements				
FF	-Décaissements liés aux acquisitions d'immobilisations incorporelles				
FG	-Décaissements liés aux acquisitions d'immobilisations corporelles				
FH	-Décaissements liés aux acquisitions d'immobilisations financières				
FI	+Encaissements liés aux cessions d'immobilisations incorporelles et corporelles				
FJ	+Encaissements liés aux cessions d'immobilisations financières				
ZC	**Flux de trésorerie provenant des activités d'investissement (Somme FF à FJ)**	**C**			
	Flux de trésorerie provenant du financement par les capitaux propres				
FK	+Augmentation de capital par apports aux nouveaux				
FL	+Subvention d'investissements reçus				
FM	-Prélèvement sur le capital				
FN	-Dividendes versées				
ZD	**Flux de trésorerie provenant des capitaux propres (Somme FK à FN)**	**D**			
	Trésorerie provenant du financement par les capitaux étrangers				
FO	+Emprunts				
FP	+Autres dettes financières				
FQ	-Remboursements des emprunts et autres dettes financières				
ZE	**Flux de trésorerie provenant des capitaux étrangers (Somme FO à FQ)**	**E**			
ZF	**Flux de trésorerie provenant des activités de financement (D+E)**	**F**			
ZG	**VARIATION DE LA TRÉSORERIE NETTE DE LA PÉRIODE (B+C+F)**	**G**			

ZH	Trésorerie nette au 31 décembre (G+A) Contrôle : Trésorerie actif N - Trésorerie passif N =	H			

[1] à l'exclusion des variations des créances et dettes liées aux activités d'investissement (variation des créances sur cession d'immobilisation et des dettes sur acquisition ou production d'immobilisation) et de financement (par exemple variation des créances sur subventions d'investissements reçus).

À noter :

- o La trésorerie nette en début d'exercice (poste ZA) ;
- o Les flux de trésorerie provenant des activités opérationnelles (postes FA à FE) ;
- o Les flux de trésorerie provenant des investissements (postes FF à F3) ;
- o Les flux de trésorerie provenant des capitaux propres (postes FK à FN) ;
- o Les flux de trésorerie provenant des capitaux étrangers (postes F0 à FQ) et
- o La trésorerie nette en fin d'exercice (poste ZH).

La trésorerie nette en début d'exercice

Elle est obtenue par la différence entre la trésorerie-actif de N-1 (corrigée de la variation du compte 472 versements restant à effectuer sur les titres de placement non libérés de l'année N-1) et la trésorerie passive de l'année N-1.

Flux provenant des activités opérationnelles

Les activités opérationnelles sont les activités génératrices des ressources, ainsi que toutes autres activités qui ne relèvent pas des activités de financement et d'investissement. Ces flux de trésorerie résultent de la différence entre les encaissements et les décaissements liés aux principales activités de l'entreprise auxquelles il faut ajouter les flux des activités qui ne relèvent pas des activités d'investissement et de financement.

Cependant, quelques retraitements s'imposent du fait que notre comptabilité est **une comptabilité d'engagement. Nous passons donc par le compte de résultat qui** fournit des soldes intermédiaires de gestion comprenant des indicateurs d'activité. Ainsi, pour identifier les flux liés à l'activité, nous passons par un indicateur appelé **capacité d'autofinancement globale** pour procéder au retraitement.

La capacité d'autofinancement globale (CAFG) : C'est l'excédent global de trésorerie généré par les activités opérationnelles (circuit exploitation et opérations financières) hors activité ordinaire après impôt sur le résultat.

CAFG = EBE + (Produits encaissables restants des activités opérationnelles - Charges décaissables restantes des activités opérationnelles)

En partant de l'EBE, il est important de corriger l'influence des valeurs de cession courante des immobilisations (654) qui affectent la détermination de l'EBE en rajoutant ce solde débiteur du compte 654 de la balance de fin de l'exercice et en déduisant les produits de cessions courantes d'immobilisations (solde créditeur du compte 754 de la balance de fin de l'exercice), nous obtenons ainsi la capacité d'autofinancement d'exploitation (CAFE).

CAFG = CAF + (Frais financier + Perte de change + Charges HAO + Participation des travailleurs + Impôt sur le résultat)

Passage de la CAFG aux flux de trésorerie des activités opérationnelles

La CAFG doit être corrigée de la variation du besoin de financement lié aux activités opérationnelles. Il s'agit de :

- Neutraliser l'effet de la variation de stock qui n'a pas d'impact sur la trésorerie ;
- La correction de la créance (Créance N- Créance N-1) ;
- La correction de dette. (Dette N- Dette N-1).

Flux de trésorerie = CAFG – variation des stocks – variation des créances + variation de dettes

Concrètement, la variation du besoin de financement liée aux activités opérationnelles résulte, après annulation de la correction de la créance et/ou de la dette de l'écart de conversion s'il y a lieu, de la variation :

- De l'actif circulant HAO (poste BA des bilans) à l'exclusion de la variation créances liées aux immobilisations, comptes 485 ;
- Des stocks et encours (poste BB des bilans) ;

- Des créances et emplois assimilés (poste BG des bilans) à l'exclusion de la variation (des créances liées aux immobilisations ; compte 414 des créances des apporteurs de capital propre ; compte 467 apporteurs restant d sur capital appelé, des fonds à recevoir des fonds de dotation et des subventions d'investissement ; compte 458 organismes internationaux, fonds de dotation et subventions effet à recevoir et 4494 Etat subvention d'investissement à recevoir, du compte transitoire, ajustement spéciale lié à la révision de l'OHADA compte 4751 ; du passif circulant (poste DP des bilans) à l'exclusion de la variation, des dettes liées aux immobilisations, comptes 404, 481, 482 ; des dettes des apporteurs des capitaux propres, compte 467 Apporteurs restant dû sur capital appelé ; du compte transitoire, ajustement spéciale lié à la révision de l'OHADA compte 4752 ; des dettes liées au titre de placement, compte 472 versements restant à effectuer sur titres non libéré).

Flux de trésorerie provenant des activités d'investissement

Le SYSCOHADA détermine la trésorerie affectée aux acquisitions ou provenant de la cession des immobilisations. Les immobilisations acquises ou cédées à crédit, doivent être corrigées du montant des dettes et des créances si l'entité bénéficie ou octroie un crédit partiel du financement. Toute variation d'immobilisations qui n'a pas généré de flux de trésorerie ne figurera pas dans les flux de trésorerie.

a. Les acquisitions d'immobilisations peuvent être déterminées à l'aide du Bilan par la sommation de :

- Variation des immobilisations nettes, incorporelles (poste AD), corporelles (poste Ai) financières (poste AN) des bilans des deux exercices successifs ;
- Les dotations aux amortissements et aux dépréciations ainsi que la valeur nette de cession des immobilisations de l'exercice.

De cette somme seront déduits :

- Le montant de la réévaluation libre ou légale des immobilisations (montant enregistré au crédit des comptes 106 Écart de réévaluation et 154 Provision spéciale de réévaluation au cours de l'exercice) inscrit en contrepartie des comptes d'immobilisations corporelles et financières ;
- Le montant de la provision pour démantèlement ou remise en l'état d'un site inscrit en contrepartie d'un compte d'immobilisation ;
- Le montant des acquisitions d'immobilisations financées par une dette de location-acquisition (contrat de location chez le preneur: location- acquisition) car n'ayant fait l'objet d'aucun décaissement ;
- Le montant des créances à long terme inscrit au débit du compte 2714 Créances de location financement/location-vente (contrat de location-vente chez le bailleur: location-financement) car n'ayant fait l'objet d'aucun décaissement. En revanche, la part de l'encaissement relative au remboursement de la créance de location (crédit du compte 2714 Créances de location financement /location-vente) est considérée comme un remboursement d'immobilisation financière.

b. Le décaissement lié aux acquisitions d'immobilisations est obtenu :

- En cas d'achat d'immobilisations au comptant, par le montant de l'investissement acquis reconstitué ci-dessus ;
- En cas d'achat d'immobilisations financé en partie à crédit par la déduction de la dette fournisseurs d'investissements du montant des biens acquis reconstitué ci-dessus ;
- En cas de paiement de la créance sur cessions d'immobilisations des exercices précédents, à l'aide des comptes 485 créances sur cession d'immobilisations et 414 Créances sur cessions courantes d'immobilisations.

L'encaissement lié aux cessions d'immobilisations sera reconstitué :

- En cas de paiement comptant, par le crédit des comptes 82 Produits des cessions d'immobilisations ou 754 produits des cessions courantes d'immobilisations ;

- En cas de paiement en partie à crédit, par la différence entre le crédit des comptes 82 Produits des cessions d'immobilisations ou 754 produits des cessions courantes d'immobilisations et le débit du mouvement débit de la balance du dernier exercice des comptes 485 créances sur cession d'immobilisations et 414 Créances sur cessions courantes d'immobilisations.

Flux de trésorerie provenant des activités de financement

Ici on distingue :

a. **Flux de trésorerie provenant des capitaux propres**

Ce sont des flux qui modifient la structure des capitaux propres. Il s'agit de :

- Augmentation de capital par apport nouveau, il est obtenu par la variation : des comptes de la classe 10 capital à l'exclusion des comptes 106 écarts de réévaluation et 109 apporteurs capital souscrit non appelé ainsi que du compte 467 Apporteurs restant dû sur capital appelé, du compte 4581 organismes internationaux, fonds de dotation à recevoir.
- Subvention d'investissement, il est obtenu à l'aide : de la variation du compte 14 Subvention d'investissement (à l'exclusion de la quote-part virée au résultat au cours de l'exercice) ainsi que de la variation des comptes 4582 Organismes internationaux, subvention d'investissement à recevoir et 4494 État subvention d'investissement à recevoir; et des avances reçues sur subvention.
- Prélèvement sur le capital, il est obtenu par la variation des comptes de la classe 10 (capital) à l'exclusion des comptes 106 (écarts de réévaluation) et 109 (apporteurs capital souscrit non appelé).
- Dividendes versés: il est obtenu à l'aide du mouvement débit du compte 465 Associés, dividendes à payer (à l'exception des mouvements inscrits au débit du compte 465 ne traduisant pas un flux de trésorerie comme par exemple le paiement de dividendes en actions).

b. Flux de financement provenant des capitaux étrangers

Il est obtenu :

- Avec la variation des comptes 16 Emprunts et dettes assimilés, et 18 Dettes liées à des participations (à l'exception des intérêts courus). Les dettes de location acquisition (compte 17) ne sont pas retenues car elles ne font pas l'objet d'un encaissement. En revanche, la part du décaissement relative au remboursement de la dette (débit du compte 17 Dettes de location acquisition) est considérée comme un remboursement de dettes financières ;
- Avec les Comptes 481 fournisseurs d'investissements et 404 Fournisseurs acquisitions courantes immobilisations ;
- En cas d'acquisition d'immobilisations à l'aide d'avances et acomptes par la déduction des fonds versés antérieurement au dernier exercice. Ils sont déterminés à l'aide du compte 25 Avances et Acomptes versés sur immobilisations ;
- En cas paiement de dettes fournisseurs relatives aux immobilisations acquises au cours des exercices précédents, par le montant du paiement au cours de l'exercice. Il est reconstitué, à l'aide des comptes 481 fournisseurs d'investissements, 482 fournisseurs d'investissements, effets à payer et 404 Fournisseurs acquisitions courantes immobilisations de l'exercice à l'exclusion de toute somme relative au virement interne du compte fournisseurs dettes en compte, au compte fournisseurs effets à payer ;
- En cas de versement d'avances et d'acomptes sur immobilisations, par le montant des avances et acomptes versés au cours du dernier exercice. Il est déterminé à l'aide du compte 25 Avances et acomptes versés sur immobilisations.

c. L'encaissement lié aux cessions d'immobilisations

L'encaissement lié aux cessions d'immobilisations sera constitué :

- En cas de paiement comptant, par le crédit des comptes 82 Produits des cessions d'immobilisations ou 754 produits des cessions courantes d'immobilisations ;
- En cas de paiement en partie à crédit, par la différence entre le crédit des comptes 82 Produits des cessions

d'immobilisations ou 754 produits des cessions courantes d'immobilisations et le débit du mouvement débit de la balance du dernier exercice des comptes 485 créances sur cession d'immobilisations et 414 Créances sur cessions courantes d'immobilisations.

EXERCICES D'APPLICATION

EXERCICE 1

Voici comment se présente la balance après inventaire :

BALANCE N							
N°CPTE	INTITULES	SOLDE N-1		MOUVEMENT N		SOLDE N	
		DEBITEUR	CREDITEUR	DEBIT	CREDIT	DEBITEUR	CREDITEUR
101100	Capital souscrit, non appelé			2000[illegible]0000,00	300000000,00		100000000,00
101200	Capital souscrit, appelé, non versé			2000[illegible]0000,00	200000000,00		
101300	Capital soucrit, appelé, versé non amorti		100000000,00		[illegible]00.000.000,00		300000000,00
106200	Ecarts de réévaluation				[illegible].500.000,00		3500000,00
109000	Apporteurs capital souscrit, non versé			3000[illegible]0000,00	200000000,00	100000000,00	
111000	Réserve légale		20000000,00				20000000,00
120000	Report à nouveau		47450317,00	900[illegible]0000,00	118619674,00		76069991,00
131000	Résultat net		118619674,00	118619674,00			
141600	Subvention d'investissement				[illegible].000.000,00		2000000,00
154000	Provisions spéciales de réévaluation				40000000,00		40000000,00
162000	Emprunt bancaire			[illegible].500.925,00	[illegible]00.000.000,00		92499075,00
165200	Cautionnements reçus		2200000,00				2200000,00
196000	Provisions pour pensions et obligations similaires		54864697,00	67[illegible]1530,00	13953199,00		62116366,00
213000	Logiciels	1050000,00		[illegible].000.000,00		3050000,00	
215000	Fonds commercial	1600000,00				1600000,00	
223000	Terrains bâtis	12500000,00		[illegible].500.000,00		16000000,00	
229000	Aménagements de terrain en cours	22673950,00				22673950,00	
231100	Bâtiments industriels sur sol propre	55000000,00		[illegible]3.000.000,00		78000000,00	
232100	Bâtiments industriels sur sol d'autrui	231411100,00		[illegible]32.000.000,00		663411100,00	
235100	Installations générales	60263648,00		[illegible].000.000,00		61263648,00	
238000	Autres installations et agencements	11064619,00		[illegible].000.000,00		12064619,00	
241100	Matériel industriel	91310403,00		[illegible]7.694.000,00	[illegible]0.023.276,00	68981127,00	
244100	Matériel de bureau	1325000,00		[illegible].075.000,00	[illegible]140.000,00	6260000,00	
244200	Matériel informatique	6867703,00		[illegible].199.000,00	[illegible].829.703,00	2237000,00	
244400	Mobilier de bureau	4968900,00		[illegible]00.000,00		5468900,00	
245100	Matériel automatique	54050000,00		[illegible]2.000.000,00		76050000,00	
252000	Avance acompte sur immobilisation			[illegible]5.000.000,00	[illegible].000.000,00	20000000,00	

272800	AUtres prêts au personnel	1927000,00				1927000,00	
275000	Dépôts et cautionnement électricité	1335290,00		[illegible]01.175,00	730043,00	1006422,00	
275300	Dépôts et caution. Eau	87068,00				87068,00	
275500	Dépots téléphone télex télécopie	449300,00		[illegible]200.000,00		649300,00	
275800	Autres dépôts et cautionnements	750000,00				750000,00	
283210	Amortissement de bâtiments industriels		150313959,00		9734682,00		160048641,00
283510	Amortissement des instal. Générales		71328267,00				71328267,00
284110	Amortissement du matériel industriel		60303913,00	40023276,00	8385232,00		28665869,00
284410	Amortissement du matériel de bureau		1325000,00	140000,00	4833,00		1189833,00
284420	Amortissement du matériel informatique		6175037,00	5829703,00	496917,00		842251,00
284440	Amortissement du mobilier de bureau		4582020,00		260480,00		4842500,00
284510	Amortissement du matériel automobile		53862500,00		377500,00		54240000,00
311000	Stock marchandises			5000000,00		5000000,00	
321100	Stock de matières premières	7721440,00		57881451,00	57775035,00	7827856,00	
335100	Stock emballages	8146993,00		76874255,00	79288966,00	5732282,00	
401100	Fournisseurs		40583900,00	579308293,00	565419408,00		26695015,00
408100	Fournisseurs fac. Non parvenues		15310306,00	117810569,00	114015470,00		11515207,00
409100	Fournisseurs, avances et acomptes	700000,00		4007612,00	3850000,00	857612,00	
411100	Clients	140683833,00		2068782537,00	2073205069,00	136261301,00	
416200	Créances douteuses	31677520,00				31677520,00	
421000	Personnel avances et acomptes	692500,00		20740622,00	6330272,00	15102850,00	
421300	Personnel frais avancés	587786,00		2856452,00	1625425,00	1818813,00	
422000	Personnel rémunérations dues		983251,00	106926551,00	106078239,00		134939,00
423200	Personnel saisies-arrêts		40000,00	520000,00	480000,00		
424200	Allocations familiales			56700,00	56700,00		
427000	Personnel dépôts		72500,00	197000,00	186500,00		62000,00
428101	Pers locaux congés à payer		3057458,00	3057458,00	2690099,00		2690099,00
428102	Pers non national congés à payer		955634,00	955634,00	956541,00		956541,00
431000	Caisse sécurité sociale		775903,00	7301357,00	7148050,00		622596,00

431300	Caisse de retraite		1249810,00	13665738,00	13921213,00		1505285,00
433110	Mutuelle de Sante		470001,00	3704942,00	3539940,00		304999,00
438200	Charges sociales/Congés		503585,00	508585,00	479581,00		479581,00
441100	Etat impôt sur les sociétés		23411413,00	23411413,00	31102200,00		31102200,00
442100	Etat impôt et taxes		3213144,00		456192,00		3669336,00
443200	Etat tva facturée		89781,00	316062,00	226281,00		
444100	Etat tva due			226281,00	226281,00		
447000	Etat impôts retenue à la source		1182818,00	15162688,00	15120541,00		1140671,00
462000	Compte courant associés		9933959,00	33999957,00	4060998,00	20000000,00	
465000	Associés dividendes à payer			90000000,00	0.000.000,00		
467000	Apporteurs restant dû sur capital appelé			200000000,00	200000000,00		
471100	Débiteurs divers	450000,00		13050,00	463050,00		
471300	Créditeurs divers		710000,00	3330000,00	3240000,00		620000,00
476000	Charges constatées d'avance	1398099,00		6817087,00	6951322,00	1263864,00	
477000	Produits constatées d'avances			10560000,00	10560000,00		
478100	Ecart conversion créances clients			15000000,00		15000000,00	
479400	Ecart conversion emprunts				2500925,00		2500925,00
481200	Frs invest. immobilisation corporelle			.000.000,00	163.250.000,00		156.250.000,00
481800	Frs invest. fnp		399942,00				399942,00
485100	Créances sur cessions d'immobilisations	380000,00			240.000,00	40.000,00	
488000	Autres créances HAO			2000000,00		.000.000,00	
491000	Dépréciations comptes clients		31677520,00				31677520,00
521400	Banques	69123976,00		2247552500,00	2195523485,00	121152991,00	
571100	Caisse	5460181,00		141403437,00	144919482,00	1944136,00	
585000	Virements de fonds			144502048,00	144502048,00		
601100	achats marchandises			75000000,00		75000000,00	
602100	achats matieres dans la region			924957492,00	1770650,00	923186842,00	
602210	achats fournitures			5116850,00		5116850,00	
603100	variations stocks de marchandises				5000000,00		5000000,00
603201	variation stocks matieres premieres			57775035,00	57881451,00		106416,00
603302	variation stocks emballages			79288966,00	76874255,00	2414711,00	

604200	achats carburant			21691425,00	10431949,00	11259476,00	
605100	eau			10895715,00	5387895,00	5507820,00	
605200	electricité			56706955,00	32760604,00	23946351,00	
605400	fourniture entretien non stockables			4268103,00	285000,00	3983103,00	
605500	fourniture de bureau			4480500,00	207000,00	4273500,00	
605600	achats de petit materiel et outillage			13718052,00		13718052,00	
605700	achats d'études prestations service			12000,00		12000,00	
608100	emballages perdus			132571022,00	37004365,00	95566657,00	
612000	transports sur ventes			343513892,00	19987821,00	323526071,00	
618100	voyages et déplacements			3958126,00		3958126,00	
618300	transports administratifs			1662475,00		1662475,00	
622200	location de batiments			8750000,00	350000,00	8400000,00	
622300	location vehicules et parking			15080000,00	2955000,00	12125000,00	
622800	location de machines			682298,00	399400,00	282898,00	
624100	entretiens et réparations biens immobiliers			1951316,00		1951316,00	
624200	entretiens et réparations biens mobiliers			4392302,00	720054,00	3672248,00	
624300	maintenance			6460000,00	650000,00	5810000,00	
624330	hygiene et services assimilés			585000,00		585000,00	
625100	assurances multirisques			2796869,00	1378167,00	1418702,00	
625200	assurances matériel de transport			2660291,00	1617217,00	1043074,00	
628100	frais de téléphone			10693350,00	4187100,00	6506250,00	
628800	autres frais télécommunications			1207400,00	397000,00	810400,00	
631800	frais bancaires			2012656,00		2012656,00	
631810	frais virements/règlement clients			6417410,00		6417410,00	
632400	honoraires expert-comptable			22500000,00	6600000,00	15900000,00	
632401	honoraires notaires			1500000,00		1500000,00	
632410	honoraires analyses			2049080,00	647560,00	1401520,00	
632500	frais d'acte et de contentieux			46680,00		46680,00	
632800	certificat de salubrité			2277000,00		2277000,00	
632801	droit d'entrée port			129375,00		129375,00	
634800	autres redevances			48000,00		48000,00	
635101	cotisation syndicale patronale			400000,00	200000,00	200000,00	
638300	receptions			31500,00		31500,00	
638900	prestations diverses			30300,00		30300,00	
646100	droits enregistrement aug.capital			3000000,00		3000000,00	

646200	droits de timbres			10200,00		10200,00	
646400	vignettes			35000,00		35000,00	
647200	pénalités TVA			90000,00		90000,00	
651100	pertes sur créances clients			4150956,00		4150956,00	
658200	dons			100000,00		100000,00	
658800	autres charges diverses			12973,00		12973,00	
661100	salaires bruts nationaux			101601787,00		101601787,00	
661300	congés payés au personnel national			7690099,00	3057458,00	4632641,00	
661800	autres rémunerations directes			45353580,00		45353580,00	
662100	salaires bruts non nationaux			26964127,00		26964127,00	
662300	congés payés au personnel.non national			956541,00	955634,00	907,00	
663100	indemnités de logement			3216000,00		3216000,00	
663400	primes de transport			5407994,00		5407994,00	
663800	autres indemnités et avantages divers			4651183,00		4651183,00	
664120	charges de sécurité sociale-permanents			2588506,00	171878,00	2416628,00	
664121	charges de sécurité sociale-journaliers			4728850,00		4728850,00	
664130	charges sociales-caisse retraite			8662975,00	336707,00	8326268,00	
664140	charges sociales-mutuelle			1739939,00		1739939,00	
664200	charges sociales-caisse retraite complementaire			9164992,00	2893292,00	6271700,00	
664800	autres charges sociales			800000,00		800000,00	
668400	medecine du travail et pharmacie			2929779,00	1241500,00	1688279,00	
668500	equipements personnel			417210,00		417210,00	
671200	interet emprunts			3500000,00		3500000,00	
681300	dotations aux amortissements biens corporels			41555720,00	22296076,00	19259644,00	
691100	dotations aux provisions pour risques			13953199,00	6701530,00	7251669,00	
701100	ventes marchandises				110000000,00		110000000,00
702200	ventes produits finis				1941053121,00		1941053121,00
702600	retour produits finis			1112590,00		1112590,00	
702901	remises et ristournes/ventes produits finis			21795786,00		21795786,00	
706100	location villa				12672000,00		12672000,00
707800	locations groupe electrogene				1130000,00		1130000,00
722100	production immobilisée				4500000,00		4500000,00
756000	gains de charge sur créances commerciales				1081031,00		1081031,00
758000	indemnités assurances				2355947,00		2355947,00
773000	escomptes obtenus				7500000,00		7500000,00
781000	transfert de charges				3233550,00		3233550,00
812000	valeur comptable des cessions d'imm			45992979,00	45992979,00		
822000	produits de cession immob corporelles				########127.119,00		127119,00
845000	dons et liberalités obtenus				2000000,00		2000000,00
891000	impot/bénéfices			31102200,00		31102200,00	
	TOTAUX COMPTES DE BILAN	**825656309,00**	**825656309,00**	**9736437162,00**	**9736437162,00**	**3382628833,00**	**3382628833,00**

1. Bilan au 31 décembre N

REF	ACTIF		NOTE	Exercice au 31/12/N			Exercice au 31/12/N-1	REF	PASSIF	NOTE	Exercice au 31/12/N	Exercice au 31/12/N-1
				BRUT	AMORT et DEPREC	NET	NET				NET	NET
AD	IMMOBILISATIONS INCORPORELLES		3	4 650 000	0	4 650 000	2 650 000	CA	Capital	13	400 000 000	100 000 000
AF	Brevets, licences, logiciels et droits similaires			3 050 000		3 050 000	1 050 000	CB	Apporteurs capital non appelé (-)	13	-100 000 000	
AG	Fonds commercial et droit au bail			1 600 000		1 600 000	1 600 000	CD	Ecart de réévaluation	3e	3 500 000	
AI	IMMOBILISATIONS CORPORELLES		3	1 012 410 344	321 157 361	691 252 983	203 544 627	CE	Réserves indisponibles	14	20 000 000	20 000 000
AJ	Terrains(1) (1) dont Placement	......		38 673 950		38 673 950	35 173 950	CF	Report à nouveau (+ ou -)	14	76 069 991	47 450 317
AK	Bâtiments(1) (1) dont Placement	......		741 411 100	160 048 641	581 362 459	136 097 141	CG	Résultat net de l'exercice (bénéfice + ou perte -)		215 389 710	118 619 674
AL	Aménagements, agencements et installations			73 328 267	71 328 267	2 000 000	0	CH	Subventions d'investissement	15	2 000 000	
AM	Matériel, mobilier et actifs biologiques			82 947 027	35 540 453	47 406 574	32 086 036	CJ	Prévisions règlementées	15	40 000 000	
A N	Matériel de transport			76 050 000	54 240 000	21 810 000	187 500	CP	TOTAL CAPITAUX PROPRES ET RESSOURCES ASSIMILEES		656 959 701	286 069 991
AP	AVANCES ET ACOMPTES VERSÉS SUR IMMOBILISATIONS		3	20 000 000		20 000 000		DA	Emprunts et dettes financières diverses	16	94 699 075	2 200 000
AQ	IMMOBILISATIONS FINACIERES		4	4 419 790	0	4 419 790	4 548 658	DC	Provisions pour risques et charges	16	62 116 366	54 864 697
AS	Autres immobilisations financières			4 419 790		4 419 790	4 548 658	DD	TOTALES DETTES FINANCIÈRES ET RESSOURCES ASSIMILÉES		156 815 441	57 064 697
AZ	TOTAL ACTIF IMMOBIULISÉ			1 041 480 134	321 157 361	720 322 773	210 743 285	DF	TOTALES RESSOURCES STABLES		813 775 142	343 134 688
BA	ACTIF CIRCULANT HAO		5	2 140 000		2 140 000	380 000	DH	Dettes circulantes HAO	5	156 649 942	399 942
BB	STOCKS ET ENCOURS		6	18 560 138		18 560 138	15 868 433	DI	Clients, avances reçues	7		
BG	CRÉANCES ET EMPLOIS ASSIMILÉS			206 981 960	31 677 520	175 304 440	144 512 218	DJ	Fournisseurs d'exploitation	17	38 210 222	55 894 206
BH	Fournisseurs avances versées		17	857 612		857 612	700 000	DK	Dettes fiscales et sociales	18	42 668 247	36 010 298
BI	Clients		7	167 938 821	31 677 520	136 261 301	140 683 833	DM	Autres dettes	19	620 000	10 648 959
BJ	Autres créances		8	38 185 527		38 185 527	3 128 385	DN	Provisions pour risque à court terme	19		
BK	TOTAL ACTIF CIRCULANT			227 682 098	31 677 520	19 004 578	160 760 651	DP	TOTAL PASSIF CIRCULANT		238 148 411	102 953 405
BS	Banques, chèques postaux, caisses et assimilés		11	123 097 127		123 097 127	74 584 157	DR	Banque, établissements financiers et crédits de trésorerie			

BT	TOTAL TRÉSORERIE ACTIF		123 097 127	0	123 097 127	74 584 157	DT	TOTAL TRÉSORERIE PASSIF		0	0
BU	Écart de conversion-actif	12	15 000 000		15 000 000		DV	Écart de conversion-passif	12	2 500 925	
BZ	TOTAL GÉNÉRAL		1 407 259 359	352 834 881	1 054 424 478	446 088 093	DZ	TOTAL GÉNÉRAL		1 054 424 478	446 088 093

2. Compte de Résultat

REF	LIBELLÉS		NOTE	Exercice au 31/12/N NET	Exercice au 31/12/N-1 NET
TA	Ventes de marchandises A	+	21	110 000 000	0
RA	Achats de marchandises	-	22	-75 000 000	0
RB	Variation de stocks de marchandises	-/+	6	5 000 000	0
XA	MARGE COMMERCIALE (Somme TA à RB)			40 000 000	0
TB	Ventes de produits fabriqués B	+	21	1 918 144 745	1 857 424 110
TC	Travaux, services vendus C	+	21	12 672 000	12 804 000
TD	Produits accessoires D	+	21	1 130 000	1 598 780
XB	CHIFFRE D'AFFAIRES (A+B+C+D)			2 041 946 745	1 871 826 890
TF	Production immobilisée	+	21	4 500 000	0
TH	Autres produits	+	21	3 436 978	11 486 537
TI	Transferts de charges d'exploitation	+	12	3 233 550	5 817 880
RC	Achats de matières premières et fournitures liées	-	22	-928 303 692	-954 585 472
RD	Variation de stocks de matières premières et fournitures liées	-/+	6	106 416	-2 830 600
RE	Autres achats	-	22	-158 266 959	-161 120 517
RF	Variation de stocks d'autres approvisionnements	-/+	6	-2 414 711	1 884 647
RG	Transports	-	23	-329 146 672	-329 073 556
RH	Services extérieurs	-	24	-72 599 329	-60 787 379
RI	Impôts et taxes	-	25	-3 135 200	-110 000
RJ	Autres charges	-	26	-4 263 929	-67 670
XC	VALEUR AJOUTEÉ (XB+RA+XB) + (Somme TE à RJ)			485 093 197	382 440 760
RK	Charges de personnel	-	27	-218 217 093	-208 852 251
XD	EXCÉDENT BRUT D'EXPLOITATION (XC+RK)			266 876 104	173 588 509
RL	Dotations aux amortissements, aux provisions et dépréciations	-	3C&28	-26 511 313	-31 615 755

XE	RÉSULTAT D'EXPLOITATION (XD+TJ+RL)			240 364 791	141 972 754
TK	Revenus financiers et assimilés	+	29	7 500 000	0
RM	Frais financiers et charges assimilées	-	29	-3 500 000	0
XF	RÉSULTAT FINANCIER (Somme TK à RN)			4 000 000	0
XG	RÉSULTAT DES ACTIVITÉS ORDINAIRES (XE+XF)			244 364 791	141 972 754
TN	Produits des cessions d'immobilisations	+	3D	127 119	350 000
TO	Autres Produits HAO	+	30	2 000 000	0
RO	Valeurs comptables des cessions d'immobilisations	-	3D	0	-291 667
XH	RÉSULTAT HORS ACTIVITÉS ORDINAIRES (Somme TN à RP)			2 127 119	58 333
RS	Impôts sur le résultat	-		-31 102 200	-23 411 413
XI	RÉSULTAT NET (XG+XH+RQ+RS)			215 389 710	118 619 674

3. Le tableau des flux de trésorerie

REF	LIBELLÉS		NOTE	Exercice N	Exercice N-1
ZA	**Trésorerie nette au 1er janvier** (Trésorerie actif N-1 - Trésorerie passif N-1)	**A**		74 584 157	33 595 404
	Flux de trésorerie provenant des activités opérationnelles				
FA	**Capacité d'Autofinancement Globale (CAFG)**			241 773 904	150 177 096
FB	-Actif circulant HAO (1)			-2 000 000	
FC	-Variation de stocks			-2 691 705	945 953
FD	-Variation de créances			-45 792 222	-25 371 738
FE	+Variation du passif circulant(1)			-21 054 994	-27 602 541
	Variation du BF lié aux activités opérationnelles (FB+FC+FD+FE) : 71 538 921 / 52 028 326				
ZB	**Flux de trésorerie provenant des activités opérationnelles (Somme FA à FE)**	**B**		**170 234 983**	**98 148 770**

	Flux de trésorerie provenant des activités d'investissements				
FF	-Décaissements liés aux acquisitions d'immobilisations incorporelles			-2 000 000	0
FG	-Décaissements liés aux acquisitions d'immobilisations corporelles			-327 218 000	-17 971 503
FH	-Décaissements liés aux acquisitions d'immobilisations financières			-601 175	-958 579
FI	+Encaissements liés aux cessions d'immobilisations incorporelles et corporelles			367 119	590 000
FJ	+Encaissements liés aux cessions d'immobilisations financières			730 043	1 179 865
ZC	**Flux de trésorerie provenant des activités d'investissement (Somme FF à FJ)**	**C**		**-328 722 013**	**-17 160 017**
	Flux de trésorerie provenant du financement par les capitaux propres				
FK	+Augmentation de capital par apports aux nouveaux			200 000 000	0
FL	+Subvention d'investissements reçus			2 000 000	0
FN	-Distribution de dividendes			-90 000 000	-40 000 000
ZD	**Flux de trésorerie provenant des capitaux propres (Somme FK à FN)**	**D**		**112 000 000**	**-40 000 000**
	Trésorerie provenant du financement par les capitaux étrangers				
FO	+Emprunts			100 000 000	0
FQ	-Remboursements des emprunts et autres dettes financières			-5 000 000	0
ZE	**Flux de trésorerie provenant des capitaux étrangers (Somme FO à FQ)**	**E**		**95 000 000**	**0**
ZF	**Flux de trésorerie provenant des activités de financement (D+E)**	**F**		**207 000 000**	**-40 000 000**

ZG	**VARIATION DE LA TRÉSORERIE NETTE DE LA PÉRIODE (B+C+F)**	**G**		**48 512 970**	**40 988 753**
ZH	**Trésorerie nette au 31 décembre (G+A)** **Contrôle : Trésorerie actif N - Trésorerie passif N**	**H**		**123 097 127**	**74 584 157**

EXERCICE 2

Les bilans à la clôture des exercices 2021 et 2022 en $.

ACTIF	**2022**	**2021**	**PASSIF**	**2022**	**2021**
Immobilisations corp. Brut	125 977	100 000	Capital	71 389	47 000
Amortissements	32 054	23 000	Réserves	7 245	4 245
Immob. Financières	10 510	12 000	Résultat net	10 246	8 500
Immobilisations nettes	10 5433	89 000	Total capitaux propres	88 880	59 745
Stock et en cours	657	1113	Provisions	3 280	2 300
Clients et autres débiteurs	12 624	12 972	Impôt différé	1 457	220
Trésorerie	6 605		Emprunts	28 215	35 500
			Fournisseur autre dette	2 487	3 186
			Trésorerie passive		2 134
Total Actif	124 319	103 085	Total Passif	124 319	103 085

Informations complémentaires

Encaissements reçus des clients et autres débiteurs	157624
Sommes versées aux fournisseurs, personnel et autres débiteurs	132347
Intérêts payés	7029
Intérêts encaissés sur placements financiers	4563
Dividendes et quote-part des résultats reçus sur participation	456
Immobilisation corporelle reçue au cours de l'exercice	25977
Immobilisation financière cédée au cours de l'exercice (brut 1490 ; moins-value de cession 645)	845
Augmentation de capital par apport en numéraire	12000
Dividende mise en distribution au cours de l'exercice	5111
Impôt sur le résultat payé	1000
Encaissement provenant d'emprunts	6000
Remboursement d'emprunts	1285

Le tableau des flux de trésorerie se présente comme suit :

DESIGNATION	MONTANT	OBSERVATION
Flux de trésorerie lié à l'activité Encaissements reçus des clients Sommes versés aux fournisseurs et au personnel Intérêt et autres frais financiers payes Impôt sur le résultat payé Flux de trésorerie avant éléments extra Flux de trésorerie lié à des éléments extra	157624 -132347 - 7029 -1000 17248	
Flux de trésorerie net provenant des activités (A)	17248	
Flux de trésorerie lié à l'investissement Décaissements sur acquisitions d'immo corp. Et incorp. Encaissement sur cession corp et incorp. Décaissement sur acquisition d'immo financières Encaissement sur acquisition d'immo financières Intérêts encaissés sur placement financier Dividendes et quote-part de résultats reçus	-25977 845 4563 456	
Flux de trésorerie net provenant des activités d'investissement (B)	20113	
Flux de trésorerie lié au financement Encaissement suite à l'émission d'actions Dividendes et autres distributions effectuées Encaissement provenant d'emprunts Remboursement d'emprunts ou autres dettes assimilées	12000 -5111 6000 -1285	
Flux provenant des activités de financement (C)	11604	
Variation de trésorerie de la période (A+B+C)	8739	
Trésorerie à l'ouverture	-2134	
Trésorerie à la clôture	6605	

EXERCICE 3

La société NYUNDA, spécialisée dans la couverture zinguerie, fournit le tableau de financement ainsi que des données tirées des comptes annuels.

EMPLOIS	Exercice N	Exercice N-1	RESSOURCES	Exercice N	Exercice N-1
Distribution mises en paiement au cours de l'exercice..........	950 000		Capacité d'autofinancement de l'exercice......	4 432 000	
Acquisitions d'éléments de l'actif immobilisé:			Cessions ou réductions d'éléments de l'actif immobilisé :		
			Cessions d'immobilisations:		
Immobilisations incorporelles..........	68 000		- Incorporelles..........		
Immobilisations corporelles..........	6 032 000		- Corporelles..........	630 000	
Immobilisations financières..........	40 000		Cessions ou réductions d'immobilisations financières..........	4 500	
Charges à répartir sur plusieurs exercices **(a)**			Augmentation des capitaux propres:		
Réduction des capitaux propres (réduction de capital, retraits)..........			Augmentation de capital ou apports..........		
Remboursement de dettes financières **(b)**......	4 000 000		Augmentation des autres capitaux propres		
			Augmentation des dettes financières **(b)** **(c)**...	6 400 000	
Total des emplois..........	11 090 000		**Total des ressources**..........	11 466 500	
Variation du fonds de roulement net global (ressource nette)..........	376 500		Variation du fonds de roulement net global (emploi net)..........		

(a) Montant brut transféré au cours de l'exercice.
(b) Sauf concours bancaires courants et solde créditeurs de banques.
(c) Hors primes de remboursement des obligations.

Variation du fonds de roulement net global	Exercice N			Exercice N-1
	Besoins 1	Dégagement 2	Solde 2-1	Solde
Variation" Exploitation"				
Variation des actifs d'exploitation:				
Stock et en-cours	580 000			
Avances et acomptes versés sur commandes				
Créances clients, Comptes rattachés et autres créances d'exploitation **(a)**...	1 728 000			
Variation des dettes d'exploitation:				
Avances et acomptes reçus sur commandes en cours				
Dettes fournisseurs, Comptes rattachés et autres dettes d'exploitation **(b)**...		2 200 000		
Totaux	2 308 000	2 200 000		
A. Variation nette "Exploitation": (**c**)			-108 000	
Variation "Hors exploitation"				
Variation des autres débiteurs **(a) (d)**				
Variation des autres créditeurs **(b)**				
Totaux		214 000		
B. Variation nette "Hors exploitation" **(c)**			214 000	
Total A+B:				
Besoins de l'exercice en fonds de roulement				
ou				
Dégagement net de fonds de roulement dans l'exercice			106 000	
Variation "Trésorerie"				
Variation des disponibilités	52 000			
Variation des concours bancaires courants et soldes créditeurs de banques	430 500			

Totaux...	482 500			
C. Variation nette " trésorerie" **(c)**.........................			-482 500	
Variation du fonds de roulement net global				
(Total A+B+C):				
Emploi net...			-376 500	
ou				
Ressource net...				

(a) Y compris charges constatées d'avance selon leur affectation à l'exploitation ou non.
(b) Y compris produits constatés d'avance selon leur affectation à l'exploitation ou non.
(c) Les montants sont assortis du signe (+) lorsque les dégagements l'emportent sur les besoins et du signe (-) dans le cas contraire.
(d) Y compris valeurs immobilières de placement.

Nota : Cette partie II du tableau peut être adaptée au système de base. Dans ce cas, les variations portent sur l'ensemble des éléments ; aucune distinction n'est faite entre exploitation et hors exploitation.

Les renseignements complémentaires sont les suivants :

Trésorerie à l'ouverture	- 865 375 $
Trésorerie à la clôture	- 382 875 $
Résultat net de l'exercice	2 612 000 $
Dotations aux amortissements	1 820 000 $
Dotations aux dépréciations des stocks et des créances	790 000 $
Dotations aux provisions	40 000 $
Reprises sur dépréciations des stocks et des créances	570 000 $
Plus-values sur cessions d'une immobilisation	260 000 $
Variation des dettes sur immobilisation	200 000 $

Il n'existe aucun effet escompté non échu et les soldes créditeurs de banques ont un caractère temporaire.

Présenter et commenter le tableau des flux de trésorerie d'après le modèle.

Le tableau des flux de trésorerie partant du résultat, est le suivant :

Flux de trésorerie liés à l'activité	
Résultat net des sociétés intégrées	2 612 200,00 $
Elimination des charges et produits sans incidence sur la trésorerie ou non liés à l'activité:	
- Amortissement, dépréciations et provisions (1)	1 860 000
- Variation des impôts différés	
- Plus-values de cession, nettes d'impôt	-260 000
Marge brute d'autofinancement des entreprises intégrées	4 212 200,00 $
Dividendes reçus des sociétés mises en équivalence*	
Variation du besoin en fonds de roulement à l'activité (2)	126 000
Flux net de trésorerie généré par l'activité	4 338 200,00 $
Flux de trésorerie liés aux opérations d'investissement	
Acquisitions d'immobilisations	-5 940 000
Cessions d'immobilisations, nettes d'impôt	634 500
Incidence des variations de périmètre (3)*	
Flux de trésorerie liés aux opérations d'investissement	-5 305 500
Flux de trésorerie liés aux opérations de financement	
Dividendes versés aux actionnaires de la société mère*	-950 000
Dividendes versés aux minoritaires des sociétés intégrées*	
Augmentations de capital en numéraire	
Emissions d'emprunts	6 400 000
Remboursements d'emprunts	-4 000 000
Flux net de trésorerie lié aux opérations de financement	1 450 000
VARIATION DE TRESORERIE	482 500
Trésorerie d'ouverture	-865 375

Trésorerie de clôture..	-382 875
Incidence des variations de cours des devises*.......................	

(1) A l' exclusion des dépréciations sur actif circulant
(2) A détailler par grandes rubriques (Stocks, créances d'exploitation, dettes d'exploitation).
(3) Prix d'achat ou de vente augmenté ou diminué de la trésorerie acquise ou versée. A détailler dans une note annexe.
* Rubrique propre au tableau consolidé.

Amortissements, dépréciations et provisions :
1 820 000 + 40 000 = 1 860 000 $
Variation du besoin en fonds de roulement lié à l'activité : 108 000 - 790 000 + 570 000 - 14 000 = 126 000
Variation du BFRE d'après le tableau de financement : 108 000
Dotations aux dépréciations des stocks et créances : -790 000
Reprises sur dépréciations des stocks et créances : +570 000
Variation des autres créditeurs : (214 000-200 000) = - 14 000

Variation de trésorerie

(4 338 000) + (- 5 305 500) + (1 450 000) = 5 940 000 $

Commentaire des flux nets de trésorerie :

L'activité de l'entreprise dégage un flux de trésorerie positif dû à une forte marge brute d'autofinancement et à un dégagement en fonds de roulement d'exploitation. Toutefois, il s'avère insuffisant pour couvrir les investissements. Le besoin de financement qui en découle est assuré par l'emprunt.

La trésorerie s'est améliorée puisque le découvert bancaire a largement diminué.

Variation de trésorerie [illegible]

Commentaire des flux nets de trésorerie

Chapitre 13 : LE BUDGET DE TRÉSORERIE

13.1. DÉFINITION

Le budget de trésorerie est un état prévisionnel des flux de trésorerie (rentrées et sorties de liquidités) par mois permettant de piloter la gestion de la trésorerie.

Il est le reflet des éléments fournis par les autres budgets de l'entreprise, tels que le budget des investissements, le budget des ventes, les budgets des achats.

Le budget de trésorerie permet de (d') :

- Établir la situation prévisionnelle de trésorerie (banque, caisse, banque postale) afin de prémunir l'entreprise contre tout risque de cessation de paiement ;
- Équilibrer tout au long de la période concernée les encaissements et les décaissements ;
- Prévoir le besoin de financement externe à court terme et les ressources de financement les mieux adaptés pour le couvrir ;
- Prévoir le minimum de liquidités nécessaires à l'entreprise en fonction de ses objectifs ;
- Synthétiser l'ensemble des actions de l'entreprise ;
- Porter un jugement sur la politique générale de l'entreprise.

Ce budget de trésorerie est élaboré mois par mois pour une période de 12 mois.

13.2. STRUCTURE DU BUDGET DE TRÉSORERIE

Le budget de trésorerie est constitué de trois tableaux :

- Le tableau des encaissements prévisionnels : encaissements de la période relatifs aux opérations réalisées, d'une part, au cours de la même période (ventes au comptant...), et d'une autre part, au cours des périodes précédentes (règlement des créances clients...
- Décaissements de la période relatifs aux opérations réalisées, d'une part, au cours de la même période (achats au

comptant…), et d'une autre part, au cours des périodes précédentes (paiement des dettes fournisseurs…).

- Le tableau de la situation de trésorerie :
  - Le montant total des encaissements par période ;
  - Le montant total des décaissements par période ;
  - Les soldes de chaque période ;
  - Les soldes à la fin de chaque période compte-tenu du solde initial.

1) La présentation des tableaux du budget de trésorerie

Tableau des encaissements

ORIGINES	**ÉLÉMENTS**	**JANVIER**	**FÉVRIER**	**…**
Budget des ventes	**Recettes d'exploitation**			
	Ventes encaissées			
Données des périodes précédentes	Règlements clients			
	Total recettes d'exploitation			
	Recettes hors exploitation			
Données du bilan	Apport en capital			
Budget de financement des investissements	Emprunts à plus d'un an			
Budget des investissements et budget de financement des investissements	Autres recettes (Produits financiers, subventions…)			
	Total recettes hors exploitation			
	Recettes totales			

Tableau des décaissements

ORIGINES	ÉLÉMENTS	JANVIER	FÉVRIER	...
Budget d'approvisionnement	**Dépenses d'exploitation**			
	Achats comptant			
Données des périodes précédentes	Paiement fournisseurs			
Budget de production ou de fonctionnement	Salaires et charges sociales			
Budget de TVA et compte de résultat	TVA à décaisser, impôt sur les sociétés			
Budget des charges	Autres dépenses (charges financières,			
	redevances versées...)			
	Total dépenses d'exploitation			
	dépenses hors exploitation			
Budget des investissements	Investissements			
Budget de financement	Remboursement d'emprunts			
Données du bilan	dividendes			
	Total dépenses hors exploitation			
	Dépenses totales			

Tableau de la situation de trésorerie

ORIGINES	ÉLÉMENTS	JANVIER	FÉVRIER	...
Solde du mois précédent pour janvier d'après le bilan d'ouverture	**Solde initial 1**			
Tableau des encaissements	Recettes totales 2			
Tableau des décaissements	dépenses totales 3			
2 - 3	**Solde de la période 4**			
1 + 4	**Solde à la fin de la période**			

Le solde prévisionnel à la fin de chaque période devra être comparé au solde réel afin d'évaluer les écarts, d'en rechercher la cause et de prendre, si nécessaire, les mesures les plus pertinentes.

2) L'analyse du budget de trésorerie

L'équilibrage de la trésorerie consiste à résorber les soldes négatifs et à éliminer les soldes trop excédentaires.

A. Les soldes négatifs : Recettes < Dépenses

L'entreprise a un besoin de financement à court terme

ANALYSER

Les décaissements dans le but de les repousser	**Les encaissements dans le but de les avancer**
Augmentation du délai crédit fournisseur (dans le respect des délais de paiement légaux), réduction des dépenses prévisionnelles...	Réduction du délai crédit clients, mesures incitatives pour le règlement comptant de la part des clients (escompte...)

ANALYSER

Les moyens de financement à court terme nécessaires pour couvrir les besoins de trésorerie (découvert bancaire, mobilisation des créances, affacturage, prêts interentreprises...).

Ces moyens de financement engendrent des coûts financiers et des coûts de traitement qu'il faut évaluer et comparer pour effectuer les choix les plus rationnels dans l'objectif de minimiser les coûts.

B. Les soldes positifs

Un solde est positif lorsque les Recettes sont plus grandes que les dépenses. Cela signifie que l'entreprise n'a aucun problème de financement à court terme.

Il faudra alors examiner les formes de placement à court terme, les mieux adaptées afin de rentabiliser les capitaux (SICAV, fonds de placement...)

C. Le plan de trésorerie

Le plan de trésorerie reprend la situation de la trésorerie finale de chaque mois, fournie par le budget de trésorerie et intègre les données d'équilibrage retenues.

Les nouveaux soldes prévisionnels de trésorerie fin de mois dégagés, doivent être proches de zéro ou bien raisonnablement excédentaires.

3) Le contrôle du budget de trésorerie

Le contrôle du budget de trésorerie consiste à :

- o Confronter les encaissements et décaissements réels provenant de la comptabilité générale aux prévisions issues du budget et du plan de trésorerie ;
- o Analyser les écarts sur encaissements et décaissements ;
- o Entreprendre des actions correctives ;
- o Ajuster les prévisions de trésorerie ; sur la base de l'analyse des écarts, les prévisions de trésorerie peuvent être ajustées pour les périodes futures afin de refléter plus fidèlement la situation actuelle et les attentes réalistes ;
- o Actualiser le budget de trésorerie au fur et à mesure, par jour ou par semaine, appelé budget glissant. Il permet de repérer rapidement des décalages entre les flux réalisés et les prévisions, d'anticiper des difficultés et de réajuster les flux de trésorerie en conséquence.

Exemple

Le comptable de l'entreprise NGOMA communique les documents suivants :

Prévision des achats et des charges

ELEMENTS	Octobre	Novembre	Décembre
Achats (règlement 40% au comptant et 60% le mois suivant			
hors taxes	124 370	93 280	139 920
TVA	24 874	18 656	27 984
Toutes taxes comprises	149 244	111 936	167 904
Charges externes décaissées le même mois			
Hors taxes	18 000	19 500	21 000
TVA	3 600	3 900	4 200
Toutes taxes comprises	21 600	23 400	25 200
Salaires nets (décaissés le mois même)	60 000	60 000	60 000
Charges sociales (décaissées le mois suivant)	33 000	33 000	33 000
Dotations aux amortissements	22 500	22 500	22 500

Prévisions des ventes

ELEMENTS	Octobre	Novembre	Décembre
Ventes (règlement 50% comptant, 50 % le mois suivant			
Hors taxes	310 940	279 850	264 300
TVA	62 188	55 970	52 860
Toutes taxes comprises	373 128	335 820	317 160

Etat des échéances des créances et des dettes du bilan au 30/09/N-1

Eléments	Montant du bilan	Répartition			Reste
		Oct.	Nov.	Déc.	
Clients et comptes rattachés	275 700	136 200	75 000	45 000	19 500
Fournisseurs et comptes rattachés	205 125	130 125	75 000		
Dettes fiscales et sociales1	357 375	97 500*			259 875
Dettes diverses	57 000	42 000	15 000		

* Dont : TVA à décaisser : 52 500

Charges sociales : 45 000

En outre, le bilan au 30 septembre N-1 indique une trésorerie positive de 56 577 $.

Travail demandé

Établir et commenter le budget de trésorerie du premier trimestre de l'exercice N.

Résolution

Budget de TVA à décaisser

Eléments	Oct.	Nov.	Déc.
TVA collectée du mois précédent	Inconnu	62 188	55 970
- TVA sur autres biens et Services (du mois précédent)	Inconnu	28 474 **(a)**	22 556 **(b)**
= **TVA à décaisser**	52 500	33 714	33 414

(a) 24 874 + 3 600
(b) 18 656 + 3 900

Tableau des décaissements prévisionnels

ELEMENTS	Octobre	Novembre	Décembre
Fournisseurs et comptes rattachés	130 125	75 000	
Dettes diverses	42 000	15 000	
TVA à décaisser	52 500	33 714	33 414
Charges sociales	45 000	33 000	33 000
Salaires nets	60 000	60 000	63 000
Charges externes	21 600	23 400	25 200
Achats octobre	59 698	89 546	
Achats novembre		44 774	67 162
Achats décembre			67 162
Totaux	410 923	374 434	288 938

Les dotations aux amortissements représentent une charge non décaissable.

Tableau des encaissements prévisionnels

Eléments	Octobre	Novembre	Décembre
Clients et comptes rattachés	136 200	75 000	45 000
Ventes d'octobre	186 564	186 564	
Ventes de novembre		167 910	167 910

Ventes de décembre			158 580
Totaux	322 764	429 474	371 490

Le budget de trésorerie se présente comme suit :

Eléments	Octobre	Novembre	Décembre
1. Trésorerie initiale	56 577	- 31 582	23 458
2. Encaissements	322 764	429 474	371 490
3. Décaissements	410 923	374 434	288 938
4. Ecarts **2-3**	-88 159	55 040	82 552
5. Trésorerie finale **1+4**	**-31 582**	**23 458**	**106 010**

La trésorerie est positive sur le total du trimestre et s'améliore de mois en mois. Cependant, on constate un déficit en octobre.

Pour éviter le découvert, l'entreprise peut :

- Vérifier si elle profite au maximum des délais de paiement accordés par ses fournisseurs afin de repousser les décaissements ;
- Avancer les encaissements en proposant par exemple, des escomptes commerciaux aux clients pour paiement comptant ou anticipé ou encore mobiliser les créances.

EXERCICES D'APPLICATION SUR LE TABLEAU DE FINANCEMENT ET L'ANALYSE DYNAMIQUE DE LA TRESORERIE

1 - Le tableau de financement permet :

❒ a. d'évaluer et d'analyser l'évolution du fonds de roulement net global entre deux exercices.

❒ b. d'évaluer et d'analyser l'évolution du besoin en fonds de roulement entre deux exercices.

❒ c. d'évaluer et d'analyser l'évolution de la trésorerie nette entre deux exercices.

❒ d. d'apprécier le niveau du fonds de roulement net global, du besoin en fonds de roulement et de la trésorerie.

❒ e. de calculer et d'expliquer les variations du patrimoine au cours de l'exercice.

❒ f. de récapituler les flux de ressources et les flux d'emplois de l'exercice.

2 - Un flux de trésorerie :

❒ a. est synonyme de flux financier.

❒ b. entraîne systématiquement une variation de trésorerie sur l'exercice en cours.

❒ c. peut entraîner une variation de trésorerie sur les exercices ultérieurs.

❒ d. est un flux financier corrigé des décalages financiers.

3 - L'excédent de trésorerie d'exploitation :

❒ a. permet d'apprécier le risque de défaillance de l'entreprise.

❒ b. fournit des informations sur la solvabilité et la pérennité de l'entreprise.

❒ c. évalue le potentiel de croissance de l'entreprise.

4 - Parmi les affirmations suivantes relatives au tableau de financement, cochez celles qui semblent vraies :

❒ a. la diminution d'un poste de passif correspond à un flux d'emploi.

❒ b. l'augmentation d'un poste d'actif correspond à un flux de ressource.

❒ c. la distribution de dividendes diminue les ressources stables.

❒ d. la première partie du tableau de financement met en évidence quatre sources de financement et cinq utilisations de financement.

5 - Les sources d'informations nécessaires à l'établissement du tableau de financement sont :

❒ a. les soldes des comptes à la fin de l'exercice.

❒ b. les mouvements de l'exercice débit et crédit des comptes.

❒ c. les bilans comptables « N » et « N - 1 » après répartition des résultats.

❒ d. les bilans financiers « N » et « N - 1 ».

❒ e. les bilans comptables « N » et « N - 1 » avant répartition des résultats.

❒ f. l'annexe et les tableaux de la liasse fiscale.

❒ g. le compte de résultat « N ».

6 - La variation de la trésorerie d'exploitation correspond :

❒ a. à la trésorerie nette calculée à partir du bilan fonctionnel.

❒ b. au montant des liquidités dont dispose l'entreprise, issues de son activité d'exploitation.

7 - La trésorerie nette dont la variation est analysée dans le tableau des flux de trésorerie :

❒ a. comprend uniquement les postes du bilan relatifs à la trésorerie.

❒ b. comprend les éléments hors bilan tels que les effets escomptés non échus.

❒ c. se détermine par différence entre la trésorerie active et passive.

❒ d. ne prend pas en compte les soldes créditeurs de banque permanents.

8 - La variation des stocks a une incidence sur la variation de trésorerie d'exploitation :

❒ vrai.

❒ faux.

9 - En cours d'exercice, une entreprise a cédé une immobilisation pour 8.000 $ hors taxes, acquise hors taxes 20.000 $, et dont la valeur nette comptable était de 14.000 $.

Cette opération se traduit par :

❒ a. une augmentation des ressources durables de 8.000$.

❒ b. une augmentation des ressources durables de 20.000 $.

❒ c. une diminution des emplois stables de 20.000 $.

❒ d. une diminution des emplois stables de 8.000 $.

❒ e. une diminution des emplois stables de 14.000 $.

10 - L'excédent de trésorerie d'exploitation doit être utilisé pour :

❒ a. régler les intérêts.

❒ b. rembourser les emprunts.

❒ c. payer les dividendes.

❒ d. payer l'impôt sur les bénéfices.

❒ e. financer les futurs investissements.

11 - Cochez les principaux retraitements nécessaires à la construction du tableau de financement :

❒ a. les intérêts courus sont exclus du tableau I et intégrés dans le tableau II.

❒ b. les augmentations de capitaux propres par apports comprennent le montant du capital non appelé.

❒ c. les écarts de conversion sont éliminés, les postes concernés sont ramenés à leur valeur d'origine.

❒ d. les augmentations des dettes financières doivent inclure les primes de remboursement des obligations, les concours bancaires et les soldes créditeurs de banques.

Réponses

1 - bonnes réponses : ❒ a ❒ b ❒ c ❒ e ❒ f.

Le tableau de financement permet de mesurer la variation du fonds de roulement net global, du besoin en fonds de roulement et de la trésorerie alors que le bilan fonctionnel permet d'apprécier le niveau du fonds de roulement net global, du besoin en fonds de roulement et de la trésorerie. Le tableau de financement et le bilan fonctionnel sont complémentaires. Le tableau de financement montre comment les ressources de l'entreprise ont permis de financer ses emplois durant l'exercice.

2 - bonnes réponses : ❒ a ❒ d.

Les flux de trésorerie s'obtiennent à partir des flux financiers en tenant compte des décalages de trésorerie (créances, dettes fournisseurs) :

Flux de trésorerie = Flux monétaires ± Variation des décalages de trésorerie

3 - bonnes réponses : ❒ a ❒ b ❒ c.

L'excédent de trésorerie d'exploitation permet de mesurer la trésorerie dégagée par les opérations d'exploitation au cours d'un exercice. Si l'activité principale de l'entreprise ne dégage pas régulièrement ou suffisamment des liquidités, on peut penser que l'entreprise n'est pas viable (risque de défaillance), qu'elle ne peut respecter ses engagements (solvabilité) et qu'elle ne peut investir (croissance).

4 - bonnes réponses : ❒ a ❒ d.

Les postes de passif représentent des ressources. Si un tel poste diminue, on constate une réduction des ressources ; cela équivaut à une augmentation des emplois.

La première partie du tableau de financement distingue :

Cinq emplois de l'exercice	Quatre ressources de l'exercice
• Distributions de dividendes ;	• Capacité d'autofinancement ;
• Acquisitions d'immobilisations ;	• Cessions ou réductions de l'actif immobilisé ;
• Charges à répartir sur plusieurs exercices ;	• Augmentations des capitaux propres ;
• Réductions des capitaux propres ;	• Augmentations des dettes financières.
• Remboursements des dettes financières.	

5 - bonnes réponses : ❒ b ❒ e ❒ f ❒ g.

Le tableau de financement s'établit à partir des bilans comptables « N » et « N - 1 » avant répartition du résultat, du compte de résultat et des renseignements complémentaires fournis dans l'annexe. Seuls les flux financiers sont concernés.

6 - bonne réponse : ❒ b.

La trésorerie peut être analysée de deux façons :

- La situation de la trésorerie nette à une date donnée d'après le bilan fonctionnel ;
- La variation de la trésorerie nette au cours d'un exercice d'après le tableau de financement.

La notion de variation de la trésorerie d'exploitation permet de déterminer la capacité des opérations d'exploitation de l'exercice à générer, à elles seules, des liquidités.

7 - bonnes réponses : ❒ a ❒ c ❒ d.

La trésorerie nette est composée uniquement des rubriques concernées du bilan ; les éléments hors bilan sont donc exclus. Seuls les soldes créditeurs de banque correspondant à des découverts temporaires sont pris en compte.

8 - bonne réponse : ❒ b.

La variation des stocks relatifs aux achats :

(Stock initial - Stock final) n'entraîne aucun décaissement au cours de l'exercice.

La production stockée : (Stock final - Stock initial) ne procure aucun encaissement au cours de l'exercice.

9 - bonne réponse : ❒ a.

C'est le prix de cession, flux financier de 8 000 $, qui représente une augmentation des ressources stables. La source d'information est le mouvement crédit du compte « 775 Produits des cessions d'éléments d'actif ».

10 - bonnes réponses : ❒ a ❒ b ❒ c ❒ d ❒ e.

L'excédent de trésorerie d'exploitation sert à régler les dettes hors exploitation, à rémunérer les associés et à financer la politique de croissance de l'entreprise.

11 - bonnes réponses : ❒ a ❒ c.

Les intérêts courus ne sont pas des ressources stables ; ils sont classés en dettes diverses. Le montant du capital non appelé n'est pas une ressource réelle durable de l'exercice.

C'est le prix d'émission qui constitue une ressource durable pour les emprunts obligataires.

Les concours bancaires et les soldes créditeurs de banque font partie de la trésorerie.

Chapitre 14 : LE LEVIER FINANCIER

Le levier financier est un concept clé en analyse financière qui fait référence à l'utilisation de la dette pour financer les activités d'une entreprise. Il mesure l'effet de l'endettement sur la structure financière et la rentabilité d'une entreprise.

Il est essentiel de comprendre et d'analyser le levier financier d'une entreprise dans le cadre de l'analyse financière car il peut avoir un impact significatif sur la structure financière, la rentabilité, la solvabilité et la valeur globale de l'entreprise. Une utilisation prudente du levier financier peut permettre une croissance et une création de valeur accrues, tandis qu'un excès d'endettement peut augmenter le risque financier et compromettre la stabilité financière à long terme de l'entreprise.

14.1. L'ENDETTEMENT

L'utilisation de l'endettement peut amplifier les résultats financiers d'une entreprise, à la fois en termes de bénéfices et de rendement pour les actionnaires. Lorsqu'une entreprise emprunte de l'argent pour financer ses opérations ou ses investissements, elle peut tirer parti de l'effet de levier financier pour augmenter son rendement sur fonds propres.

Le degré d'endettement a une incidence, sur :

- L'indépendance
- La sécurité
- Le développement
- La rentabilité

} De l'entreprise

Le ratio d'endettement permet de quantifier la proportion de la dette par rapport aux fonds propres et aux actifs de l'entreprise.

En effet, même si la recherche d'indépendance et de sécurité financière est obtenue par une réduction de l'endettement, une affectation appropriée de l'endettement garantit le développement et la rentabilité de l'entreprise. Il est impérieux de trouver un équilibre entre la réalisation des objectifs et l'exposition de l'entreprise à quelconque vulnérabilité.

14.2. LA RENTABILITÉ

La rentabilité suppose que l'entreprise parvient à générer des bénéfices solides par rapport à ses coûts et à ses investissements. Cela peut être le résultat d'une gestion efficace des opérations, d'une maîtrise des coûts, d'une différenciation des produits ou services, d'une augmentation des revenus, d'une utilisation judicieuse des ressources et d'une allocation efficace du capital.

Elle se mesure à l'aide des ratios suivants :

- Rentabilité économique :

$$\frac{\text{Excedent brut d'exploitation}}{\text{Capital engagé pour l'exploitation (ou actif economique)}}$$

Ou $\frac{\text{Résultat d'exploitation net d'IS}}{\text{Capital engagé pour l'exploitation (ou actif economique)}}$

- Rentabilité financière : $\frac{\text{Resultat net ou courant}}{\text{Capitaux propres}}$

Une décomposition de ces formules en plusieurs ratios permet d'identifier les différents leviers sur lesquels il convient d'agir pour les améliorer.

Rentabilité économique =

$$\frac{\text{Résultat d'exploitation net d'IS}}{\text{Chiffre d'affaires HT}} \times \frac{\text{Chiffre d'affaires HT}}{\text{Capital engagé pour l'exploitation}}$$

= Taux de marge d'exploitation x Taux de rotation du capital engagé pour l'exploitation.

Ainsi, la rentabilité économique dépend de la profitabilité et de l'efficacité de l'utilisation des capitaux investis.

$$\text{Rentabilité financière} = \frac{\text{Résultat net}}{\text{CA HT}} \times \frac{\textit{CA HT}}{\textit{Capital engagé pour l'exploitation}} \times \frac{\text{Capital engagé pour l'exploitation}}{\text{Capitaux propres}}$$

= Taux de marge nette x Taux de rotation du capital engagé pour l'exploitation x Niveau d'endettement

La rentabilité financière dépend de la profitabilité, de l'efficacité de l'utilisation des capitaux investis et du niveau d'endettement.

Plusieurs autres indicateurs sont utilisés pour évaluer la rentabilité en analyse financière tels que la marge bénéficiaire, le retour sur investissement (ROI), le retour sur capitaux propres (ROE), le retour sur actifs (ROA) et le taux de rendement interne (TRI).

Ces indicateurs permettent de mesurer la rentabilité sous différents angles, en tenant compte des dépenses, des revenus, des investissements et des capitaux propres.

14.3. L'EFFET DE LEVIER

L'effet de levier en analyse financière fait référence à la capacité d'une entreprise à utiliser les coûts fixes ou l'endettement pour augmenter le rendement des capitaux propres des actionnaires. Il mesure l'impact de l'utilisation de l'endettement sur la rentabilité et la valeur d'une entreprise. L'analyse du levier financier permet de mesurer l'effet positif ou négatif de l'endettement sur la rentabilité en comparant le coût de l'endettement à la rentabilité économique. La formulation la plus courante de l'effet de levier est la suivante:

$$\text{Effet de levier} = (\text{Taux de rentabilité Économique} - \text{Taux d'intérêts}) \times \frac{\text{Capitaux empruntés}}{\text{Capitaux propres}}$$

Des emprunts, trois situations peuvent se présenter :

1. L'effet de levier positif

La rentabilité des capitaux propres croit avec l'endettement :

Taux d'intérêt des emprunts < Taux de rentabilité économique ➡ Augmentation du taux de rentabilité des capitaux propres

L'effet de levier est, toutefois, limité par la capacité d'endettement de l'entreprise et le risque financier qu'elle encourt.

2. L'effet de levier négatif

Cette situation traduit que le coût de l'endettement n'est pas couvert par la rentabilité économique, il s'agit de l'effet de massue :

Taux d'intérêt des emprunts	>	Taux de rentabilité économique	➡	Diminution du taux de rentabilité des capitaux propres

3. L'effet de levier nul

Un effet de levier nul reflète que l'endettement est neutre par rapport à la rentabilité des capitaux propres :

Taux d'intérêt des emprunts	=	Taux de rentabilité économique	➡	Maintien du taux de rentabilité des capitaux propres

Exemple

L'entreprise Airelle envisage un investissement de 1.000.000 $. Elle étudie plusieurs modes de financement afin d'apprécier l'influence de son endettement sur la rentabilité de ses capitaux en fonction de deux hypothèses de rentabilité économique, l'une à 20% et l'autre à 8%.

On peut envisager le mode de financement ci-après :

- Financement sans emprunt ;
- Financement à 40% par emprunt, taux d'intérêt 10% effet de l'emprunt
- Financement à 40% par emprunt, taux d'intérêt 8% effet de la baisse du taux d'emprunt ;
- Financement à 60% par emprunt, taux d'intérêt 8% effet de l'augmentation de l'endettement.

Pour ce faire, il y a lieu d'établir, pour chacune des deux hypothèses, un tableau des résultats en le commentant.

Première hypothèse avec la rentabilité économique de 20%:

ELEMENTS	Financement			
	Sans emprunt	à 40% par emprunt au taux de 10%	à 40% par emprunt au taux de 8%	à 60% par emprunt au taux de 8%
Montant de l'investissement	1 000 000	1 000 000	1 000 000	1 000 000
Montant de l'emprunt	0	400 000	400 000	600 000
Taux de rentabilité économique	20%	20%	20%	20%
Capitaux propres	1 000 000	600 000	600 000	400 000
Charges financières	0	40 000	32 000	48 000
Résultat courant	200 000	160 000	168 000	152 000
Rentabilité financière	20%	26,67%	28%	38%
Effet de levier		6,67%	8%	18%

Cette hypothèse permet de vérifier que l'effet de levier naît d'un endettement et qu'il croît avec :

- Une baisse du taux d'intérêt et
- L'augmentation du taux d'endettement.

Il est favorable tant que le taux d'intérêt est inférieur au taux de rentabilité économique.

Deuxième hypothèse avec la rentabilité économique de 8%:

Variation du fonds de roulement net global	Exercice N			Exercice N-1
	Besoins 1	Dégagement 2	Solde 2-1	Solde
Variation « Exploitation »				
Variation des actifs d'exploitation:				
Stocks et en-cours	580 000			
Avances et acomptes versés sur commandes				
Créances clients, Comptes rattachés et autres créances d'exploitation **(a)**	1 728 000			
Variation des dettes d'exploitation:				
Avances et acomptes reçus sur commandes en cours				
Dettes fournisseurs, Comptes rattachés et autres dettes d'exploitation **(b)**		2 200 000		
Totaux	2 308 000	2 200 000		
A. Variation nette "Exploitation": **(c)**			-108 000	
Variation « Hors exploitation »				
Variation des autres débiteurs **(a) (d)**				
Variation des autres créditeurs **(b)**		214 000		
Totaux		214 000		
B. Variation nette « Hors exploitation » **(c)**			214 000	
Total A+B:				
Besoins de l'exercice en fonds de roulement				
ou				
Dégagement net de fonds de roulement dans l'exercice			106 000	
Variation "Trésorerie"				
Variation des disponibilités	52 000			
Variation des concours bancaires courants et soldes créditeurs de banques...	430 500			

Totaux..	482 500			
C. Variation nette « trésorerie » **(c)**..........................			-482 500	
Variation du fonds de roulement net global **(Total A+B+C):** **Emploi net**.......................... ou **Ressource nette**..........................			-376 500	

(a) Y compris charges constatées d'avance selon leur affectation à l'exploitation ou non.
(b) Y compris produits constatés d'avance selon leur affectation à l'exploitation ou non.
(c) Les montants sont assortis du signe (+) lorsque les dégagements l'emportent sur les besoins et du signe (-) dans le cas contraire.
(d) Y compris valeurs mobilières de placement.
Nota : Cette partie II du tableau peut être adaptée au système de base. Dans ce cas, les variations portent sur l'ensemble des éléments ; aucune distinction n'est faite entre exploitation et hors exploitation.

Cette hypothèse permet de vérifier que l'effet de levier est négatif quand le taux d'intérêt est supérieur au taux de rentabilité économique et qu'il est nul quand le taux d'intérêt est égal au taux de rentabilité économique quel que soit le niveau d'endettement.

CONCLUSION

Le contenu de cet ouvrage est un cours d'analyse financière destiné aux étudiants de premier cycle de la faculté des Sciences Économiques et de Gestion. Ce manuel explique de manière méthodique et structurée, les connaissances et les techniques nécessaires pour étudier l'activité, la rentabilité et le financement d'une entreprise afin d'établir un diagnostic financier. Il aborde également les différentes méthodes d'analyse financière, telles que l'analyse statique et l'analyse dynamique.

L'ouvrage présente également la structure du bilan, qui se compose de l'actif et du passif. L'actif du bilan comprend les actifs immobilisés et les actifs circulants, regroupant respectivement les biens, les valeurs durables et les emplois à court terme. Les actifs immobilisés comprennent les immobilisations incorporelles, les immobilisations corporelles et les immobilisations financières. Les actifs circulants contiennent les créances réalisables et les valeurs disponibles.

En outre, l'ouvrage aborde les objectifs de l'analyse financière tels que mesurer la rentabilité, le niveau de liquidité, la solvabilité et l'équilibre financier de l'entreprise. Il évoque aussi les documents utiles pour l'analyse financière, tels que le bilan, le compte de résultat, le tableau des flux de trésorerie et les annexes. L'ouvrage est structuré en plusieurs parties, incluant l'introduction, la présentation des comptes annuels, et des chapitres détaillés sur l'analyse de l'activité et du risque d'exploitation, l'analyse fonctionnelle de la structure financière, l'analyse patrimoniale de la structure financière, l'analyse par les ratios et enfin, l'analyse dynamique de la trésorerie.

Ainsi cette conclusion rappelle l'importance de l'analyse financière dans la gestion et le suivi de la santé financière des entreprises. Le manuel, met en évidence les objectifs, les méthodes et les outils de l'analyse financière ; les étudiants pourront mieux comprendre comment évaluer la rentabilité, la liquidité, la solvabilité et l'équilibre financier d'une entreprise.

Il est, en outre, important de souligner que l'analyse financière est un outil indispensable non seulement pour les étudiants en sciences économiques et de gestion, mais aussi pour les dirigeants d'entreprises, pour les cadres et responsables spécialisés dans la gestion financière. En leur fournissant les connaissances nécessaires pour interpréter les états financiers, l'analyse financière permet aux professionnels, de prendre des décisions éclairées et stratégiques pour assurer la pérennité et le développement de leurs entreprises.

Enfin, l'ouvrage amène les lecteurs à approfondir leurs connaissances en matière d'analyse financière en consultant d'autres ouvrages de référence et en mettant en pratique, les exercices proposés dans ce manuel. La maîtrise des concepts et des techniques d'analyse financière est un atout précieux pour toute personne impliquée dans le monde de l'entreprise et de la gestion financière.

BIBLIOGRAPHIE

Belzile R., Mercier G. et Rassi F., *Analyse et gestion financières,* Presses de l'université du Québec, 1989.

Deisting F. et Lahille J-P., *Analyse financière 5e édition*, Dunod, 2017.

Grandguillot B. et F., *Exercices d'analyse financière 5e édition*, Gualino, Lextenso, 2010-2011.

Grandguillot B. et F., *Analyse financière 11e édition*, Gualino, Lextenso, 2016-2017

Grandguillot B. et F., *Analyse financière, 43 Exercices corrigés 13e édition*, Gualino, Lextenso, 2018-2019.

Grandguillot B. et F., *Analyse financière, mémentos LMD 15e édition,* Gualino, Lextenso, 2018-2019.

Grandguillot B. et F., *Analyse financière 22e édition*, Gualino, Lextenso, 2018-2019.

Le Maux J., *Analyse financière*, Chenelière éducation, 2014.

Mercier S., *La consolidation 5e Edition*, Edipro, 2017.

Ngoma Ya Nzuzi D., *Manuel du système comptable OHADA*, Edition Bruylant, 2015.

Nicolas F., *Finance pour non-financiers 3e édition,* Dunod, 2023.

Pariente S., *Analyse financière et Evaluation d'entreprise, Méthodologie-Diagnostic-Prix d'offre*, Pearson, 2013.

Pean D., *Comprendre les comptes annuels pour améliorer la situation financière de l'entreprise 3e Edition*, Gereso, 2018.

SAMBE O. et Mamadou I.D., *Comptable système Comptable OHADA 4e édition*, Le Praticien, 2017.

ANNEXES

EXERCICES COMPLÉMENTAIRES

Après avoir passé plusieurs développements théoriques en analyse financière dans les pages précédentes, nous présentons ici, un recueil d'exercices dans le cadre des travaux pratiques pour faciliter la compréhension et compléter la formation des apprenants. Il y a d'une part, les exercices théoriques et d'autre part, des exercices pratiques.

A. EXERCICES THÉORIQUES

Les questions à choix multiples sont :

1. Les consommations de l'exercice en provenance des tiers se composent de :

a. Des achats de marchandises.

b. Des achats de matières premières et autres approvisionnements.

c. De la variation des stocks de marchandises.

d. De la variation des stocks de matières premières et autres approvisionnements.

e. Des autres achats et charges externes.

2. Cochez les modifications qui nécessitent la détermination d'un nouveau seul de rentabilité :

a. développement du chiffre d'affaires et des couts variables dans des proportions identiques.

b. changement de structure.

c. évolution du taux de marge.

d. choix de structure.

3. Le tableau des SIG, la détermination de la capacité d'autofinancement et le tableau de financement font partie de l'annexe :

a. du système abrégé.

b. du système de base.

c. du système développé.

4. Le compte de résultat est :

a. le reflet de la situation financière.

b. le reflet de l'activité de l'entreprise.

c. établi à partir de tous les comptes du plan comptable général.

d. un document comptable obligatoire.

e. un outil d'analyse économique.

5. L'effet de levier est positif, si le taux de rentabilité économique est supérieur au taux d'intérêt des emprunts :

a. vrai.

b. faux.

6. Le bilan :

a. un document de comptable obligatoire.

b. et le reflet de la situation financière de l'entreprise.

c. représente les ressources de financement et les emplois dont dispose l'entreprise.

d. décrit la situation patrimoniale de l'entreprise a une date donnée.

7. L'autofinancement permet à l'entreprise de financer par elle-même :

a. des investissements.

b. le remboursement des emprunts.

c. l'augmentation du fonds de roulement.

d. la rémunération des associés.

8. Le tableau de financement permet :

a. une analyse rétrospective et dynamique de l'équilibre financier.

b. une analyse rétrospective et statistique de l'équilibre financier.

c. une analyse prospective et dynamique de l'équilibre financier.

9. L'EBE est indépendant de la politique d'amortissement et du mode de financement :

a. vrai.

b. faux.

10. Un flux de trésorerie :

a. est synonyme de flux financier.

b. entraine systématiquement une variation de trésorerie sur l'exercice en cours.

c. peut entrainer une variation de trésorerie sur l'exercice ultérieur.

d. est un flux financier corrigés des décalages financiers.

11. Cochez l'indicateur de gestion qui permet de décider de l'abandon d'un produit ou d'une activité par l'entreprise :
   a. seuil de rentabilité.
   b. résultat du produit.
   c. marge sur cout variable.
   d. marge commerciale.

B. EXERCICES PRATIQUES

1. Variation des stocks, relative aux achats

L'extrait de la balance par soldes après inventaire de l'entreprise REVA qui fabrique la literie, se présente comme suit :

Comptes	Soldes débiteurs	Soldes créditeurs
- Stocks de matières premières	39 858	
- Stocks d'emballages	6 395	
- Stocks de marchandises	15 945	
- Achats stockés de MP	868 500	
- Achats stockés autres approvisionnements	30 800	
- Achats des marchandises	72 470	
- Variation des stocks de MP	17 332	
- Variation des stocks d'autres approvisionnements		1 043
- Variation des stocks de marchandise		10 415

Travail demandé

a. Calculer le cout d'achat des marchandises vendues et le coût d'achat des matières et autres approvisionnements consommés.
b. Evaluer les stocks initiaux.
c. Présenter l'extrait du compte de résultat correspondant.

2. Exercice sur les soldes intermédiaires de gestion

L'extrait simplifié du Compte de résultat de l'entreprise La SANGLIERE se présente comme suit :

CHARGES	Exercices N	PRODUITS	Exercices N
Charges d'exploitation		**Produits d'exploitation**	
Achats de marchandise	350 000	Ventes de marchandises	800 000
Variation des stocks	50 000	Production vendue	2 200 000
Achats de Matières P	600 000	Production stockée	200 000
Variation des stocks	-40 000		
Autres achats et charges externes	240 000		

Travail demandé

a. Indiquer le type d'activité exercé par l'entreprise.

b. Calculer les soldes intermédiaires de gestion à partir des éléments fournis.

3. Exercice sur les marges sur coût variable

La société CRENN, spécialisée dans la distribution de stores extérieurs, commercialise trois types de produits A, B, et C. Elle souhaite analyser la participation de chacun d'eux à la rentabilité globale de l'entreprise pour l'exerce N, à l'aide des renseignements suivants :

Eléments	Produits A	Produits B	Produits C
Chiffre d'affaires	242 740	236 320	109 200
Coût variable	169 918	174 880	82 992

Les coûts fixes supportés par l'entreprise s'élèvent à 145000 $. Il faut :

a. Présenter le compte de résultat différentiel en faisant apparaitre la marge sur cout variable de chaque produit.

b. Montrer quel produit est le plus performant et lequel est le moins performant.

c. Souligner le produit dont l'entreprise a besoin pour développer sa commercialisation.

4. La société Nabi, entreprise de l'industrie du cuir, communique la liste de ses charges et produits pour l'exercice N

CHARGES	MONTANT
Achats de marchandises	184 700,00 $
Achats de matières premières et autres approvisionnements	261 499,00 $
Autres achats et charges externes	335 450,00 $
Charges de personnel	295 650,00 $
Charges d'intérêts	21 750,00 $
Charges exceptionnelles sur opérations de gestion	2 510,00 $
Dotations aux amortissements, dépréciations et provisions-charges d'exploitation	53 755,00 $
Dotations aux amortissements, dépréciations et provisions-charges d'exceptionnelles	1 250,00 $
Dotations aux amortissements, dépréciations et provisions-charges financières	1 020,00 $
Impôts, taxes et versements assimilés	37 500,00 $
Impôts sur les bénéfices	36 557,00 $
Rabais, remises et ristournes obtenus sur achats de marchandises	2 840,00 $
Rabais, remises et ristournes obtenus sur achats de matières premières	2 394,00 $
Redevances pour concessions, brevets, licences, marques, procédés, droits et valeurs similaires	1 545,00 $
Valeurs comptables des éléments d'actifs cédés	4 740,00 $
Variation des stocks de marchandises (solde créditeur)	19 160,00 $
Variation des stocks de matières premières et autres approvisionnements (solde débiteur)	18 775,00 $
PRODUITS	**MONTANT**
Droits d'auteur et de reproduction	9 770,00 $
Intérêts perçus	1 755,00 $
Production immobilisée	7 840,00 $
Production stockée (solde créditeur)	13 260,00 $
Produits des cessions d'éléments d'actif immobilisés	8 375,00 $
Produits exceptionnels sur opérations de gestion	1 585,00 $
Rabais, remises et ristournes accordés sur ventes de marchandises	1 260,00 $
Rabais, remises et ristournes accordés sur ventes de produits finis	12 786,00 $
Reprises sur amortissements, dépréciations et provision- produits d'exploitation	5 540,00 $
Reprises sur dépréciations et provisions- Produits exceptionnels	2 740,00 $
Subventions d'exploitation reçues	55 000,00 $
Ventes de marchandises	197 035,00 $
Ventes de produits finis	990 371,00 $

Travail demandé

a. Présenter le tableau des soldes intermédiaires de gestion (SIG) pour l'exercice N.

b. Commenter l'évolution des SIG entre N-1 et N sachant que la société a investi en N dans de nouvelles machines afin d'automatiser une étape du processus de production.

c. La liste alphabétique des charges et produits de l'entreprise Eureka est la suivante :

Achats de matières premières	1 967 500,00 $
Autres charges de gestion courante	11 250,00 $
Autres charges externes	169 500,00 $
Autres produits d'exploitation	60 000,00 $
Charges de personnel	1 200 000,00 $
Charges exceptionnelles sur opérations de gestion	1 170,00 $
Charges d'intérêts	237 000,00 $
Dotations aux amortissements, dépréciations et provisions-charges d'exploitation	325 000,00 $
Dotations aux provisions financières	13 350,00 $
Dotations aux provisions réglementées	32 000,00 $
Impôts sur les bénéfices	446 000,00 $
Impôts, taxes et versements assimilés	360 000,00 $
Production immobilisée	60 000,00 $
Produits des activités annexes	7 800,00 $
Produits des cessions d'éléments d'actif	168 000,00 $
Produits financiers	19 500,00 $
Rabais, remises et ristournes accordés sur ventes	12 750,00 $
Rabais, remises et ristournes obtenus sur achats	27 400,00 $
Reprises sur provisions financières	15 000,00 $
Reprises sur provisions d'exploitation	5 000,00 $
Reprises sur provisions réglementées	6 000,00 $
Subventions d'exploitation	180 000,00 $
Valeurs comptables des éléments d'actifs cédés	260 000,00 $
Variation des en-cours de production de biens	25 000,00 $
Variation des stocks de matières premières	-69 000,00 $
Variation des stocks de produits	-75 000,00 $
Ventes de produits finis	4 950 000,00 $

L'entreprise décide de distribuer aux associés 30% du résultat de l'exercice. Les dettes financières représentent 2 296 325 $.

Il est demandé de :

1) Déterminer le montant de la capacité d'autofinancement pour l'exercice N, selon les deux méthodes pour contrôle.

2) Calculer l'autofinancement pour l'exercice N.

3) Calculer et interpréter la capacité d'endettement de l'entreprise et la rentabilité de son activité sachant que celle du secteur est de 14%.

5. L'entreprise Hatari supporte annuellement des charges fixes de 800.000$ lui permettant de réaliser un chiffre d'affaires maximum de 1.800.000 $ avec un taux de marge de 50 %. Pour accroître son chiffre d'affaires, l'entreprise doit supporter un supplément de 160.000 $ de charges fixes.

Travail demandé

a. Déterminer les seuils de rentabilité.

b. Donner le chiffre d'affaires minimum que l'entreprise doit réaliser pour maintenir un résultat de 100.000 dollars.

c. Déterminer graphiquement les seuils de rentabilité successifs.

6. L'entreprise Babolin réalise un chiffre d'affaires de 500.000$, le résultat s'élève à 50.000 $.

Travail demandé

Quelle est la variation du résultat pour une variation de chiffre de 10 000 $.

7. Le taux de marge sur coût variable est de 40 % et le montant des coûts fixes de 150 000 $.

Travail demandé

Calculer le coefficient de levier d'exploitation.

TABLE DES MATIERES

Revue « Marché et Organisations »

Promouvoir la recherche originale sur les relations de plus en plus étroites entre le marché et les organisations. Les acteurs économiques de taille, de puissance et de pouvoir différents dont les intérêts peuvent être convergents, complémentaires ou, le plus souvent, antagoniques, ont tendance à organiser les marchés. La raison du marché, pourtant, est la référence stratégique pour l'entreprise ainsi que pour les institutions publiques de décision économique.

N°6 : Entrepreneuriat et accompagnement. Outils, actions et paradigmes nouveaux, 2008
N°7 : Développement durable des territoires. Economie sociale, environnement et innovations, 2008
N°8 : Développement durable et responsabilité sociale des acteurs, 2009
N°9 : Gouvernance : exercices de pouvoir, 2009
N°10 : Le travail collaboratif. Une innovation générique, 2009
N°11 : Economie sociale et solidaire. Nouvelles trajectoires d'innovations, 2010
N°12 : Relations à la marque et marques de la relation. Regards croisés sur le management relationnel de la marque, 2010
N°13 : Les contrats au service de la recherche ?, 2011
N°14 : Le potentiel économique de l'Afrique subsaharienne, 2011
N°15 : Management de la distribution, 2012
N°16 : Territoire Vert. Entreprises, Institutions, Innovations, 2012
N°17 : Eco-conception, conception et innovation. Les nouveaux défis de l'entreprise, 2013
N°18 : Intelligence économique : entreprises et territoires, 2013
N°19 : La finance globale. Un monde fini, 2013
N°20 : La crise du « développement », 2014
N°21 : La Chine innove. Politiques publiques et stratégies d'entreprise, 2014
N°22 : Go East! Nouvelles Economies de Marché, 2015
N°23 : L'économie du changement, 2015
N°24 : Le temps des artisans. Permanences et mutations, 2015
N°25 : Innovations de proximité et esprit d'entreprise, 2016
N°26 : L'avenir des économies du Maghreb : entre inertie structurelle et envie de rupture, 2016/3 (n° 27)
N°27 : Le sport aux frontières du marché du travail, 2016
N°28 : Dynamiques internationales des entreprises, 2017
N°29 : L'univers du risque, 2017
N°30 : Les petites entreprises dans l'histoire industrielle, 2017
N°31 : Economie sociale et *social business* ? Au défi d'entreprendre et se financer, 2018
N°32 : Éducation et fertilisation des économies africaines, 2018
N°33 : L'entrepreneuriat innovant dans les pays du Maghreb, 2018
N°34 : L'entrepreneuriat scientifique : institutions et innovation, 2019
N°35 : Le champ économique de la culture, 2019
N°36 : Economie sociale et solidaire ? Modèles d'innovation et modes de gouvernance, 2019
N°37 : Rethinking Luxury Business, 2020
N°38 : La santé connectée. Nouvelles technologies et réorganisation des soins, 2020
N°39 : Options stratégiques et systèmes complexes d'innovation, 2020
N°40 : Les services : intégration des systèmes productifs et lien social, 2021
N°41 : Crise pandémique, crise globale. Réalité et controverses théoriques, 2021
N°42 : La crise de la covid-19. Le marché et les organisations en perspective, 2021
N°43 : (Re)faire système. *Bug & reset*, 2022
N°44 : Aléas du marché et management du risque, 2022
N°45 : Le renouveau du transport et de la logistique : les systèmes d'information, 2022
N°46 : Entrepreneuriat et innovation dans l'enseignement supérieur, 2023
N°47 : Le tourisme créatif. Culture, créativité, patrimoine, management, 2023
N°48 : L'Afrique : questions de performances, 2023
N°49 : *Fintech* en sciences du management, 2024

https://www.cairn.info/revue-marche-et-organisations.htm

Collection « L'esprit économique »

fondée par Sophie Boutillier et Dimitri Uzunidis en 1996

Dernières parutions

► ***Série Economie et Innovation***

T. MICHAUD, *Le projet spatial européen, entre pragmatisme et imagination*, 2020.

J.-P. SCHMITT, N. RAVIDAT, *Management conjoint de la technologie et de la personne. Pour performer et croitre*, 2020.

Y. EL YAHYAOUI, *Economie des plateformes numériques. Captation de la valeur, pouvoir de marché et communs collaboratifs*, 2021.

G. DUTHIL, *Handicap et insertion professionnelle*, 2022.

T. MICHAUD, *La science-fiction institutionnelle*, 2023.

► ***Série Le Monde en Questions***

J. PIERRE-JUSTIN VIRAPATIRIN, *La petite économie insulaire de la Guadeloupe. Bilan, enjeux et perspectives*, 2022.

K. ESSAF, *Les Sukuk : aspects théoriques, rendement et risques*, 2022.

C. GALLOUJ, S. GALLOUJ, *Grande distribution non alimentaire au Maroc. GSS, grands magasins, malls, franchises et e-commerce*, 2023.

C. SARI, *Valeur relative de la monnaie et taux de change. Vers la fin de l'étalon dollar ?*, 2023.

G. DUTHIL, N. POLINI, *La Défense nationale*, 2023.

A. DAGHER, *La crise financière du Liban : taux de change, FMI, politique monétaire*, 2023.

G. BAYOH, *Ecosystème des transferts internationaux d'argent et développement durable : Contraintes et solutions*, 2024.

► ***Série Krisis***

R. DELORME, *La complexité autrement. Une réponse nouvelle à la pandémie et à d'autres phénomènes sociaux complexes*, 2022.

V. YEFIMOV, *L'ordre social monétaire. L'économie discursive défit le courant dominant et l'économie narrative*, 2022.

M. WIELEZYNSKI, *La loi du marché post-esclavagiste. Une approche critique*, 2023.

G. MINART, *Condorcet économiste : un libéralisme économique au service du bien public*, 2023.

A. MANRAY, *Petit traité de gouvernance à l'usage des despotes éclairés*, 2024.

► ***Série Clichés***

S. BOUTILLIER, D. UZUNIDIS (dir.), *La Russie européenne. Du passé composé au futur antérieur*, 2008.

R. VOLPI, *La négociation. Pain, paix, liberté*, 2009.

B. S. BONBON, *Géométrie parabolique tridimensionnelle ou perspective parabolique*, 2023.

S. BOUTILLIER, B. LAPERCHE, S. T. K. LE, *Ports industriels en transition : De l'économie circulaire à la décarbonation*, 2024.

► ***Série Cours Principaux***

A. MBULI LANDU, *Le memo d'un comptable. Approche par le SYSCOHADA révisé*, 2021.

M. EL KARRIM, *Introduction à l'économétrie appliquée*, 2022.

Z. FIRANO, *Fondements de la finance de marché. Théories et applications*, 2022.

Y. KEHO, *Introduction à l'économétrie appliquée sous EVIEWS, Rappels de cours et illustrations pratiques*, 2023.

K. AMZILE, *Intelligence artificielle et modélisation du risque de crédit*, 2023.

B. LANDAIS, *Macroéconomie. Les fondamentaux*, 2024.

A. KATFI, O. EL MNOUER (dir.), *Mathématiques financières. Cours d'initiation et exercices corrigés*, 2024.

► ***Série L'économie formelle***

J. LATREILLE, *Sale temps pour l'économie marchande*, 2021.

J. LATREILLE, *Escronomistes ! Ces théories qui abîment le monde*, 2022.

M. FOUQUIN, *Dettes publiques à long terme et souveraineté nationale : enseignements des crises du XIIe au XXIe siècle*, 2023.

J.-P. ROSELLO, *Marchés financiers, capital financier et crises systémiques*, 2024.

J.-L. VILLOUTREIX, *L'eau coule à Aguad : un conte économique*, 2024.

B. MEUNIER, *L'insoutenable dette publique de la France*, 2024.

Structures éditoriales du groupe L'Harmattan

L'Harmattan Italie
Via degli Artisti, 15
10124 Torino
harmattan.italia@gmail.com

L'Harmattan Hongrie
Kossuth l. u. 14-16.
1053 Budapest
harmattan@harmattan.hu

L'Harmattan Sénégal
10 VDN en face Mermoz
BP 45034 Dakar-Fann
senharmattan@gmail.com

L'Harmattan Cameroun
TSINGA/FECAFOOT
BP 11486 Yaoundé
inkoukam@gmail.com

L'Harmattan Burkina Faso
Achille Somé – tengnule@hotmail.fr

L'Harmattan Guinée
Almamya, rue KA 028 OKB Agency
BP 3470 Conakry
harmattanguinee@yahoo.fr

L'Harmattan RDC
185, avenue Nyangwe
Commune de Lingwala – Kinshasa
matangilamusadila@yahoo.fr

L'Harmattan Congo
219, avenue Nelson Mandela
BP 2874 Brazzaville
harmattan.congo@yahoo.fr

L'Harmattan Mali
ACI 2000 - Immeuble Mgr Jean Marie Cisse
Bureau 10
BP 145 Bamako-Mali
mali@harmattan.fr

L'Harmattan Togo
Djidjole – Lomé
Maison Amela
face EPP BATOME
ddamela@aol.com

L'Harmattan Côte d'Ivoire
Résidence Karl – Cité des Arts
Abidjan-Cocody
03 BP 1588 Abidjan
espace_harmattan.ci@hotmail.fr

Nos librairies en France

Librairie internationale
16, rue des Écoles
75005 Paris
librairie.internationale@harmattan.fr
01 40 46 79 11
www.librairieharmattan.com

Librairie des savoirs
21, rue des Écoles
75005 Paris
librairie.sh@harmattan.fr
01 46 34 13 71
www.librairieharmattansh.com

Librairie Le Lucernaire
53, rue Notre-Dame-des-Champs
75006 Paris
librairie@lucernaire.fr
01 42 22 67 13

www.ingramcontent.com/pod-product-compliance
Lightning Source LLC
LaVergne TN
LVHW011447061026
849535LV00004BA/989